大数据管理与应用系列教材

社会网络
分析与应用

徐海燕 武 彤／主 编
陈 璐 胡礼梅／副主编

科学出版社

北 京

内 容 简 介

随着信息技术和人类生产生活交汇融合，社会的网络化趋势日益明显。本书呈现社会网络领域内最新的理论和实践进展，结合实地调研和理论分析，提供全面深入的研究视角，用以对现实中广泛存在的社会互动和联系进行科学分析。本书涵盖关于社会网络相关概念、理论方法及研究意义的介绍，通过社会网络分析工具 Pajek 以及 Python、Matlab 等软件对实例进行演示，引导读者学会利用社会网络分析工具处理复杂问题，并基于网络科学知识对结果进行分析，为相关从业者提供政策建议。

本书可作为高年级本科生以及研究生的社会网络分析教材，也适合社会网络分析领域的研究者、学者和相关从业人员阅读。通过本书的学习可以掌握社会网络研究的相关知识及工具，并将其应用于商品推荐、疾病传播等问题的结构特征、动态演化、行为模式及情感分析中，揭示社会网络中隐藏的价值信息。毕竟，社会网络无处不在，我们的关联正越来越紧密。

图书在版编目（CIP）数据

社会网络分析与应用 / 徐海燕，武彤主编. —北京：科学出版社，2025.3.
—（大数据管理与应用系列教材）. —ISBN 978-7-03-080152-4

Ⅰ. C912.3

中国国家版本馆 CIP 数据核字第 2024FG2002 号

责任编辑：方小丽 / 责任校对：张亚丹
责任印制：吴兆东 / 封面设计：有道设计

斜 学 出 版 社 出版

北京东黄城根北街 16 号
邮政编码：100717
http://www.sciencep.com

涿州市殷润文化传播有限公司印刷
科学出版社发行　各地新华书店经销

*

2025 年 3 月第　一　版　　开本：787×1092　1/16
2025 年 8 月第　二　次印刷　　印张：14 3/4
字数：350 000

定价：68.00 元

（如有印装质量问题，我社负责调换）

序

  党的二十大报告指出："我们要坚持教育优先发展、科技自立自强、人才引领驱动，加快建设教育强国、科技强国、人才强国，坚持为党育人、为国育才，全面提高人才自主培养质量，着力造就拔尖创新人才，聚天下英才而用之。"[①]教材是教学内容的主要载体，是教学的重要依据、培养人才的重要保障。在优秀教材的编写道路上，我们一直在努力。

  网络科学作为复杂系统研究的核心领域，因其跨学科方法论与广泛适用性被誉为"21世纪的科学"，致力于揭示复杂网络的结构特征、行为模式与功能机理。社会网络分析（social network analysis，SNA）作为其重要分支，专注于解析个体或群体间社会关系的拓扑结构及其动态演化规律。

  社会网络分析的理论根基可追溯至 1920 年社会学家雅各布·莫雷诺（Jacob Moreno）开创性运用图论可视化人际关系的研究。历经百年发展，该领域持续吸收多学科智慧：数学家保罗·埃尔德什（Paul Erdős）与阿尔弗雷德·雷尼（Alfréd Rényi）提出经典随机网络模型，奠定网络结构量化分析基础；物理学家邓肯·沃茨（Duncan Watts）揭示小世界网络特性，艾伯特-拉斯洛·巴拉巴西（Albert-László Barabási）发现无标度网络幂律分布规律，推动研究范式向真实网络演进。21 世纪以来，大数据技术与互联网技术的突破性发展，使得社会网络分析在社交媒体挖掘、金融风险传导建模、智能交通系统优化等领域展现强大应用价值，构建起连接数学、物理学、信息科学与经济管理的跨学科研究体系。

  本书不仅系统梳理了该领域的核心理论与方法体系，还提供了丰富的应用案例和详细的实操指南。本书内容紧密结合实际，既有深度的理论讲解，又有浅显易懂的实践活动，使得读者能在理论学习中得到实操经验，从而加深对网络分析的理解。此外，随着大数据技术和人工智能的发展，社会网络分析也迎来了新的机遇与挑战，本书还特别关注了社会网络分析在新时代技术背景下的创新应用，介绍了如何将社交媒体数据、互联网文本数据等新兴的数据源纳入网络分析的范畴，扩展了传统方法的应用边界。

  通过学习本书，读者将获得一种新的视角和工具，去挖掘隐含在巨大数据背后的人际关系和社会互动规律，去探究舆情暴发和冲突消解的内在机理，从而拥有认识和解读复杂世界的能力。

本书作者

2025 年 1 月

目　　录

第1章　引论 ·· 1
　　章首语 ··· 1
　　1.1　网络科学与数据科学 ··· 1
　　1.2　社会网络分析 ··· 6
　　1.3　本章小结 ·· 15
　　参考文献 ·· 15

第2章　网络基本拓扑性质 ·· 17
　　章首语 ··· 17
　　2.1　网络的基本概念 ··· 18
　　2.2　网络的结构特征 ··· 33
　　2.3　网络的分类及构建 ··· 46
　　2.4　本章小结 ·· 54
　　参考文献 ·· 55

第3章　网络节点重要性 ··· 56
　　章首语 ··· 56
　　3.1　无向网络节点重要性指标 ···································· 56
　　3.2　有向网络节点重要性指标 ···································· 68
　　3.3　动态网络中心性 ··· 76
　　3.4　链路预测方法 ··· 80
　　3.5　本章小结 ·· 90
　　参考文献 ·· 91

第4章　社区发现 ·· 92
　　章首语 ··· 92
　　4.1　社区测度 ·· 92
　　4.2　非重叠社区发现算法 ·· 96
　　4.3　重叠社区发现算法 ··· 102
　　4.4　社区特征及其动态演化 ······································· 105
　　4.5　案例分析 ·· 109
　　4.6　本章小结 ·· 117
　　参考文献 ·· 118

第 5 章　观点演化分析 ··· 119
　　章首语 ··· 119
　　5.1　网络传播简介 ··· 120
　　5.2　复杂网络模型 ··· 121
　　5.3　观点动力学模型 ·· 127
　　5.4　案例分析——基于复杂网络的观点演化分析 ·· 133
　　5.5　本章小结 ··· 149
　　参考文献 ··· 150

第 6 章　网络舆情冲突分析 ··· 151
　　章首语 ··· 151
　　6.1　网络舆情冲突背景 ·· 151
　　6.2　图模型冲突建模 ·· 153
　　6.3　冲突分析图模型稳定性及相应软件介绍 ··· 158
　　6.4　网络舆情冲突及其消解策略 ·· 164
　　6.5　本章小结 ··· 175
　　参考文献 ··· 176

第 7 章　在线社交网络用户行为分析 ·· 177
　　章首语 ··· 177
　　7.1　在线社交网络介绍 ·· 177
　　7.2　在线社交网络用户行为特征 ·· 180
　　7.3　在线社交网络用户影响力分析 ·· 185
　　7.4　在线社交网络用户偏好分析 ·· 194
　　7.5　在线社交网络用户属性预测与分类 ·· 197
　　7.6　本章小结 ··· 202
　　参考文献 ··· 202
　　本章附录 ··· 205

第 8 章　在线社交网络情感分析 ·· 209
　　章首语 ··· 209
　　8.1　情感分析介绍 ··· 210
　　8.2　文本情感分析方法 ·· 211
　　8.3　在线社交网络情感分析方法 ·· 221
　　8.4　本章小结 ··· 229
　　参考文献 ··· 229

第1章 引 论

章 首 语

党的二十大报告指出，要"加强基础学科、新兴学科、交叉学科建设，加快建设中国特色、世界一流的大学和优势学科"[①]。被誉为"21世纪科学"的网络科学正是这样的新兴交叉学科，涉及计算机科学、社会学、物理学和数学等多个领域。

伴随着社会发展与科技进步，信息化时代数据高速增长。无论是在互联网中冲浪，或是对交通、生态和金融等问题进行研究，都能发现隐藏在其背后的巨大网络结构。如何从网络中筛选浩如烟海的数据为自己所用，如何对数据进行处理并加以分析，两者均指向数据科学这一概念。不难看出，网络科学和数据科学已成为信息时代下极为重要的科学研究领域。

社会网络分析属于网络科学范畴，本章首先对网络科学与数据科学进行了介绍，内容涵盖了网络科学与数据科学的定义、发展现状以及两者之间的关系分析。为方便读者理解社会网络分析的理论与实践意义，本章还详细介绍了社会网络的发展历程，并从经济与管理领域、航空运输领域、教育领域及医疗与卫生领域等多个方面具体分析了社会网络的研究意义。

通过本章的学习，读者可以大致了解网络科学与数据科学的定义及特征，对两者之间的联系有所认知，认识到社会网络在多个领域的广泛运用，进一步了解其研究意义及重要性。读者在对本章进行学习后，可以明确本教材编写的必要性，了解本教材中常见的基本概念，为后续章节的进一步学习打下基础。

网络科学与数据科学均为快速发展中的学科，本章对其特征进行了描述性分析，从多个角度出发，作出了一个偏于完善的定义，但仍存在定义较为烦琐的问题。同时，本章中，社会网络分析意义部分主要聚焦于经济与管理领域，事实上，社会网络的应用领域并不局限于此，除去本章所涉及领域外，社会网络还运用于各方面，感兴趣的读者对此可以多加了解。

1.1 网络科学与数据科学

在信息时代，网络科学和数据科学作为重要的科学研究领域，已广泛运用于经济社会研究的方方面面。本节主要对网络科学和数据科学的定义及发展历程进行介绍，指出

① 《习近平：高举中国特色社会主义伟大旗帜 为全面建设社会主义现代化国家而团结奋斗——在中国共产党第二十次全国代表大会上的报告》，https://www.gov.cn/xinwen/2022-10/25/content_5721685.htm，2023年1月23日。

数据科学对网络科学发展的支撑，以及网络科学对于数据科学发展过程中存在的部分挑战的应对，基于此，对网络科学与数据科学之间相辅相成、相互促进的关系进行分析。

1.1.1 网络科学

网络科学是一门典型的交叉学科，其研究的主要对象是由大量节点和连边构成的复杂系统。美国国家科学研究委员会定义网络科学为"研究物理、生物和社会现象的网络表征，并从中得出这些现象的预测模型。"早在1736年，由欧拉所著的《哥尼斯堡的七座桥》中，便对这一领域有所涉及。文章中，欧拉对顶点和边的数学描述成了图论的基础，而图论正是研究网络结构中成对关系属性的数学分支。1936年，匈牙利数学家兼教授丹尼斯·柯尼格（Dénes Kőnig）撰写了第一部图论专著《有限图与无限图的理论》。20世纪50年代初，数学家保罗·埃尔德什和阿尔弗雷德·雷尼提出了随机图模型，预示着复杂网络的兴起。接着，20世纪60年代，斯坦利·米尔格拉姆（Stanley Milgram）等通过六度分离实验证明了"小世界现象"，即任意两个人之间只需要通过六个人就能够相互连通，网络科学得到了进一步发展。20世纪70年代，拉兹洛·洛瓦兹（László Lovász）和迈克尔·普卢默（Michael Plummer）提出了求解网络最大匹配问题的匈牙利算法。20世纪80年代，随着计算机的日益普及，网络科学进入了一个新的发展阶段。计算机科学家约翰·霍普克罗夫特（John Hopcroft）和罗伯特·塔扬（Robert Tarjan）提出了求解连通分量和强连通分量的高效算法。20世纪90年代，物理学家邓肯·沃茨和斯蒂文·斯特罗加茨（Steven Strogatz）提出了小世界网络模型，揭示了随机连边和规则连边之间的中间状态（Watts and Strogatz，1998）。随后，Barabási和Albert（1999）提出网络节点度分布为幂律分布的无标度网络模型，标志着网络科学进入高速发展阶段。

随着大数据时代的来临，越来越多的网络科学研究转向数据驱动的方法。近年来，随着社交媒体和互联网的迅猛发展，网络科学已经成为一个极具活力的领域。许多新的研究方向涌现出来，如复杂网络的控制、信息传播和演化等。此外，数据驱动的方法也逐渐成为网络科学领域中的主流方法，如机器学习、深度学习和大数据分析等。

因此，网络科学是一门跨学科的研究领域，它涉及数学、物理学、计算机科学、社会学、心理学、生物学和医学等学科。网络科学与这些领域的交叉主要体现在以下四个方面。

（1）数学和物理学：网络科学使用图论、复杂网络理论等数学工具和统计物理学等物理学方法来描述并分析各种类型的网络结构与演化过程，揭示网络系统中的统计规律与现象。

（2）计算机科学：计算机科学为网络科学提供了强大的计算和数据处理能力，机器学习和人工智能等被广泛运用于网络科学当中，使得对大规模网络数据的挖掘和分析成为可能。

（3）社会学和心理学：网络科学在揭示网络结构和演化的过程中，也反映了社会和心理学中的各种规律与行为。例如，在社交网络中，人们的朋友圈和社群通常会反映出他们的社会身份与兴趣爱好，揭示出人们的社交行为和心理状态。

（4）生物学和医学：生物学和医学中许多现象与问题，如蛋白质相互作用、疾病传播等, 也可以被视为各种复杂网络的运作机理, 因此网络科学在这些领域中也具有重要意义。

总体而言, 尽管网络科学在发展历程中经历了很多变革, 但其基本目标始终是通过建立模型和算法来揭示并理解复杂网络的本质特征与行为规律。在不断的发展过程中, 网络科学中的思想和方法已经渗透到许多其他学科中, 并对这些领域中的理论和实践都产生了深远的影响。跨学科领域的发展为我们深入了解网络结构、行为和相互作用提供了有效的方法与工具, 对于推动人类社会、技术和自然系统的发展具有重要意义。

1.1.2　数据科学

数据科学是一个与数据挖掘和大数据相关, 采用科学处理手段从众多结构化与非结构化数据中集中提取知识和见解的跨学科领域。数据科学将统计学、机器学习、数据挖掘、数据可视化和大数据技术等应用于数据的收集、处理、分析与解释, 在政府决策、经济发展、社会福利和环境保护等方面都扮演着重要的角色。例如, 数据科学可以帮助政府收集、整理和分析大规模的数据。通过深入挖掘这些数据, 政府能够更好地了解社会经济状况、人口变化、环境问题等, 从而制定更精准的公共政策; 通过对大规模数据的挖掘和分析, 企业可以发现新的商机、优化产品和服务, 提高运营效率和盈利能力; 通过分析大量的医疗数据, 可以发现疾病的传播规律、风险因素和治疗效果, 为医疗决策和政策制定提供科学依据; 通过对气象、地球观测、传感器数据等的分析, 可以更好地理解和管理自然环境。总之, 通过追求数据的深度挖掘和分析, 数据科学为社会发展提供了更精确、可靠的信息和洞察力, 从而帮助人类作出更明智的决策。

然而, 当前数据科学发展仍面临着多方面的问题和挑战。例如, 数据科学的应用与发展需要融合计算机科学、统计学、数学等多个领域的知识。但是, 不同领域之间的沟通与合作往往存在一定的障碍和难度, 如何促进不同领域之间的交流和合作, 推动数据科学的发展, 是数据科学发展过程中需要面对的主要挑战。除此之外, 数据科学的发展还面临着以下具体问题。

(1) 数据质量和准确性问题: 数据质量的参差不齐和噪声数据的存在对数据科学项目构成了挑战。数据可能来源于不同的渠道, 会出现格式不统一、存在缺失值和错误的问题。数据科学家需要投入大量精力进行数据清洗和预处理, 以确保所使用的数据的质量和准确性。此外, 数据偏见和不平衡性也是常见的问题, 可能导致模型结果的不准确性或误导性。

(2) 数据处理和存储的挑战: 随着数据量的爆炸式增长, 传统的数据库系统往往无法满足大规模数据的存储和处理需求, 数据的存储和管理成为数据科学的重要挑战之一。数据科学家需要掌握更加前沿的分布式存储和处理技术, 并学会使用云计算平台进行数据存储和管理, 以提高数据的存取效率和处理能力。

(3) 模型的可解释性和偏见: 数据科学中的模型往往采用复杂的算法和结构, 导致模型内部逻辑难以直观地解释和呈现。这增加了模型的不透明性, 使得人们难以理解人工智能模型是如何作出预测的。此外, 模型偏见也是一个重要问题, 它可能源于数据集的不完整性、采样偏差、特征选择等因素，导致模型对某些特定群体或属性的预测结果不准确或有偏差。

（4）安全和隐私问题：随着数字化进程的加速，数据安全和隐私保护成为越来越重要的议题。个人信息泄露、企业数据安全威胁以及网络攻击等问题时有发生，为数据科学的应用带来了一定的安全风险。

网络科学和数据科学是两个紧密相连的领域，它们之间存在许多交叉点。数据科学发展面临的部分挑战可以通过网络科学的知识和技术来解决。

（1）数据缺失值处理：通过构建网络，可以更容易地识别出数据缺失的节点或边，从而进行针对性处理。例如，可以基于节点的邻居信息、网络拓扑结构等特征，利用机器学习算法进行预测。研究中涉及网络的动态变化时，可以利用网络科学中的动态网络分析方法，观察网络随时间的变化情况，并根据这些变化来修正缺失数据。例如，可以分析网络中的节点随时间的变化趋势，利用这些趋势来估计缺失数据的值。

（2）复杂数据处理：数据科学经常需要处理大量复杂的数据集，这些数据集中的数据点之间可能存在各种复杂的关联关系。网络科学提供了对网络结构、节点和链接进行深入分析的方法与工具，有助于揭示数据背后的关联性和网络结构。例如，在数据科学中，处理图数据是一个重要的问题，特别是在处理社会网络、推荐系统、生物信息学等领域的数据时。网络科学提供了对图数据进行有效处理和分析的算法与技术，如图嵌入、图神经网络等。

（3）模型的可解释性：网络科学擅长于对复杂网络系统进行建模和仿真，这有助于数据科学家理解和预测网络系统的行为。例如，在交通流量预测、电网稳定性分析或传染病传播预测中，网络科学的模型和方法可以提供有价值的见解。

（4）网络安全和性能优化：对于以互联网为例的复杂的、多层次的、全球性的网络，网络科学可以帮助数据科学家从全局角度优化网络安全性能和抗打击能力。这包括设计在故障和攻击情况下能快速自动恢复的网络拓扑结构，以及开发有效的网络监控、入侵检测和防范犯罪的技术。

1.1.3　网络科学与数据科学之间的联系

根据上述分析可以发现，网络科学兴起与数据科学的发展之间存在着紧密关联。在相当长的一段时期内，社会网络分析发展在各领域受到阻碍。原因主要有两个，其一是研究对象的社会结构数据难以获得。因为典型的社会结构与社会网络数据往往被限制在几十个或几百个观察者范围内，这种数据比较适合分析社会网络的微观性质。其二是关于社会结构的理论与模型（研究主体关系量化）方面也存在一些困难。大数据时代的到来，现代信息技术的不断进步和电子数据库的不断普及使得数据难以获得的瓶颈正被逐渐克服。因此，网络科学的发展离不开数据科学。此外，近十年来，一大批来自数学、物理学和计算科学等自然科学领域的学者大量进入社会网络领域，在推动该领域不断壮大的同时，也大大提高了该领域的"科学化水平与技术含量"，这就使得大量理论模型不断涌现，所使用的数学方法与理论工具也不断创新，从而使得社会网络的分析工具、理论与模型的科学化水平在不断增长，充分体现了网络科学的学科交叉特征。

大数据时代，因为大数据涉及复杂的类型、结构和模式，数据本身具有高复杂性。人们对大数据背后的物理机制缺乏理解，对数据之间的关联规律认识不足，对大数据潜在模式的发现和高效计算方法的设计受到了相应基础理论缺乏的制约，进行数据挖掘与机器学习领域的图文检索、主题发现、语义分析等工作十分困难。为了理解大数据的本质特征和生成机理、简化大数据的表征以及构建大数据的学习模型，均需要对数据复杂性的内在机理进行深入研究。大数据技术和人类探索复杂性的努力有密切关系。大数据的复杂性主要体现在数据之间的相互关联，数据科学信息之间的相互关联需要通过复杂网络理论进行理解，因此复杂网络理论成为数据科学的关键方法论引擎之一。换句话说，数据科学离不开网络科学，因为隐藏在大数据之中的秘密主要是数据之间的网络（数据网络）。

因此，网络科学与数据科学是两个紧密联系的领域。数据科学旨在通过对大规模数据集进行收集、整理、分析和解释，揭示数据背后的规律和趋势，从而支持决策制定和问题解决。网络科学则关注网络结构、功能和演化等方面，研究各种实体之间的联系及其动态变化，包括社会网络、交通网络、物联网等。这两个领域的交叉点在于对大规模网络数据进行分析和挖掘，以揭示网络特点和规律。下面从四个方面详细介绍。

（1）数据源：网络科学的研究对象是各种网络结构，其数据主要来自网络中节点和边的信息，如用户间的关注关系、互联网网站间的超链接、路由器之间的连接等。而数据科学的数据源则更加广泛，可以来自任何领域的数据集，如社交媒体中的用户行为、企业中的销售数据、医疗机构中的患者数据等。然而，这些数据集中往往包含了网络数据，如社交媒体中的关注关系、企业中的供应链联系等。因此，在分析这些数据集时，网络科学的方法往往也会被应用于网络数据的挖掘和分析。

（2）网络分析：网络科学和数据科学都使用图论与网络分析等方法来研究数据集中的关系和结构。在网络科学中，经常使用的指标包括度中心性、介数中心性、紧密中心性等，用于衡量节点在网络中的重要性。而在数据科学中，这些指标也经常被用来描述数据集中的节点和关系，如社交媒体中的用户、企业中的客户等。此外，在网络分析中，还有一些特定的算法和模型，如小世界网络模型、无标度网络模型等，用于描述不同类型的网络结构和演化过程。这些方法和模型也被广泛应用于数据科学中，用于识别数据集中的最优解、发现隐藏的模式等。

（3）机器学习：网络科学和数据科学也都使用机器学习等技术来进行数据分析与预测。在网络科学中，机器学习被广泛应用于对网络动态变化的预测和控制，如预测社会网络中用户的流失行为、控制互联网中的路由器转发行为等。而在数据科学中，机器学习则被广泛应用于分类、聚类、回归等任务，用于发现数据集中的正负样本、相似性等结构。

（4）可视化：网络科学和数据科学都使用可视化技术来展示分析结果与发现结论。在网络科学中，可视化被广泛应用于表示网络结构和分析结果，如节点的位置、颜色和大小等，以帮助用户更好地理解网络变化和演化过程。而在数据科学中，可视化则被广泛应用于展示数据的特征和模式，如使用散点图、热力图等可视化技术，对数据进行直观的呈现。

综上所述，网络科学和数据科学之间存在着相互交叉与相辅相成的关系。两者均关注大规模数据集的收集、整理、分析和解释，但是侧重点有所不同。在实际应用中，两者也经常在多个研究角度相互借鉴和融合，支持着各行各业的决策和发展。

1.2 社会网络分析

社会网络，是一种由个人、群体和组织所构成的有序关系网络，这一网络的存在使得这些单元组合成一个相互协调一致的整体。社会网络分析是指对社会网络中的节点（如人、组织或其他单位）和关系（如互动、合作、交流等）进行系统性的分析，来揭示出网络中个体之间的相互影响、信息传播路径以及组织结构等特征。

1.2.1 社会网络发展历程

社会网络研究来源于社会科学，用于研究个人、团队、组织甚至整个社会之间的关系。19 世纪末 20 世纪初，古典社会学家埃米尔·涂尔干（Émile Durkheim）和格奥尔格·齐美尔（Georg Simmel）等先后提出了社会结构观点，也就是社会网络的前身。涂尔干认为，社会事实是非个人主义的，社会现象是指个体相互作用造成的某些不能再用个体行为特性解释的情况。齐美尔则指出了网络的本质和网络规模对互动产生的影响，并探寻研究了在松散的网络中互动的可能性。

20 世纪 30 年代，社会网络开始蓬勃发展。在对社会结构观点进行继承后，英国人类学家阿尔弗雷德·拉德克利夫·布朗（Alfred Radcliffe Brown）首次提出"社会网络"（social network）的思想，文章采用社会关系网络（network of social relation）的概念对社会结构进行描述。克莱德·米切尔（Clyde Mitchell）认为社会网络是一种存在于特定行动者之间的独特联系，而这些联系可以对人的社会行为进行解释。在之后的发展历程中，越来越多的学者致力于将不同的轨迹与传统相结合，有专注于政治和社区社会学与社会运动网络的查尔斯·蒂利（Charles Tilly），还有通过六度分隔理论为外界所熟知的米尔格拉姆。自 20 世纪 90 年代末起，多位社会学家、政治学家、物理学家对社会网络进行分析，进行新模型的开发和应用，以获取有关在线社会网络的新兴数据。

1.2.2 社会网络与复杂网络

几乎在社会网络研究流行的同时期，复杂网络研究正如火如荼地在另一个研究领域开展。复杂网络理论源于复杂系统、图论和统计物理学研究。随着 Watts 和 Strogatz（1998）关于小世界网络的群体动力学行为的开创性研究在 *Nature* 期刊上的发表以及 Barabási 和 Albert（1999）关于随机网络中标度涌现的开创性研究在 *Science* 期刊上的发表，复杂网络理论开始进入飞速发展时期。

然而，社会网络与复杂网络的研究交集甚少。社会网络分析主要是基于信息学、数学、社会学、管理学、心理学等多学科融合，为理解人类各种社交关系的形成、行为特点分析以及信息传播的规律提供的一种可计算的分析方法。其起源可以追溯到 20 世纪

30 年代的美国社会学家莫特和中央社会的成员们。他们致力于研究社会网络的运作原理和演化模式。随着研究的深入，20 世纪 50～70 年代，美国学者莫茨和格莱茨曼等提出了"弱联系"的概念，即人们更容易通过和自己没有很熟悉的人连接起来并获得信息。此后，对于"弱联系"的研究逐渐深入，出现了许多相关理论和方法，如小世界理论、结构洞理论等。而复杂网络分析旨在研究各种自然和人造系统的网络结构与动力学，它不仅关注网络的拓扑结构，还关注网络上的动力学过程，如信息传播、疾病传播等。复杂网络分析起源于物理学和数学，历史可以追溯到更早的图论研究。

总的来说，社会网络分析侧重于识别、检测和解释参与者的角色以及个体之间的联系，它将社会网络表达为通过关系（通常被称为边缘或链接）连接的一组实体（通常被称为节点或参与者），而复杂网络分析则更广泛地应用于各种自然和人造系统的网络研究中，侧重于网络的统计特征。但是，随着新一代信息技术的发展，网络科学开始出现，社会网络和复杂网络的研究界限正变得逐渐模糊，社会网络研究也不再局限于社会学。目前，社会网络研究已广泛运用于人类学、生物学、传播学、经济学、地理学、信息科学、组织学、社会心理学、社会语言学等学科。

1.2.3　社会网络研究意义

在相当长的时期内，经验性的社会研究通常由"抽样调查"和"大样本"研究所主导，通过对个人的随机抽样将其从社会背景中提取出来并确保研究中没有任何人之间会产生互动，可事实却并非如此。人都会受到环境的影响，社会网络的出现，为各个方面的研究都提供了崭新的研究思路。当前，社会网络分析在多个领域得到了广泛应用，我们以经贸、管理、教育、医疗等领域为例介绍社会网络分析在实际场景中的研究意义与应用价值。

1. 经济学领域

主流经济学曾长期忽视社会网络，主流经济学认为经济分析的主体应该是个体而非网络，应该是不受社会影响的。以古典经济学与新古典经济学为例，两者均采用理性人假设，认为理性的、自利的行为基本上不受社会关系的影响。然而，在对现实问题进行分析时，处于社会之中的个体的决策行为往往会受到社会关系的影响。此时，理性人假说过于理想化，与现实存在　定出入。因此，在经济学领域引入社会网络具有重要的研究意义。以劳动经济学和产业经济学为例，通过分析和解析人际关系网络以及组织间的联系，社会网络研究能够提供深入的理论洞察和实证分析，从而为劳动经济学和产业经济学的一系列问题提供新的解释与理解。

在劳动经济学领域，社会网络研究帮助我们更好地理解工作者之间的信息传递、合作和互动模式。通过分析劳动力市场中的社会关系，我们可以揭示出隐性劳动市场、招聘渠道、薪酬差异等问题背后的关系网络机制。例如，社会网络研究可以探索朋友、家人和同学之间的职业联系如何影响就业机会获取，进而为政策制定者和个体提供更准确的职业规划建议与就业指导。

此外，社会网络研究还有助于理解工作者之间的技能传递与学习，影响着个体的职业发展和收入水平。通过观察职业网络中的学习和知识分享模式，我们可以了解到技能流动的路径和机制，挖掘潜在的合作机会，促进创新和知识经济的发展。这对于职业教育与培训的制定和实施具有重要的参考价值。

在产业经济学领域，社会网络研究强调了企业之间的关系网络对产业结构、竞争和合作的影响。通过分析供应链网络、合作伙伴关系和行业内的知识分享机制，我们可以更好地理解企业间的竞争战略、创新能力以及市场地位的形成与演化。对于政府决策者和企业管理者而言，深入了解不同企业之间的关系网络，有助于制定合适的产业政策、提高资源配置效率以及推动产业升级与创新发展。

此外，社会网络研究还能够帮助我们揭示企业与政府、企业与消费者之间的联系和互动模式，为市场营销、推广和品牌建设提供新的视角与思路。通过挖掘消费者在社交媒体和线下社交圈中的互动与影响机制，我们可以更准确地了解市场需求、消费者决策过程以及产品传播的效果。这对于企业制定市场营销策略、提高品牌影响力和推动消费者参与具有重要的实践意义。

2. 国际贸易

在当今的贸易形势下，社会网络研究领域开始涉及经济增长、经济全球化、国际贸易和区域经济一体化等。社会网络研究方法随着研究领域的扩展，内容也在不断完善。有部分学者开始研究社会网络分析方法在国际贸易网络中应用的问题，在国际贸易中，社会网络可以对贸易活动的开展、商业决策的制定和资源分配等方面产生积极影响。

（1）社会网络为国际贸易提供了信息传递和获取的通道。通过社会网络，贸易参与者可以获得来自其他参与者的信息，包括市场动态、产品特性、商业机会等。这些信息传递渠道的存在使得贸易参与者能够更准确地评估市场条件、制定商业策略，并及时调整其贸易行为。

（2）社会网络促进了商业合作和伙伴关系的形成与发展。通过社会网络，企业可以建立和维护与供应商、客户、合作伙伴之间的联系。这些联系可以帮助企业发掘新的商业机会、扩大市场份额、实现资源共享和经验沉淀。此外，社会网络还可以提供信任和声誉的背书，增强商业合作的效果和持久性。

（3）社会网络在国际贸易中有助于形成集群和产业聚集效应。通过社会网络，企业可以在特定地理区域或行业内形成紧密的联系和互动。这种集群和产业聚集效应有助于提高企业间的协同效应、创新潜力和竞争力，从而促进贸易活动和区域经济的发展。

（4）社会网络还对国际贸易中的信息不对称问题产生积极影响。国际贸易中存在着信息不对称的情况，即买方和卖方之间信息的不均衡。社会网络可以弥补这种信息不对称，通过信任关系、合作伙伴的推荐等方式减少交易中的风险和不确定性，促成贸易的进行。

社会网络理论通常被应用于研究国际贸易的普适性规律及其演化和动力学机制，主要关注国际贸易网络的统计特性和国际贸易的结构演变与动力学机制，其分析范式主要包括两种，一种是拓扑特征的统计分布分析，另一种是社团结构分析。社会网络理论认为, 人际关系的结构和质量都可以被抽象成社会网络, 因此社会网络中的拓扑特征和社团结构对于国际贸易研究具有重要意义。对拓扑特征的统计分布分析是社会网络分析的基础, 通过对国际贸易网络的节点度、集聚系数、中心性指标等拓扑特征进行分析, 可以了解国际贸易网络的整体结构和性质。例如, 度分布可以描述不同节点在国际贸易网络中的重要程度, 集聚系数可以反映节点间关系的紧密程度, 中心性指标可以衡量节点在信息传递、影响力等方面的作用。通过这些拓扑特征的统计分布, 可以深入了解国际贸易网络的演化机制、发展趋势和规律。除了对拓扑特征的分析, 社团结构分析也是社会网络分析的重要研究方法之一。社团结构指的是节点间的紧密关系形成的类簇, 即存在内部紧密联系和外部松散联系的节点聚集体。在国际贸易网络中, 社团结构可以反映行业、地区、国别等因素对于国际贸易的影响。通过社团结构分析, 可以发现与国际贸易相关的重要因素, 如主要贸易伙伴、出口产品、进口需求等, 并从中提取出具有代表性的子网络进行进一步研究。

总而言之, 社会网络在国际贸易领域中发挥着多重作用, 包括信息传递与获取、商业合作与伙伴关系的发展、集群与产业聚集效应的形成以及解决信息不对称等方面。社会网络分析通过对拓扑特征和社团结构的统计分布分析, 能够深入探究国际贸易网络的组成、结构和演化规律, 为国际贸易的战略决策、政策制定和风险管理等方面提供有力支持。

3. 公共管理

社会网络作为一种定量研究方法和理论框架, 被广泛应用于公共管理领域的政策分析、决策制定以及机构协作等实践中。随着社会经济的不断发展, 时代的变革逐渐朝着信息化、网络化发展, 公共管理的工作内容也逐渐变得复杂烦琐, 传统公共管理政策中存在的问题日益明显。通过对公共管理领域中的社会网络分析, 并逐渐丰富社会网络分析的内容和方向, 能够弥补原有公共管理中存在的政策方面的不足, 从而提升公共管理的水平。社会网络分析的应用为社会治理提供了新的发展方式, 提升了公共管理的效果。例如在过去网络技术不发达的背景下, 警方在缉拿不法分子时使用传统的刑侦手段并未能够找到有效线索, 从而影响了案件的处理, 而当前应用网络化技术, 便可通过监控器、身份证、手机等来实现追踪。社会网络科学为社会治理提供了新的方式, 主要表现在以下几个方面。

（1）社会网络分析可以用于评估政策实施效果。通过建立政策实施过程中各利益相关者之间的社会网络, 分析其互动关系和信息传递路径, 可以识别政策制定和实施过程中的主要利益相关者, 并揭示它们之间的联系和互动模式。这有助于政策制定者了解政策影响力和协调机会, 发现政策实施过程中可能存在的风险和潜在问题, 以便更好地管理利益冲突、协调资源和引导政策方向。

（2）社会网络分析可以促进政策协同和合作。政策协同和合作是解决复杂社会问题的关键。社会网络分析可以帮助分析和优化行政网络结构, 了解各个机构之间的信息流动和决策路径, 促进信息共享、协同合作和政策协调。通过有效管理行政网络, 政府可以提高决策效率、加强政策执行, 并更好地回应公众需求。

（3）社会网络分析可以帮助提高政府机构的信息化水平。官方信息往往是政府机构专业能力的体现，但并非所有信息都能够得到官方披露，而社会网络分析可以通过社交媒体、博客、微博等渠道获取非官方的信息，为政府机构提供更充分的信息来源。

（4）社会网络分析还可以用于公共治理和风险管理。公共治理是促进社会公正、公平的过程。通过社会网络分析，政府可以确定参与公共治理的利益相关者，建立社会网络，识别和分析风险传播路径、潜在风险来源以及应急响应能力，识别突发事件的方向，评估组织之间的信息传递效率、协作能力和应对能力，并及时调整应对措施以降低风险。

将社会网络应用于公共管理领域，可以为政策制定者以及政府机构等提供深入的洞察力和决策支持，从而促进政策的实施，提升政府的信息化水平，进行更加完善的公共治理与风险管理。

4. 供应链韧性

社会网络分析作为一种多学科交叉的方法，已经被广泛应用于供应链韧性领域。韧性是指在面对外部不确定性或意外事件时，系统能够快速恢复正常运行的能力。供应链韧性（supply chain resilience）这一概念于 2003 年首次提出（Rice and Caniato，2003），在 2004 年被定义为"供应链受到干扰后能够恢复到原状态或者更加理想状态的能力"（Christopher and Peck，2004）。供应链韧性在现代企业管理中日益重要，尤其是在面对市场变动、自然灾害、政治动荡等因素时，供应链韧性更是成为企业生存和发展的关键所在。

图 1-1 是一个完整的供应网络，如图 1-1 所示，假设 n_1 是供应网络中最终的客户，n_{11} 是其供应商之一，当网络保持完整时，我们可以找到多条路径使得商品从供应商 n_{11} 发出后可以顺利到达客户 n_1，此时整个供应链网络是连通的。假设中间节点 n_7（图 1-2）或链接 a_{14}（图 1-3）由于遭到冲击而被移除网络，此时供应链网络虽然在一定程度上遭到了破坏，但是仍然存在可行路径让供应商 n_{11} 到达客户 n_1，因此我们认为该供应链网络具有一定的韧性。然而，不同于节点或链接遭到破坏，当网络结构被破坏时（图 1-4），从供应商 n_{11} 到客户 n_1 的传输路径被切断，即网络连通性遭到破坏，导致供应链断裂，商品无法在整个网络中完整流通。

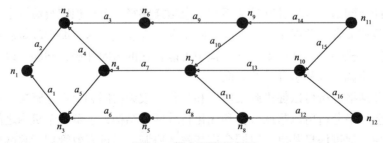

图 1-1　供应网络示意图

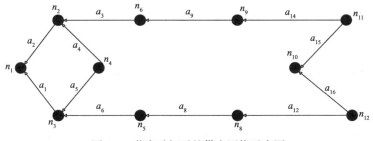

图 1-2　节点破坏后的供应网络示意图

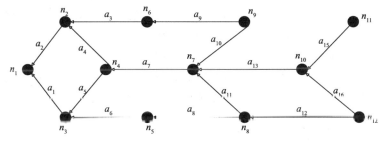

图 1-3　链接破坏后的供应网络示意图

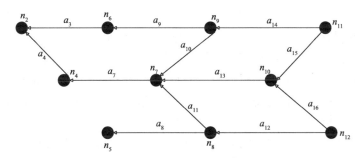

图 1-4　网络结构破坏后的供应网络示意图

社会网络在供应链韧性领域的应用主要有以下几个方面。

（1）社会网络可以用于揭示供应链中的隐性关系和关键节点。供应链中的节点包括供应商、制造商、分销商等，并且这些节点之间存在着复杂的关系。这些关系并不总是显性的。通过采用社会网络分析方法，可以揭示出供应链中的隐性关系，从而识别出关键的节点和路径。通过对关键节点的保护和强化，可以提高整体供应链的韧性和稳定性。

（2）社会网络可以用于优化研究供应链中的合作关系。在现代供应链系统中，各节点之间不再是简单的交易关系，而是更为紧密的合作关系。供应链中的各个节点之间通常通过供货合同、代理合同、研发合作等方式进行合作。通过分析各个节点之间的交互行为和合作网络，可以揭示合作模式、合作强度以及合作对供应链韧性的影响，进而帮助企业优化供应链中的合作模式。例如，研究合作模式以及合作风格可以找到更加适合和共赢的合作关系；研究各节点之间的合作强度以形成更为紧密的合作关系；了解各节点的职能和角色，进而确保供应链中的所有节点都能得到应有的发展和利益。这有助于企业制定更好的供应链合作策略，提高供应链的协同性和韧性。

（3）社会网络可以用于研究供应链中的信息流。供应链中的信息流通畅与否可以说是供应链韧性的基础。社会网络分析可以帮助揭示供应链信息流的结构和特征，并通过分析信息流的路径、权重和可靠性等因素，来提高信息的透明度与质量可靠性。进一步地，企业可以加强内部的信息共享，以及与合作伙伴之间的信息共享，从而提高供应链的韧性。

（4）社会网络可以用于支持供应链应急管理。当供应链系统面临突发事件时，如自然灾害、政治动荡等，快速有效的应急管理措施是确保供应链韧性的关键。在面对突发事件时，社会网络分析可以帮助企业了解供应链的脆弱性和韧性，识别出关键节点和瓶颈环节，以便提前做好应急预案和措施。另外，在紧急情况下，社会网络分析也可以帮助企业迅速恢复供应链系统的重要部分，以保证供应链的正常运转。

伴随着产业结构的持续优化，企业需要不断提升供应链韧性以适应高速发展的市场环境。社会网络分析的引入为供应链网络的研究提供了新的视角，通过分析供应链网络中的社会网络节点及社会网络关系和信息流等，为企业提供更优的供应链管理方案以提升其供应链韧性。

5. 航空网络优化

社会网络的研究发展对航空网络优化也具有极大的发展意义，基于现实问题，航空网络优化也有不同方面的扩展。航空网络优化旨在通过最优的航班排程和航线设计来提高航空公司与旅客的效益。社会网络分析可以帮助理解航空网络中的航班关系、航空公司之间的合作关系以及旅客的出行行为，进而优化航空网络的设计和管理。当航空公司和旅客面临复杂的运输与旅行需求时，航空网络优化的挑战就变得越来越大。在这种情况下，社会网络分析可以派上用场。社会网络分析是一种综合性的方法，可以揭示航空网络中的航班关系、航空公司之间的合作模式、旅客的出行行为以及应急管理等方面的信息，并将其融合起来以支持更好的决策。

（1）社会网络分析可以揭示航空网络中的航班关系。航班之间的连接性和航线的布局对于航空网络的效率至关重要。通过分析航班之间的时间表、转机流量、航线选择等数据，可以建立航班之间的网络结构，并计算如度中心性、介数中心性等网络指标来衡量航班的重要性和影响力。这有助于识别关键航班、瓶颈路径，优化航班之间的安排和连接方式，提高整体的航班效率和容量利用率。

（2）社会网络分析可以研究航空公司之间的合作关系。在航空网络中，航空公司之间存在着代码共享、联盟和合作协议等形式的合作关系。社会网络分析可以揭示不同航空公司之间的合作网络，识别关键航空公司和合作伙伴，并分析其合作模式、合作强度以及合作对航班网络贡献的影响。这有助于航空公司制定合作策略、拓展航线网络，提高航班网络的可达性和连通性。

（3）社会网络分析可以研究旅客的出行行为和航空网络的需求模式。通过分析旅客的出行数据、购票数据、行程选择等，可以构建旅客出行行为的社会网络。该社会网络可以揭示旅客之间的关系、出行偏好、交叉购票行为等，从而帮助航空公司优化航班排程、开拓新市场、推出个性化的服务和产品。

（4）社会网络分析可以支持航空网络的容灾和应急管理。航空网络中的突发事件（如天气恶劣、机场关闭等）会对航班安排和旅客交通造成影响。社会网络分析可以帮助建立航空网络的容灾机制，通过识别重要节点、关键航班和备用路径，实现快速调整和响应。这有助于提高航班网络的鲁棒性和恢复能力。

综上所述，社会网络可以应用于多个方面以进行航线扩展、连接方式提升和航班排程等航空网络的优化。

6. 教育领域

社会网络研究在教育领域具有广泛的研究意义。通过分析学生之间的关系网络，我们可以深入了解学生之间的交流模式、知识分享和合作行为，从而为教学和学习提供更加有效的支持与引导。

（1）社会网络研究能够揭示学生之间的信息传递和知识共享模式。学生通过互相交流、互相帮助、互相分享学习体会和资源等方式来获取知识。不同的学生在知识共享和交流中扮演着不同的角色，如知识传播者、知识接受者、知识协作者等。社会网络研究能够分析这些角色的特征和影响因素，揭示学生之间交流和知识共享的模式，为教师制定更有效的教育教学方案提供有益启示。

（2）社会网络研究有助于识别学生之间的合作和竞争关系。学生之间存在着不同类型的关系，如朋友、伙伴、竞争对手等。这些不同类型的关系对学生的学习和成长产生着不同的影响，其中某些关系可能对学生的学习和发展产生正面的影响，而其他关系则可能产生负面影响。通过社会网络研究，我们可以识别学生之间的合作和竞争关系的类型与特征，并探究这些关系对学生的学习和发展的影响。

（3）社会网络研究能够揭示群体之间的互动和影响机制。除了个体学生之间的关系外，社会网络研究还能够分析不同学习群体之间的交流、传播和影响关系。例如，不同班级或学校之间可能存在着信息共享、资源交流、学术竞争等关系，这些关系对于促进学习研究、创新发展具有重要意义。通过社会网络研究，我们可以深入了解群体之间的影响机制和路径，为建立更加紧密和健康的学术群体提供有益指导。

（4）社会网络研究还能够发挥重要的政策指导作用。通过深入了解学生之间的关系网络和互动行为，我们可以为学生提供更加精准和有效的教育与辅导服务。例如，教师可以根据不同学生之间的关系类型和影响机制，为其提供不同形式的学习支持和引导，鼓励学生之间开展更加积极有效的合作和竞争行为，促进学生的个性发展和学业成就。同时，政策制定者可以根据社会网络研究展示的学生之间的关系特征和模式，为针对学校、班级或群体等不同层面的教育政策和方案制定提供有益参考。

7. 医疗与卫生领域

在自然科学领域，社会网络研究也取得了不小的进展，其中医疗卫生方面尤为突出。近年来，相关研究在流行病与疫情防控、社区精神卫生服务、卫生服务组织协作网络、公共戒烟项目、残疾人安置、青少年行为健康、处方卫生政策以及公共卫生合作等领域都取得了相关进展。社会网络分析方法的引入对于完善社会流行病及疫情的防控预案，提升医疗卫生系统的协作效率，优化公共卫生服务的供给都提供了巨大帮助。图 1-5 展示了公共卫生网络分析研究成果的时序趋势，可以看到从 2010 年开始，社会网络分析开始逐步用于公共卫生领域。以疫情防控方向为例，在社会网络中紧密度和中心度更高的病原体所在的区域传播速度会更快，基于此，可以更好地进行疫情防控，优化公共卫生体系。

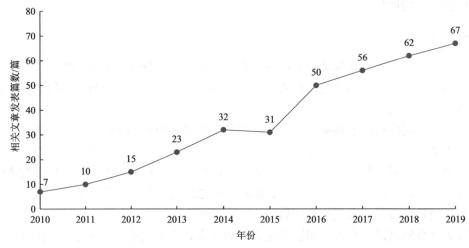

图 1-5　公共卫生网络分析研究成果的时序趋势

　　社会网络研究在医疗卫生领域具有重要的研究意义。通过分析和理解医疗卫生系统中的社会网络结构与关系，我们可以深入了解诊疗过程、医患关系、医疗资源分配以及信息传播等方面的特征和模式，为改善医疗质量、优化医疗服务和制定科学合理的政策提供有益的指导。

　　在医疗卫生领域，社会网络研究能够揭示医疗团队内部的合作与协作关系。医疗团队由多个专业人员组成，包括医生、护士、药剂师等，他们在诊断、治疗和护理过程中需要紧密合作。通过社会网络分析，我们可以探索医疗团队成员之间的信息流动、知识共享和合作行为，了解不同角色和职责在团队内部的协调与互动方式。这有助于发现沟通障碍、优化工作流程，促进医疗团队的高效运作，提高医疗质量和患者满意度。

　　社会网络研究有助于理解医患关系及其影响因素。医患关系是医疗卫生领域中至关重要的一环。通过社会网络分析，我们可以研究医患之间的互动模式、信任建立的过程和信息传递的方式等方面的特征，为医院管理者和医生提供指导，帮助他们改善沟通与信任，增强医患之间的合作关系，提高医疗效果和患者满意度。

　　社会网络研究可以帮助优化医疗资源的分配和利用。医疗资源的合理配置是医疗卫生系统的重要任务之一。通过社会网络分析，我们可以了解医疗机构之间的合作与竞争关系，识别医疗资源的流动和利用情况。同时，还可以揭示医疗资源在不同地区、不同群体之间的分布差异和不平衡现象，从而为政府和相关部门提供科学依据，优化医疗资源的配置方案，确保资源的公平分配和最大化利用。

　　社会网络研究对于医疗信息传播和健康行为研究也具有重要意义。通过社会网络分析，我们可以了解医疗健康信息在网络中的传播路径、影响因素以及信息的可靠性与效果。这对于制定科学的健康宣教策略、提升公众健康意识、促进健康行为改变具有重要参考价值。此外，社会网络研究还能够揭示人们在医疗决策和行为选择过程中的社会影响机制，为个体健康管理和医患沟通提供有益指导。

综上所述，社会网络研究在医疗卫生领域的研究意义包括多个方面。这些研究可以为医疗管理者、医生和政策制定者提供科学依据与指导，推动医疗卫生系统的发展和进步。

1.3　本章小结

首先，本章从网络科学和数据科学的角度出发，讲解了它们之间的关系和在社会网络研究中的应用。网络科学研究复杂网络结构、图论等方面的问题，旨在深入理解网络的形成和演化机制。数据科学则通过处理和分析大量、多样、高速、真实的数据，可以揭示数据之间的内在关系与规律。而在社会网络研究中，数据和网络是密不可分的，数据分析为网络研究提供了重要的支撑，而网络分析则可以更好地解释和理解数据中隐藏的规律与特征。

其次，本章详细介绍了社会网络研究在不同领域的应用和价值。在经济与管理领域，社会网络分析被广泛应用于经济学、国际贸易、公共管理、供应链韧性等领域的研究。例如，在国际贸易领域，社会网络分析可以用来探究企业之间的交易网络，从而更好地理解国际贸易的复杂性和影响因素；在公共管理领域，社会网络分析可以揭示公共组织内部、各级政府部门之间的信息流动和协作模式，为政策制定提供科学依据。在航空网络优化方面，社会网络分析可以帮助航空公司优化航线网络和航班安排，提高运营效率。在教育领域，社会网络分析有助于了解学生之间的交流和合作模式，推动教育改革。例如，在学校中，社会网络研究可以帮助理解学生之间的互动模式，促进课堂合作和知识共享，提高学生学习效果。在医疗与卫生领域，社会网络分析可以揭示医疗团队内部的合作与协作关系、医患关系和医疗资源分配等问题，为医疗质量提升和健康政策制定提供科学依据。例如，在医疗管理中，社会网络研究可以帮助医生实现更好的团队协作和医患沟通，提高医疗效率和质量。

综上所述，社会网络研究在不同领域的应用和价值是多方面的。通过对社会网络的深入研究和应用，我们可以更好地理解网络中的关系和模式，为各领域提供科学依据和指导，推动社会经济发展和人民生活水平的提高。社会网络分析和应用既可以从理论层面深刻探究社会网络结构与特征，也可以从实践层面探究应用案例和解决方案，为各领域的决策者和管理者提供有效的工具与思路，为社会的发展繁荣作出贡献。

参 考 文 献

Barabási A L, Albert R. 1999. Emergence of scaling in random networks. Science, 286(5439): 509-512.

Christopher M, Peck H. 2004. Building the resilient supply chain. The International Journal of Logistics

Management, 15: 1-14.

Holling C S. 1973. Resilience and stability of ecological systems. Annual Review of Ecology and Systematics, 4: 1-23.

Ip W H, Wang D W. 2011. Resilience and friability of transportation networks: evaluation, analysis and optimization. IEEE Systems Journal, 5(2): 189-198.

Kim Y, Chen Y S, Linderman K. 2015. Supply network disruption and resilience: a network structural perspective. Journal of Operations Management, 33: 43-59.

Rice J B, Jr, Caniato F. 2003. Building a secure and resilient supply network. Supply Chain Management Review, 7(5): 22-30.

Watts D J, Strogatz S H. 1998. Collective dynamics of 'small-world' networks. Nature, 393(6684): 440-442.

第 2 章　网络基本拓扑性质

章　首　语

党的二十大报告指出[①]，"推进高水平对外开放""推动共建'一带一路'高质量发展""共建'一带一路'成为深受欢迎的国际公共产品和国际合作平台"。自习近平于 2013 年提出"一带一路"倡议以来，一些国家通过签署共建"一带一路"合作文件，加强了经济贸易往来，形成了一个庞大而复杂的国际贸易系统。在这个贸易系统中，可以将国家看作网络中的节点，若两个国家之间存在经济合作和贸易往来，则在它们之间有一条连边，从而将这个贸易系统抽象成一个"一带一路"贸易网络，进而可以利用网络分析知识研究这一复杂贸易系统。类似地，自然界中的许多系统也都可以抽象为网络，其中节点代表实际系统中的个体，而连边则用来表示节点之间的关系和相互作用。我们把网络不依赖于节点的具体位置、大小、形状等以及连边的具体形态就能表现出来的性质叫作网络的拓扑性质，它决定着网络的功能、动力学性质及演化特征。

网络科学作为一种研究方法，能够帮助我们理解和分析"一带一路"贸易网络的复杂性。节点国家在这个网络中扮演着关键角色，而网络科学通过节点之间的连边来展示共建"一带一路"国家之间的贸易往来关系。通过研究"一带一路"贸易网络的拓扑性质，我们能够深入了解每个国家在这个贸易网络中扮演的角色和发挥的作用，国家之间的贸易合作关系强度以及整个贸易网络的贸易演化特征，从而为更好地推动"一带一路"高质量发展提供科学支持。

在本章中，我们将主要探讨网络的基本概念，包括节点、连边、路径、二分图，以及网络的一些基本拓扑性质，如密度、集聚系数、度分布、距离分布、弱连接和结构洞等。通过本章的学习，读者可以掌握网络的基本概念和相关拓扑性质，使用网络分析工具 Pajek 对网络的结构进行分析，为后续章节的深入学习奠定坚实基础。

第 1 章主要介绍了社会网络的发展历程，从多个方面阐述了社会网络的研究意义。在本章中，我们主要探讨网络的基本概念以及网络的一些基本拓扑性质，这些性质反映了网络的结构特征和复杂性。我们将通过实例和社会网络分析工具 Pajek 进行演示，展示如何计算和分析网络的拓扑性质，并深入探讨它们在社会网络分析中的应用和意义。

---

① 《习近平：高举中国特色社会主义伟大旗帜 为全面建设社会主义现代化国家而团结奋斗——在中国共产党第二十次全国代表大会上的报告》，https://www.gov.cn/xinwen/2022-10/25/content_5721685.htm，2023 年 1 月 23 日。

2.1　网络的基本概念

本节我们主要介绍关于网络的基本概念，包括网络的图表示与可视化、网络的路径与连通性、二分图等相关概念，通过学习本节能够对社会网络有初步的了解。

2.1.1　网络的图表示与可视化

我们在现实生活中研究某个实际系统时，为了方便了解系统的性质以及各组成部分之间的交互方式和信息传递，通常将其抽象为一个由节点和边组成的网络图。在网络图中主要有两个要素，分别是节点和连边。其中，节点代表系统中的个体，而连边则代表个体之间的交互关系。举例来说，当研究某个国家的铁路运输系统时，我们可以将车站表示为图中的节点，如果两个车站之间存在运输关系，则可以在两个车站之间连一条边。

　　1. 网络的图表示

一个具体网络可抽象为一个由节点集 $V = \{v_1, v_2, \cdots, v_N\}$ 和边集 $E = \{e_1, e_2, \cdots, e_M\}$ 组成的图 $G = (V, E)$。V 中的元素称为 G 的节点（node），E 中的元素称为 G 的边（edge）。其中，节点数 $N = |V|$，边数 $M = |E|$。

在图 $G = (V, E)$ 中，如果 $e = (v_i, v_j)$ 是图 G 的边，我们就说边 e 连接节点 v_i 和 v_j，称 v_i 和 v_j 是 e 的节点，也称 v_i 和 v_j 是相邻的（这两个节点也称为邻居节点）。没有边与其相关联的节点称为孤立节点。图中的节点是我们的研究对象，边表示研究对象之间的交互关系。

例如，在图 2-1 中，五个研究对象可以使用节点 v_1、v_2、v_3、v_4、v_5 表示，这五个节点构成了节点集 V，$V = \{v_1, v_2, v_3, v_4, v_5\}$，图 2-1 的节点数为 5，其中节点 v_4 没有边与其相关联，是孤立节点。五个研究对象的交互关系可以使用边 e_1、e_2、e_3、e_4 表示，这四条边构成了边集 E，$E = \{e_1, e_2, e_3, e_4\}$。除此之外，边也可以使用 (v_i, v_j) 表示，如节点 v_1、v_2 之间的边可以使用 (v_1, v_2) 表示，图 2-1 的边数为 4。

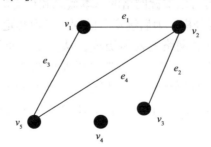

图 2-1　图的基本形状

在实际生活中，很多系统中的个体之间的关系是带有方向性的，举个例子，微博用户之间的互相关注关系就是一个有向的用户关注网络，在这样的网络中，用户 A 关注用户 B，并不意味着用户 B 关注用户 A，这样就形成了一个有向用户网络。

对于带有方向性的网络，则可将网络抽象成一个有向图 $G_d = (V, E)$，V_d 中的元素称为 G_d 的节点，E_d 中的元素称为 G_d 的边（或弧）。若 $e = (v_i, v_j)$ 是一条弧，则表示 e 从 v_i 指向 v_j，同时称 v_i 是 e 的起点，v_j 是 e 的终点。例如，在图 2-2 所示的有向图中，弧 e_1 可以写成 (v_1, v_2)，但不能写成 (v_2, v_1)。

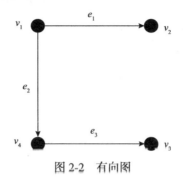

图 2-2　有向图

当然，在现实生活中的许多系统中，个体与个体之间的关系不仅包含方向这一属性，还经常具有一个重要的属性，即权重（weight）。权重用来表示个体之间的关系紧密程度。以国家铁路运输系统网络为例，网络上边的权重可以表示车站之间车次的频率或者客运量。

对于带有权值的网络，我们可以将其抽象成一个加权图 $G = (V, E, W)$，其中 V 表示图中的节点集合，E 表示图中的边集合。$W = [w_{ij}]$ 表示图中边的权重矩阵，其中 w_{ij} 为节点 v_i 指向节点 v_j 的边的权重。

2. 四种网络图类型

我们通常将网络图按照边是否带有方向以及有无权重分为四种类型：无权无向图、无权有向图、加权无向图、加权有向图。为了方便理解，我们以一个包含五座城市的人口流动网络为例分别对四种类型的网络图进行介绍。表 2-1 列出了 A、B、C、D、E 这五座城市之间的某年的人口流向关系。

表 2-1　五座城市人口流动关系

人口流出城市	人口流入城市				
	A	B	C	D	E
A		1			3
B	2			3	
C		4			
D		2			
E	1			2	

在表 2-1 中，第一列表示人口流出的城市编号，第二行表示人口流入的城市编号。

表 2-1 中的数值表示由人口流出城市流动到人口流入城市的人口数量，例如，第三行的数据说明由 A 城分别流往 B、E 城 10 万、30 万人口，用权值 1 和 3 表示。

1）无权无向图

在无权无向图中，节点与节点之间的边没有方向且没有附加的权重值，它描述了节点之间的简单关系和连接方式。上述引例中，我们把每个城市看作一个节点，两个城市之间存在人口流动关系则两个节点之间有条边。如果不考虑城市人口流动方向和人口流动数量而仅考虑两座城市间是否存在人口流动关系，我们就能得到一个表示这五座城市之间人口流动关系的无权无向网络，如图 2-3 所示。

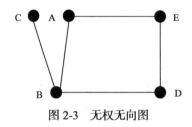

图 2-3　无权无向图

我们也可以使用邻接矩阵（adjacency matrix）$A(G) = (a_{ij})_{N \times N}$ 来表示一个图，对于无权无向图来说，邻接矩阵是一个对称的 0-1 矩阵，其中 $a_{ii} = 0$，若节点 i 与 j 之间存在边，则 $a_{ij} = 1$，否则 $a_{ij} = 0$。例如，图 2-3 对应的邻接矩阵可表示为

$$A = \begin{pmatrix} 0 & 1 & 0 & 0 & 1 \\ 1 & 0 & 1 & 1 & 0 \\ 0 & 1 & 0 & 0 & 0 \\ 0 & 1 & 0 & 0 & 1 \\ 1 & 0 & 0 & 1 & 0 \end{pmatrix}$$

2）无权有向图

在无权有向图中，节点与节点之间的边是有方向的，且所有边的权值看成相等的，通常可假设每条边的权值为 1。上述引例中，如果我们不考虑城市间流动人口的数量而仅考虑城市间的人口流动方向，则该网络就是一个无权有向网络，如图 2-4 所示。

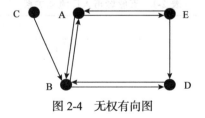

图 2-4　无权有向图

对于无权有向图的邻接矩阵，$a_{ij} = 1$ 时表示的是有从节点 i 指向节点 j 的边，否则 $a_{ij} = 0$。如图 2-4 对应的邻接矩阵可表示为

$$A = \begin{pmatrix} 0 & 1 & 0 & 0 & 1 \\ 1 & 0 & 0 & 1 & 0 \\ 0 & 1 & 0 & 0 & 0 \\ 0 & 1 & 0 & 0 & 0 \\ 1 & 0 & 0 & 1 & 0 \end{pmatrix}$$

3）加权无向图

在加权无向图中，节点之间的边没有方向，但每条边带有一个附加的权重值，权重值的大小表示了节点之间连接的强度、距离或者其他度量。上述引例中，假设不考虑人口流动方向而仅考虑两座城市之间是否存在人口流动关系，并且将两座城市之间的人口流动量相加作为城市间的人口流动总量，则得到一个加权无向网络，如图 2-5 所示。

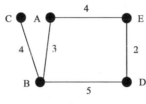

图 2-5　加权无向图

对于加权无向图，其邻接矩阵也是一个对称矩阵，若节点 i 和 j 之间存在边，则 $a_{ij} = w_{ij}$，否则 $a_{ij} = 0$，其中 w_{ij} 为边的权值。例如图 2-5 对应的邻接矩阵为表示为

$$A = \begin{pmatrix} 0 & 3 & 0 & 0 & 4 \\ 3 & 0 & 4 & 5 & 0 \\ 0 & 4 & 0 & 0 & 0 \\ 0 & 5 & 0 & 0 & 2 \\ 4 & 0 & 0 & 2 & 0 \end{pmatrix}$$

4）加权有向图

在加权有向图中，节点之间的边是有方向的，表示从一个节点到另一个节点的方向关系，并且每条有向边带有权重值，权重值表示了节点之间的关系强度。上述引例中，如果同时考虑人口的流动方向和数量，那么该网络可以被视为一个加权有向网络，如图 2-6 所示。

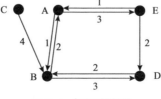

图 2-6　加权有向图

对于加权有向图，$e_{ij} \in E$ 表示节点 i 指向节点 j 的一条有向边，w_{ij} 表示有向边 e_{ij} 的

权值，通常情况下，加权有向图的邻接矩阵一般不对称，即 $w_{ij} \neq w_{ji}$。当存在节点 i 到节点 j 的一条有向边时，$a_{ij} = w_{ij}$，否则 $a_{ij} = 0$。例如，图 2-6 对应的邻接矩阵可表示为

$$
A = \begin{pmatrix}
0 & 1 & 0 & 0 & 3 \\
2 & 0 & 0 & 3 & 0 \\
0 & 4 & 0 & 0 & 0 \\
0 & 2 & 0 & 0 & 0 \\
1 & 0 & 0 & 2 & 0
\end{pmatrix}
$$

3. 简单图

简单图是一种基本的图结构，具有以下特点。

（1）没有自环，即没有从一个节点指向其自身的边。

（2）没有重边，即每对节点之间只能有一条边相连。

（3）不允许有一端不和任何节点连接的边存在，即每条边都必须连接两个节点。

（4）允许图中的节点没有与任何边相连，即可以存在孤立节点。

以图 2-7 为例，节点 A 和节点 B 之间存在重边，节点 C 有自环，因此该图不是简单图。

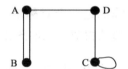

图 2-7　具有重边和自环的图

对于一个节点数为 N，连边数为 M 组成的简单图 $G = (V, E)$，任意两个点之间至多有一条边，所以节点数和连边数存在如下关系：

$$
0 \leqslant M \leqslant \frac{N(N-1)}{2} \tag{2-1}
$$

当 $M = 0$ 时，表示图中节点之间不存在任何连边，即由一群孤立节点组成的图，我们称之为空图。当 $M = N(N-1)/2$ 时，表示图中的任意两个节点之间都有一条边，我们称之为完全图。图 2-8（a）为空图，边数为 0，图 2-8（b）为完全图，边数=5×（5−1）/2=10。

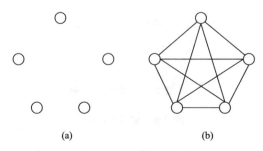

(a)　　　　　　　　　(b)

图 2-8　空图和完全图

4. 计算机绘制网络图

在使用计算机绘制网络图之前，我们需要先了解如何在计算机中表达一个图。在传统的图算法中，邻接矩阵、邻接表以及三元组是比较常见用于表示图的基本结构。通过 2.1.1 节介绍可知，采用邻接矩阵的方式表示图可以快速查找两个节点之间是否有边相连，因为我们只需要检查对应元素 a_{ij} 是否为零即可。然而，对于节点很多而边很少的稀疏图来说，邻接矩阵中大部分元素都为零，这样就会使计算机储存过多无用的信息，造成内存的浪费。而采用邻接表和三元组表示图可以弥补这一缺陷，因为二者只存储非零元素。

1）邻接表和三元组

对于无权图来说，邻接表是一种很好的表达方式，我们以图 2-9 为例（图 2-9 中的节点标号 A～D 分别替换成数字 1～4），分别介绍有向图和无向图两种情况下的邻接表。

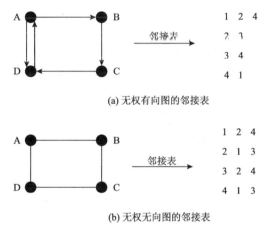

(a) 无权有向图的邻接表

(b) 无权无向图的邻接表

图 2-9　有向图邻接表和无向图邻接表示意

在图 2-9（a）所展示的有向图及其邻接表中，以第一行 1 2 4 为例，它表示从节点 1 有分别指向节点 2 和节点 4 的两条边，而在图 2-9（b）展示的无向图及其邻接表中，第一行 1 2 4 表示的是节点 1 与节点 2 和节点 4 有边相连，在无向图的邻接表中，每条边会出现两次。

对于加权图，可以用三元组的形式来表示，以图 2-10 为例，介绍有向和无向两种情况（图 2-10 中的节点标号 A～D 分别替换成数字 1～4）。

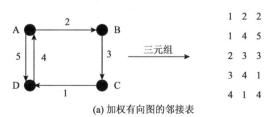

(a) 加权有向图的邻接表

1	2	2
1	4	5
2	1	2
2	3	3
3	2	3
3	4	1
4	1	5
4	3	1

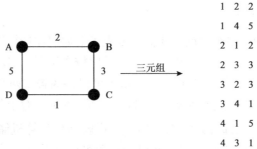

(b) 加权无向图的邻接表

图 2-10　三元组的两种情况

如图 2-10（a）所示，以第一行 1 2 2 为例，它表示有一条从节点 1 指向节点 2 的有向边，且该边的权值为 2。而在图 2-10（b）中，第一行的 1 2 2 则表示节点 1 和节点 2 之间有一条权值为 2 的边，在无向图的三元组表示中，每条边也会出现两次。

2）利用 Pajek 绘制网络图

Pajek 是一种用于分析和可视化大型网络的软件包。它主要用于社会网络分析，但也可以用于分析各种类型的网络，如生物、交通和通信网络。Pajek 提供了创建、操作和可视化网络图形的工具，以及进行各种网络分析任务的功能。读者可以通过 Pajek 官网（http://mrvar.fdv.uni-lj.si/pajek/）下载该软件。

下载完成后，直接打开 Pajek.exe 程序运行该软件，基本界面如图 2-11 所示。

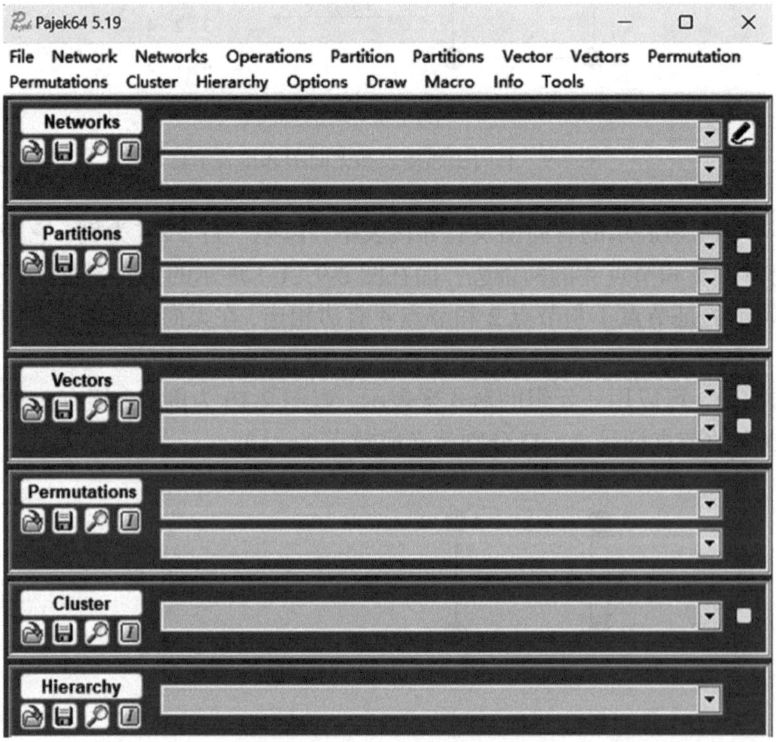

图 2-11　Pajek 基本界面

我们以图 2-12 为例，介绍 Pajek 绘制网络图的方法。

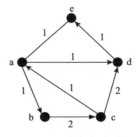

图 2-12　一个加权有向图

第一步：新建一个 txt 格式文档。

新建一个 txt 格式文档，在记事本编写如下三元组形式的代码并将其保存为 net 文件的格式（直接修改文件后缀名为 net），如图 2-13 所示。

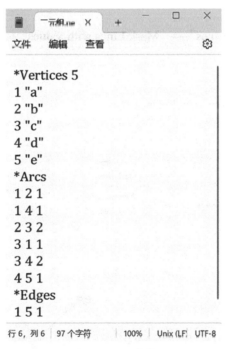

图 2-13　net 文件

在图 2-13 所示的 net 文件中，Vertices 5 代表图中有五个节点，各个节点的名称依次为 a、b、c、d、e。Arcs 代表着有向边（弧），1 2 1 代表着有一条从 a 指向 b 并且权值为 1 的有向边。Edges 表示无向边，1 5 1 表示节点 a 和 e 之间有一条权值为 1 的无向边。

第二步：导入 net 格式文档。

首先打开 Pajek，点击 Read Network，导入刚刚新建的 net 格式的文件，再点击 Draw Network，开始绘制图形，如图 2-14 所示。

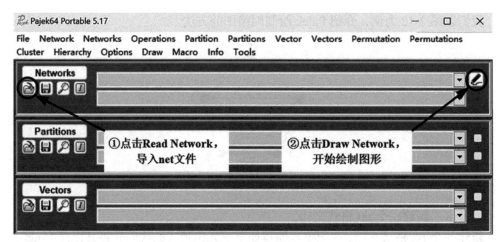

图 2-14　导入文件

第三步：标注边权值。

通过"Options"→"Lines"→"Mark Lines with Values"标出各边的边权，如图 2-15 所示。

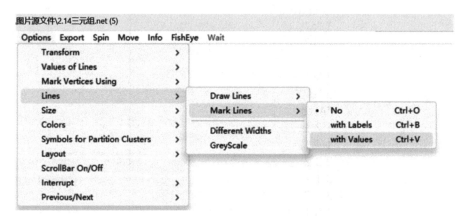

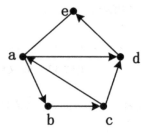

图 2-15　标注边权

最后得到图 2-16。

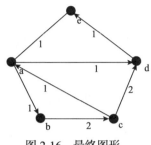

图 2-16　最终图形

2.1.2　网络的路径与连通性

在研究某个系统的过程中，系统的网络路径和连通性扮演着重要的角色。通过研究网络路径及连通性可以知道该系统中的各部分是按照何种方式相联系的，系统中各部分能否处处相连。如手机的通信系统，如果手机不能呼叫任何一个有效号码或被任何一个有效号码呼叫，则该手机的使用就存在很大的局限性。所以在手机的通信系统网络中，必须保证任意两个节点之间存在一条路径，即确保网络的连通性。

1. 网络的路径

在实际生活中，路径常常指的是道路、路线，如从家前往公司的道路、从上海去往北京的高铁路线等，两地常用米或千米等单位表示物理距离。而在网络中，物理距离被路径长度取代了。

1）路径和路径长度

给定一个网络图 $G = (V, E)$，网络 G 的一条路径（path），P 指的是一个节点的序列，$P = \{v_0, v_1, v_2, \cdots, v_l\}$ 且满足 $(v_i, v_{i+1}) \in E(0 \leqslant i < l)$，其中 v_0 和 v_l 为路径 P 的两个端点。

路径的长度为这条路径上包含的边的数量，即等于路径 P 上包含的节点数减 1。例如，在图 2-17 所示的无向图中，从节点 v_1 至节点 v_4 共有三条路径，分别是 $v_1 \to v_2 \to v_3 \to v_4$，$v_1 \to v_5 \to v_3 \to v_4$ 和 $v_1 \to v_3 \to v_4$，其分别对应的路径长度为 3、3 和 2。

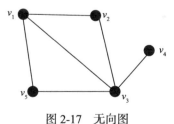

图 2-17　无向图

2）最短路径

在一个网络中，两个节点 v_i 与 v_j 之间可能存在一条或者多条路径，其中，包含边数最少的路径被称为最短路径（shortest path）。最短路径的长度通常被称为节点 v_i 和节点 v_j 之间的距离（distance），记为 $d(v_i,v_j)$ 或简略记为 d。如在图 2-17 中，从节点 v_1 至节点 v_4 的最短路径是 $v_1 \rightarrow v_3 \rightarrow v_4$。

3）网络直径

网络中任意两个节点之间的距离最大值称为网络的直径（diameter），记为 D，如式（2-2）所示。

$$D = \max_{i,j} d(v_i,v_j) \qquad (2\text{-}2)$$

例如图 2-17 所示网络的直径为 2。

4）平均路径长度

网络的平均路径长度 $\langle d \rangle$ 定义为网络中任意两个节点 v_i 和 v_j 之间最短路径长度（距离）的平均值，如式（2-3）所示。其中 N 为网络的节点数。

$$\langle d \rangle = \frac{1}{\frac{1}{2}N(N-1)} \sum_{i>j} d(v_i,v_j) \qquad (2\text{-}3)$$

对于图 2-17 所示的包含 5 个节点和 6 条边的简单网络，有 $\langle d \rangle = 1.4$。

5）简单路径

在网络中，不经过重复节点的路径称为简单路径（simple path）。如在图 2-17 中，从节点 v_1 到节点 v_2 中，有以下几条简单路径：$v_1 \rightarrow v_2$，$v_1 \rightarrow v_3 \rightarrow v_2$，$v_1 \rightarrow v_5 \rightarrow v_3 \rightarrow v_2$。而 $v_1 \rightarrow v_3 \rightarrow v_5 \rightarrow v_1 \rightarrow v_2$ 这条路径不是简单路径，因为它重复经过了节点 v_1。

6）回路和圈

在网络中，起点和终点重合的路径称为回路（circuit），而圈（cycle）是指一个除了起点和终点之外，其余所有节点都互不相同的回路。因此一个圈一定是一条回路，但一条回路可能包含多个圈。例如在图 2-18 中，回路：$v_1 \rightarrow v_2 \rightarrow v_3 \rightarrow v_4 \rightarrow v_1 \rightarrow v_5 \rightarrow v_6 \rightarrow v_1$ 中就包含了两个圈，分别是 $v_1 \rightarrow v_2 \rightarrow v_3 \rightarrow v_4 \rightarrow v_1$ 和 $v_1 \rightarrow v_5 \rightarrow v_6 \rightarrow v_1$。

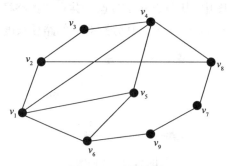

图 2-18　回路和圈

例 2-1　使用 Pajek 计算图 2-18 的直径 D 和平均路径长度 $\langle d \rangle$。

第一步：数据的录入与读取。在记事本中编写如图 2-19 所示的代码并将其保存为

net 格式的文件。打开 Pajek 软件，通过"File"→"Network"→"Read"读取输入的文件。在计算网络直径和平均路径长度之前，首先要确保网络是一个连通图，即网络中的每个节点都可以通过一系列边连接到任何其他节点。如果网络不是连通图，可以考虑将整个网络划分成若干个连通的组件（连通图相关知识在后面内容提及）。

```
*Vertices 9        *Edges
1 "v1"             1 2 1
2 "v2"             2 3 1
3 "v3"             3 4 1
4 "v4"             4 5 1
5 "v5"             5 6 1
6 "v6"             1 6 1
7 "v7"             1 4 1
8 "v8"             1 5 1
9 "v9"             1 8 1
                   7 8 1
                   7 9 1
                   6 9 1
                   2 8 1
```

图 2-19　网络的 net 格式

图中 Vertices 表示节点；Edges 表示无向边

第二步：计算网络的平均路径长度和直径。通过"Network"→"Create Vector"→"Distribution of Distances*"获得网络的平均路径长度和直径。如图 2-20 所示，网络的平均路径长度为 1.888 89。网络的节点之间距离最大的点是 v_3 和 v_9，$d_{39}=4$。因此，网络的直径 $D=4$。

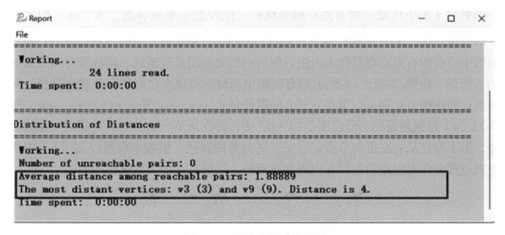

图 2-20　网络直径计算结果

2. 网络的连通性

网络的连通性指的是网络中的节点之间是否存在可以互相到达的路径。研究网络的连通性具有重要的意义，因为只有在网络是连通的情况下，信息才能够进行有效的传递和交流。在社交网络中，连通性决定了人与人之间是否能够建立联系并进行信息的传递。通过分析网络的连通性，我们可以更好地了解网络的整体结构和功能，并能够预测信息的传播、动态过程以及系统的行为。

1）无向网络的连通性

在无向图中，如果图中的每对节点之间至少存在一条路径，那么这个无向图被称为连通的（connected）。反之，如果存在节点对之间没有路径相连，则该图被称为不连通的（disconnected）。不连通图由多个连通片（connected component）组成，其中每个连通片是指一组节点的集合，节点彼此之间都是连通的，并且与其他连通片的节点无关联。

在不连通图中，包含节点数最多的连通片就称为最大连通片（maximal connected component）。例如，图 2-21 中不连通图包含两个连通片，其中左边的包含 5 个节点的连通片是最大连通片。

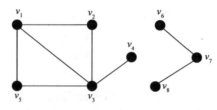

图 2-21　不连通图

2）有向图的连通性

在有向图中，存在一条从节点 v_i 到节点 v_j 的路径并不意味着存在一条从节点 v_j 到节点 v_i 的路径，即节点之间的路径必须遵循边的方向性。因此，与无向图不同的是，有向图的连通性分为强连通性和弱连通性。

如果对于图中任意一对节点 v_i 和节点 v_j，既存在一条从节点 v_i 到节点 v_j 的有向路径，同时也存在一条从节点 v_j 到节点 v_i 的有向路径，则称该有向图为强连通的。如果将有向图中所有的有向边都看作无向边后所得到的无向图是连通的，则称该有向图是弱连通的。例如，在图 2-22（a）所示的有向图中，每一对顶点之间都存在双向路径，如顶点 v_1 到 v_2 的路径为 $v_1 \rightarrow v_2$，节点 v_2 到 v_1 的路径是 $v_2 \rightarrow v_4 \rightarrow v_1$ 和 $v_2 \rightarrow v_4 \rightarrow v_3 \rightarrow v_1$，所以图 2-22（a）是强连通的。但在图 2-22（b）中，存在从节点 v_2、v_3、v_4 指向 v_1 点的有向路径，但不存在从 v_1 点指向节点 v_2、v_3、v_4 的有向路径，但如果将图 2-22（b）中所有的有向边都看作无向边后得到无向图为连通的，故该有向图为弱连通的。

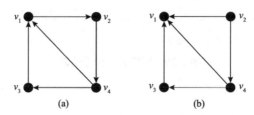

图 2-22　连通示意图

2.1.3　二分图

二分图是图论中的重要概念，用来描述两类主体之间相互关联的问题，在生活中有着广泛的运用。比如，在电影推荐系统中，可以将电影和用户视为二分图的两类节点，如果某位用户对某部电影进行了点评，则在二者之间连一条边。这样我们可以根据用户对电影的评分和喜好，通过分析二分图的连接关系，进行个性化电影推荐。

1. 二分图的定义

给定图 $G = (V, E)$。其中 V 表示图中节点的集合，E 表示图中边的集合。若有两个非空子集 X 和 Y，满足 $X \cup Y = V$，$X \cap Y = \varnothing$，并且对于集合 E 中的任意一条边 $e_{ij} \in E$ 满足 $v_i \in X$，$v_j \in Y$，那么就称该图 G 为一个二分图（bipartite graph），记为 $G = (X, Y, E)$。

在二分图中，如果在子集 X 中的任一节点 v_i 和子集 Y 中任一节点 v_j 之间都存在一条边，那么就称图 G 为一个完全二分图（complete bipartite graph）。

图 2-23（a）是一个包含 7 个节点的完全二分图，其中 3 个节点属于集合 X，4 个节点属于集合 Y。图 2-23（b）是一个包含 8 个节点的非完全二分图，其中 4 个节点属于集合 X，4 个节点属于集合 Y。

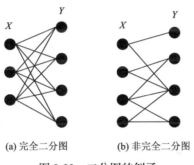

(a) 完全二分图　　　　(b) 非完全二分图

图 2-23　二分图的例子

2. 二分图的矩阵表示

一个二分图 $G = (X, Y, E)$ 可以被表示成 $n \times m$ 的矩阵，其中 n 表示集合 X 中的节点数，m 表示集合 Y 中的节点数。例如，图 2-24 是一个包含 9 个节点的二分图，其中 $X = \{x_1, x_2, x_3, x_4\}$，$Y = \{y_1, y_2, y_3, y_4, y_5\}$。集合 X 和集合 Y 的节点个数分别为 4 与 5，所以其邻接矩阵是 4×5 的矩阵。

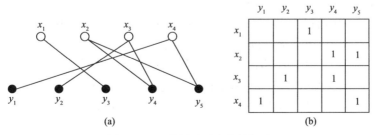

图 2-24　二分图及对应邻接矩阵

3. 二分图的投影

二分图的投影也叫作二分图的映射，在分析一个二分图 $G=(X,Y,E)$ 的网络结构时，可以将其投影到由集合 X 中的节点或者是由集合 Y 中的节点构成的单分图（unipartite graph）。将二分图投影到单分图的好处一是可以简化图的结构，通过减少节点和边的数量方式，使图的分析和处理更加直观和方便；二是可以聚合信息，投影可以将二分图中分散在不同集合中的信息聚合到单一集合中，便于统计和聚类分析。二分图的投影有两种方式，一种是无权投影，另一种是加权投影。

1）二分图的无权投影

将二分图 $G=(X,Y,E)$ 无权投影到集合 X 中的节点构成的单分图的规则是：如果在原来的二分图中，集合 X 中两个节点 v_i 和 v_j 都与集合 Y 中的某个节点相连，则在由集合 X 中顶点构成的单分图中，这两个顶点 v_i 和 v_j 之间就有一条边。同理，也可将该二分图投影到由集合 Y 中节点构成的单分图。如图 2-25（a）是一个包含 9 个节点的二分图，分别将其无权投影至由集合 X 中节点构成的单分图和由集合 Y 中的节点构成的单分图，如图 2-25（b）和图 2-25（c）所示。

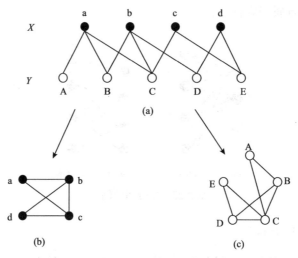

图 2-25　二分图的无权投影

2）二分图的加权投影

无权投影的方式只能浅显地表示节点之间是否存在关系，但不能表示两个节点之间关系的紧密程度，如图 2-25（a）中节点 a 和 b 之间通过 B 与 C 发生了两次连接，节点 b 和 c 之间仅有一次通过 C 连接，但在图 2-25（b）中，a 和 b、b 和 c 都通过一条边表示。这种投影方式会丢失原始二分图的重要信息。与无权投影不同的是，加权投影给边增加了权重的属性，以表示节点之间关系的紧密程度，我们可以将权值简单设置为两个节点的连接次数，以表示节点间的紧密程度，这样图 2-25（a）所示的二分图可通过加权投影为两个加权单分图，如图 2-26（a）和图 2-26（b）所示。

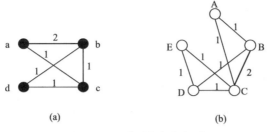

图 2-26　二分图的加权投影

4. 二分图的实际运用

二分图在许多具有两类主体的系统中得到了广泛的运用，以下是一些例子。

（1）员工项目合作网络。在公司员工项目合作网络中，集合 X 中每一个节点代表一名员工，集合 Y 中每一个节点代表一个项目。如果一名员工参与了某个项目的实施，那么就在这个员工和项目之间有一条边。通过构建员工项目合作网络，可以分析员工与项目之间的关系，了解每个员工所处的职责范围以及参与的项目，为优化业务流程提供依据。

（2）电影演员合作网络。在电影演员合作网络中，集合 X 中每个节点代表一名演员，集合 Y 中每个节点代表一部电影。如果一名演员出演过某部电影，那么就在这个演员和电影之间有一条边。通过分析演员之间的合作关系，可以了解哪些演员经常一起合作出演电影，形成固定的合作伙伴关系。对于制片商来说，可以根据这些合作模式来选择合适的演员组合，以增加电影的吸引力和成功的可能性。

（3）商品销售网络。在商品销售网络中，我们可以把每位顾客作为集合 X 中的一个元素，每件物品作为集合 Y 中的一个元素。如果一位顾客购买了某件物品，那么就在这个顾客和物品之间有一条边。通过构建商品销售网络，分析顾客的购买历史和与其他顾客的关联，可以预测顾客可能感兴趣的物品，并向其推荐相关产品。这有助于提升销售量、增加用户满意度和促进交叉销售。

（4）蛋白质-药物相互作用网络。在该网络中，集合 X 中的每个节点代表一种特定的蛋白质，集合 Y 中的每一个节点代表一种特定的药物。当一种药物与一种蛋白质发生相互作用时，二者之间就有一条边相连。蛋白质-药物相互作用网络在药物研发和治疗方面具有重要的应用价值。不仅可以用于预测新的蛋白质-药物相互作用，帮助加速药物筛选与设计过程，还可以揭示已知蛋白质与药物的相互作用模式，为药物剂量、治疗方案等提供指导。此外，通过分析网络结构，还可以发现潜在的蛋白质靶点和新的药物开发机会。

2.2　网络的结构特征

在本节中，我们将重点介绍网络的结构特征，包括网络的度与集聚系数（包含度与平均度、网络的密度、集聚系数）、度分布与距离分布、弱连接与结构洞等基本概念。通过学习这些内容，能够更好地理解网络的结构和性质。

2.2.1 网络的度与集聚系数

1. 度与平均度

度（degree）是网络中节点的关键属性，表示该节点和其他节点连接边的数量。比如航空运输网络中，机场为网络中的节点，机场节点的度指的是与该机场连接的通航航线的数量。度值的大小直观地反映了一个机场的通达性和规模大小，也就是反映了该机场的重要程度。

1）无向网络的度与平均度

在无向网络中，一个节点的度指的是与这个节点直接相连的边的数量，对于没有自环和重边的简单图，节点的度也是与这个节点直接连接的邻居节点的数量。给定无向网络 $G = (V, E)$，其对应的邻接矩阵为 $A = \{a_{ij}\}_{N \times N}$，用 k_i 表示网络中节点 i 的度，其定义为

$$k_i = \sum_{j=1}^{N} a_{ij} = \sum_{j=1}^{N} a_{ji} \qquad (2\text{-}4)$$

因此，网络 G 的边数 M 也可以通过节点的度来定义，即

$$M = \frac{1}{2} \sum_{i=1}^{N} k_i = \frac{1}{2} \sum_{i,j=1}^{N} a_{ij} \qquad (2\text{-}5)$$

网络 G 中所有节点的度的平均值称为网络的平均度 $\langle k \rangle$，即

$$\langle k \rangle = \frac{1}{N} \sum_{i=1}^{N} k_i = \frac{1}{N} \sum_{i,j=1}^{N} a_{ij} = \frac{2M}{N} \qquad (2\text{-}6)$$

例如，在图 2-27 所示的无向网络中，节点 v_1 的度为 3，节点 v_2 和节点 v_5 的度为 2，节点 v_3 的度为 4，节点 v_4 的度为 1，该网络的平均度为 1.2。

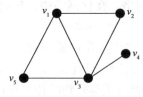

图 2-27　无向网络

2）有向网络的度与平均度

在有向网络中，节点 i 的度由出度（out-degree）和入度（in-degree）两部分组成，分别用 k_i^{out} 和 k_i^{in} 来表示。节点 i 的出度表示从节点 i 指向其他节点的边的数目，而入度恰好相反，表示从其他节点指向节点 i 的边的数目。单个节点 i 的度 $k_i = k_i^{\text{out}} + k_i^{\text{in}}$。在微博或者抖音等在线社交网络中，出度可以表示你关注的博主数量，入度可以表示为关注你的粉丝数量。

节点的出度和入度与网络邻接矩阵的元素之间的关系为

$$k_i^{\text{out}} = \sum_{j=1}^{N} a_{ij} \ , \quad k_i^{\text{in}} = \sum_{j=1}^{N} a_{ji} \tag{2-7}$$

一个包含 N 个节点的有向网络的总度数等于

$$k = \sum_{i=1}^{N} k_i^{\text{in}} = \sum_{i=1}^{N} k_i^{\text{out}} \tag{2-8}$$

有向网络的平均出度 $\langle k^{\text{out}} \rangle$ 和平均入度 $\langle k^{\text{in}} \rangle$ 是相同的，即

$$\langle k^{\text{out}} \rangle = \langle k^{\text{in}} \rangle = \frac{1}{N} \sum_{i,j=1}^{N} a_{ij} = \frac{M}{N} \tag{2-9}$$

例如，在如图 2-28 所示的有向网络中，总度数为 8，根据式（2-9）计算，平均入度和出度为 8/5=1.6。

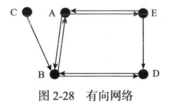

图 2-28　有向网络

3）加权网络的节点强度

在加权网络中，关于无权网络节点度的概念同样适用，此时还可以定义一个节点的节点强度，即为与节点 i 所有相连的边的权重之和。对于一个包含 N 个节点的加权网络 $G = (V, E, W)$，$\boldsymbol{W} = (w_{ij})$ 为该网络的权值矩阵。如果 G 是无向网络，那么节点 i 的强度定义为

$$s_i = \sum_{j=1}^{N} w_{ij} \tag{2-10}$$

如果 G 是有向网络，那么节点 i 强度同样划分为节点的出强度（out-strength）和入强度（in-strength），分别定义为

$$s_i^{\text{out}} = \sum_{j=1}^{N} w_{ij} \ , \quad s_i^{\text{in}} = \sum_{j=1}^{N} w_{ji} \tag{2-11}$$

2. 网络的密度

网络的密度刻画了网络中节点之间连接的紧密程度，指的是网络中实际存在的边数与网络最大可能的边数之比，网络的密度值介于 0 和 1 之间。对于一个具有 N 个节点和 E 条实际连边的无向网络，网络的密度 ρ 为

$$\rho = \frac{2E}{N(N-1)} \tag{2-12}$$

而对于有向网络，网络的密度 ρ 为

$$\rho = \frac{E}{N(N-1)} \qquad (2\text{-}13)$$

在社会网络研究中，网络的密度用于衡量社会网络中个体之间的关系的紧密程度，高密度意味着网络中的个体之间联系比较紧密，低密度意味着网络中的联系较弱。在计算机或者通信网络中，网络密度有助于评估互联网或者其他网络的连通性，高密度的网络可以提供更好的通信，低密度的网络则可能意味着网络部分断开或者不可达。在电力系统规划中，网络密度用于评估电力网络中的电缆、变电站和输电线路的密集程度，这有助于确保电力系统的可靠性和稳定性。

3. 集聚系数

集聚系数（clustering coefficient）刻画了一个节点的邻居节点之间连接的紧密程度。在无向网络中，假设节点 i 与 k_i 个节点直接相连，即节点 i 的邻居节点个数为 k_i，这 k_i 个节点之间最多可能存在 $k_i(k_i-1)/2$ 条边，节点 i 的集聚系数 C_i 定义为

$$C_i = \frac{E_i}{(k_i(k_i-1))/2} = \frac{2E_i}{k_i(k_i-1)} \qquad (2\text{-}14)$$

其中，E_i 为节点 i 的 k_i 个邻居节点之间实际存在的边数。节点 i 集聚系数 C_i 也揭示了节点 i 的两个邻居节点彼此相连的概率，取值介于 0 和 1 之间。

（1）当 $C_i=0$ 时，表示节点 i 的所有邻居节点彼此都不相连，或者节点 i 至多只有一个邻居节点。

（2）当 $C_i=1$ 时，表示节点 i 的所有邻居节点两两相连，此时，节点 i 的所有邻居节点形成一个完全图。

（3）当 $C_i=0.5$ 时，意味着节点 i 的任意两个邻居节点有 50% 的概率彼此相连。

图 2-29 分别展示了上述的三种情况。

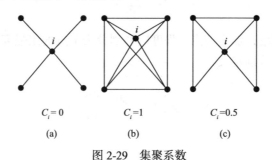

$C_i=0$　　　　　　$C_i=1$　　　　　　$C_i=0.5$

(a)　　　　　　　(b)　　　　　　　(c)

图 2-29　集聚系数

以整体网络的视角，一个网络的集聚系数 C 定义为网络中所有节点集聚系数的平均值，即

$$C = \frac{1}{N}\sum_{i=1}^{N} C_i = \frac{1}{N}\sum_{i=1}^{N} \frac{2E_i}{k_i(k_i-1)} \qquad (2\text{-}15)$$

从概率统计的角度来看，集聚系数 C 表示从网络中随机选择一个节点，该节点的两个邻居节点彼此相连的概率，很显然有 $0 \leqslant C \leqslant 1$。当 $C = 0$ 时，网络中所有节点的集聚系数为零；当 $C = 1$ 时，网络中所有节点的集聚系数均为 1，即网络中任意两个节点都直接相连，此时构建的网络是一个完全图；当 $C = 0.5$ 时，意味着在网络中随机选择一个节点，其两个邻居节点彼此相连的概率为 50%。

如图 2-30 给出了包含 7 个节点的网络。对于节点 v_1 有 $E_1 = 7$，$k_1 = 6$，于是有

$$C_1 = \frac{2E_1}{k_1(k_1 - 1)} = \frac{7}{15}$$

同样可得 $C_2 = \frac{2}{3}$，$C_3 = \frac{2}{3}$，$C_4 = 1$，$C_5 = \frac{2}{3}$，$C_6 = \frac{2}{3}$，$C_7 = 1$。于是可求得整个网络的集聚系数为

$$C = \frac{1}{7}\sum_{i=1}^{7} C_i = \frac{11}{15}$$

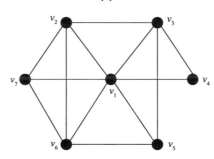

图 2-30　一个包含 7 个节点的网络

例 2-2　如图 2-31 所示，网络 G 中含有 8 个节点，分别为 $v_1, v_2, \cdots, v_8$，试用 Pajek 计算整个网络的 G 的集聚系数 C。

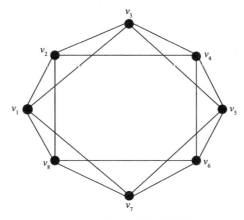

图 2-31　集聚系数计算举例

第一步：数据的录入与读取。新建文本文档，在记事本中编写如图 2-32（a）所示

的代码并将其保存为 net 格式的文件。通过"File"→"Network"→"Read"读取输入的文件，如图 2-32（b）所示。

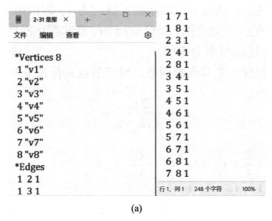

(a)

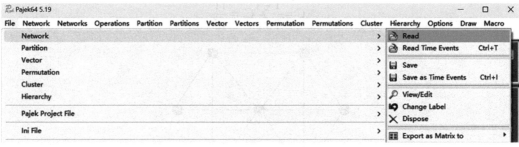

(b)

图 2-32　数据录入与读取

第二步：计算网络的集聚系数。通过"Network"→"Create Vector"→"Clustering Coefficients"→"CC1"，具体操作流程如图 2-33（a）所示。获得的网络集聚系数，如图 2-33（b）所示。

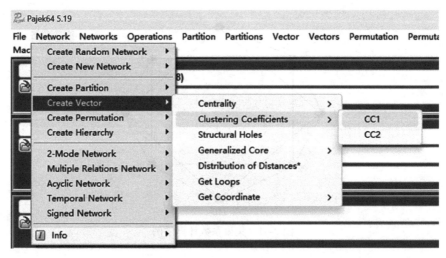

(a)

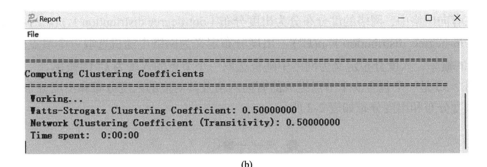

(b)

图 2-33　网络的集聚系数

2.2.2　度分布与距离分布

度分布描述了网络中不同节点的度的频率分布情况，是研究网络拓扑结构的关键指标之一，度分布的形状对于了解网络的稳定性、脆弱性以及信息传播等方面有着重要意义。距离分布描述了网络中不同节点对之间的最短路径长度的频率分布情况，可以帮助我们理解网络的紧密度和可达性，距离分布的形状对于评估网络中信息传播的速度、网络的效率以及脆弱性都有影响。

1. 度分布

在无向网络中，网络的度分布（degree distribution）p_k 表示从网络中随机选出一个节点，其度为"k"的概率。由于 p_k 是一个概率，其必须满足归一化约束，即

$$\sum_{k=0}^{\infty} p_k = 1 \tag{2-16}$$

对于有 N 个节点的网络，网络的度分布计算公式如下：

$$p_k = \frac{N_k}{N} \tag{2-17}$$

其中，N_k 表示度为"k"的节点的个数。如图 2-34 包含 9 个节点的网络，有 $p_0 = \frac{1}{9}$，$p_1 = \frac{1}{9}$，$p_2 = \frac{2}{9}$，$p_3 = \frac{1}{9}$，$p_4 = \frac{2}{9}$，$p_5 = \frac{2}{9}$，$p_k = 0$，$k > 5$。

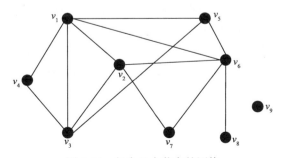

图 2-34　包含 9 个节点的网络

　　在有向网络中，网络的度分布分为出度分布（out-degree distribution）$p(k^{out})$ 和入度分布（in-degree distribution）$p(k^{in})$。出度分布定义为网络中随机选取一个节点的出度为 k^{out} 的概率；入度分布定义为网络中随机选取一个节点的入度为 k^{in} 的概率。

　　图 2-35 是一个包含 9 个节点组成的有向网络及其对应的入度分布和出度分布。其对应的入度分布和出度分布如表 2-2 所示。

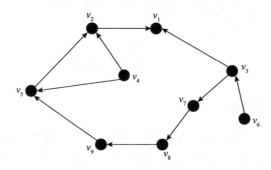

图 2-35　由 9 个节点组成的有向网络

表 2-2　出入度分布

出入度指标	k^{in}	$p(k^{in})$	k^{out}	$p(k^{out})$
	0	2/9	0	1/9
分布	1	4/9	1	2/3
	2	3/9	2	2/9

2. 距离分布

　　在网络中，节点 v_i 的距离分布（distance distribution）为 $P_i = \{p_i(k)\}$，$p_i(k)$ 表示距离节点 v_i 为 k 的概率，即

$$p_i(k) = \frac{N_i(k)}{n}, \quad 0 \leqslant k \leqslant D_G \tag{2-18}$$

其中，$N_i(k)$ 为距离节点 v_i 的最短路径长度为 k 的节点个数；n 为网络的节点数。

　　以图 2-36 中的网络为例，五角星节点代表当前节点，空心圆、实心圆、实心三角、实心正方形、空心三角和同心圆节点分别代表从当前五角星节点出发经过一步、两步、三步、四步、五步和六步到达的节点。图 2-36（a）和图 2-36（b）分别展示了节点 18 及节点 19 与其他节点最短路径的情况。由于该网络的直径为 $D_G = 7$，因此，每个节点的距离分布规模为 8。根据节点之间的最短路径，节点 18 依次可到达的节点个数为 $N(i) = \{N_i(k) \mid 0 \leqslant k \leqslant D_G\}$，即

$$N(18) = \{1, 4, 5, 4, 4, 2, 1, 0\}$$

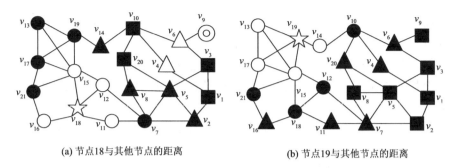

(a) 节点18与其他节点的距离　　　　　　(b) 节点19与其他节点的距离

图 2-36　节点 18 及节点 19 与其他节点的距离

由此可得节点 18 的距离分布为

$$P(18) = \{0.05, 0.19, 0.24, 0.19, 0.19, 0.10, 0.05, 0\}$$

类似地，节点 19 的距离分布为

$$P(19) = \{0.05, 0.19, 0.19, 0.285, 0.285, 0, 0, 0\}$$

2.2.3　弱连接与结构洞

弱连接（weak ties）和结构洞（structural holes）是社会网络理论中的两个重要概念，它们在理解社会结构、信息流动以及个体或组织之间的关系方面发挥着重要作用。

1. 弱连接

1）弱连接理论

弱连接理论是由美国著名社会学家格兰诺维特（Granovetter）于 1973 年提出的，他在 1973 年发表了描述弱连接的论文"The strength of weak ties"。他认为，按交往频率来划分，强连接是指与身边接触最频繁的亲人、同学、朋友、同事等。而那些不经常往来又有一些联系的人就是我们的弱连接，如常年不联系的远方亲戚、毕业后很少联系的同学。

格兰诺维特发现强弱连接关系的性质直接影响到个人所获取的信息的质量优劣以及目标达成的程度。20 世纪 60 年代初，格兰诺维特对麻省牛顿镇的居民做了一个调查，调查他们是如何找到工作的。研究发现，与那些连接质量较高的亲人、好友相比，反而是那些久未谋面的前同事、同学在帮助提供工作信息方面更具有有效的价值，其在工作信息流动上起到了广撒网的作用。这是因为在强连接关系中，关系中的主体之间具有较强的个体同质性，即个体所属行业、价值观趋同和较为紧密的人际关系，他们聚集在一起只能获得和交流同质性较强的信息而无法向外界探出信息触角，因此通过强连接所产生的信息是重复的，容易造成一个封闭的系统。例如，在微博上密友之间频繁地转发同一条博文，以至于主页上的新鲜事物越来越少。而弱连接关系中的个体之间虽然社会距离较远，但是覆盖率较高，可以接触到不同行业、不同学历、不同年龄的信息，因此在找工作方面反而更加高效。根据这个现象，他提出了弱连接理论。

2）强弱连接关系的界定

关于强连接关系和弱连接关系的界定，格兰诺维特设计了四个指标：互动时间或频率、情感强度、亲密程度以及互惠性,但是他在1973年并未明确指出判别强弱连接的标准。斯宾塞(Spencer)和帕尔(Pahl)总结了八种人际关系。

(1)认识的人。彼此不太了解,仅一起参加过某项活动的人。

(2)有用的联系人。可互相提供信息和建议的人,这类信息和建议往往与工作或事业有关。

(3)玩伴。主要为了娱乐而往来的人,这类人之间交情不深,不能给彼此提供情感支持。

(4)帮忙的朋友。可以在做事而非情感上提供帮助的人。

(5)益友。同时具有帮忙的朋友和玩伴的特征。

(6)好友。与益友类似,但彼此交情更深。

(7)密友。无话不谈,他们喜欢与对方相处,但并不总是能为对方提供实际的帮助。

(8)知己。具有以上所有类型的特征,与我们最为亲近。据此定义,好友、密友和知己与自身关系亲近,可称为强连接关系;而弱连接关系则是自己不太了解的人,如益友、帮忙的朋友、玩伴等。

后续研究者根据格兰诺维特提出的四个指标设计了一些测量方法。比如,将强连接视为一种互惠性或回报性的互动行为,弱连接为非互惠性或非回报性的互动行为,而无连接则代表无互动关系存在。在测量方面,可以用互动的次数来测量连接的强度。通常,我们可以将网络的边按照权重值从小到大进行排序,那么界定排在前 p 比例的边为网络的弱连接,后 $1-p$ 比例的边则为强连接。

3)弱连接的作用

1983年,格兰诺维特对自己提出的弱连接理论从网络拓扑角度进行了拓展与深化。他指出在社会中不同团体之间强弱连接的存在维度各不相同:强连接关系往往存在于各团体内部,起到凝聚团体、巩固团体内部个体关系的作用;而弱连接关系则存在于各团体之间,起到团体维持与外界沟通、拓展联系的纽带作用。弱连接关系所处的特殊拓扑位置,对于知识、思维、信息的大范围扩散扮演着重要的角色,可以极大地、有效地拓展信息数据流动的边界。例如,在社会事件发生之时,信息、影响力与社会网络进行互动,相互建构。这个时候弱连接就发挥了快速传播沟通渠道以及群间联系桥的作用,使得新的信息、有用的信息能够迅速在社会群体中扩散开来,这种弱连接被称为"桥",或者"本地桥",如图2-37所示。

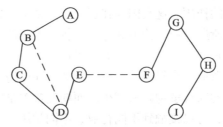

图2-37 弱连接社会网络图示

图2-37是一个简易的社会网络图示,实线边代表强连接,虚线边代表弱连接,其中 E 点和 F 点就是群 ABCDE 与群 FGHI 之间的"桥"。因为两个群之间唯一的通路为弱

连接 EF，而 BD 虽然也为弱连接，但是从 B 点至 D 点的通路不止一条，BD 的"桥"功能不够明显。

"桥"只是弱连接。在强连接群体内部，信息和影响力的流动会趋向同质化：因为强连接的频繁的互动与相互帮忙，在这个过程中，由于人类心理的平衡趋势，群体内部的信息共享速度会很快，并且形成固定的信息传播通路，群体内部成员逐渐就能掌握同质化的信息；而弱连接由于互动频率低，因此是社会网络成员获取群体内没有的新鲜信息以及某些潜在资源的主要来源。而作为唯一通路的"桥"，在社会网络结构中便起到了重要的作用，不仅仅是信息影响力的唯一沟通渠道，也是资源流动的唯一通路。

随着时间的推移，在强连接内部也会出现分化，连接关系的强弱会发生转化，分化为数个小群体，如果没有弱连接的存在，这些小群体将会变成相对独立的存在，群体间沟通的通路被取消，则群体间的偏见和对抗将会取代合作与良性竞争。这一内部演化过程已经通过了实证研究得到了证实。格兰诺维特的社会网络弱连接理论最主要的观点就是社会弱连接的联合效应，结构性的社会连接是由弱连接与"桥"完成的，如果没有弱连接的存在，社会网络内部将是一盘散沙。

2. 结构洞

1）结构洞理论

结构洞理论是由美国社会学家罗纳德·伯特（Ronald Burt）于 1992 年在其撰写的《结构洞：竞争的社会结构》一书中提出的。结构洞指"社会网络中两个或某些个体和有些个体发生直接联系，但与其他个体不发生直接联系。无直接或关系间断的现象，从网络整体看好像网络中出现了洞穴。"

如图 2-38 所示，我们用四个行动者 A、B、C、D 所形成的 A 的个人人际关系网络来说明结构洞。

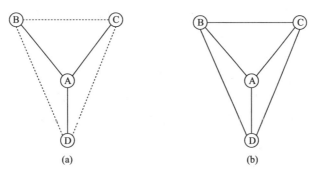

图 2-38　结构洞网络与无洞网络

图 2-38（a）中 A 具有三个结构洞 BC、BD 和 CD（虚线所示），因为 B、C、D 三个行动者之间没有联系，只有行动者 A 与这三个行动者有联系。相对于其他三个人，行动者 A 明显具有竞争优势，它处于中心位置，最有可能接近网络中所有资源，另外三个行动者则必须通过它才能与对方发生联系。可见，结构洞是非冗余联系人之间的缺口，"是一个缓冲，就像电路中的绝缘体"。

伯特认为，在较复杂的关系网络中，通过与分散的、非重复的一组组联结点联系占据中心位置的节点者拥有更多的网络资源，控制着与其他节点之间的资源流动，使其处于更有权力的位置。由于这些资源是非重复性的，它更有利于行动者目标的实现，这样占据或接近更多的结构洞有利于工具性行为的成功。而图 2-38（b）实际上是一个封闭的网络，网络中每个个体所获得的信息基本上是对等的、重复的，故不存在结构洞。事实上，现实中网络中的各个节点不可能两两都发生联系，也就是说结构洞是个人人际网络中普遍存在的现象。

2）结构洞的作用

由于结构洞的存在，洞两边的联系人可以带来累加而非重叠的网络收益，包括信息利益和控制利益。

信息利益主要通过通路收益、先机收益和举荐收益三种形式来实现。通路收益在于能够获得有价值的信息，减少获取各类信息的成本，提高处理信息的效率；先机收益在于可以及早地获得有用的信息；举荐收益在于可以通过各类介绍、接触和推荐获取机会与资源。

控制利益指第三者居中搭桥时，可以决定优先照顾哪一方的利益，信息无疑是控制利益的实质所在。如伯特所言，"在群体内的思想和行为比群体间更具有同质性，因此跨群体之人会更熟悉另类的思想和行为，从而获得更多的选择和机会"，这种思想和机会的优势就是经济行为变成社会资本的机制。

伯特的结构洞理论是在竞争的社会结构中提出的，因此他对竞争有着不同的见解，认为决定竞争参与者胜负的不是参与者的特性，而是关系的竞争。因此占据结构洞位置无疑会获得竞争优势。

3）结构洞的判断标准及优化

仅仅从非冗余联系人之间关系的缺失并不能直接推断结构洞的存在，判断结构洞的标准有两个——凝聚性缺失和结构等位缺失，其中凝聚性是指网络中每个参与者之间都存在强的角度来看关系即直接联系，因此通过结识他们中的任何一个都可以获取相同的信息和网络收益;结构等位是指网络中的两个参与者同时拥有相同的第三方作为联系人。

优化结构洞的首要问题就是在网络规模和多样性之间寻求平衡。因此优化的网络有两个准则：效率和效能。从效率的角度来看，应该使每一位一手联系人可以接触到的非冗余联系人数量最大化，将时间和精力都投入拥有非冗余联系人的一手联系人的培养上。从效能的角度来看，应该关注所有一手联系人所接触到的非冗余联系人的总人数，也即网络的产出。

4）结构洞与弱连接关系

1973 年，格兰诺维特在"The strength of weak ties"中将劳动力市场作为切入点，提出强连接关系使人们彼此拥有的信息互相重叠，因此关于新思路和新机遇的信息只有通过弱连接关系才能在独立的群组之间进行传播。

结构洞和弱连接关系似乎在描述同一现象，但结构洞理论的提出有其深意。首先，连接关系的强弱只是信息传递的一个相关因素，结构洞并不是用来说明连接关系的强弱，而是信息的传递机制和原因所在。其次，弱连接关系只论述了网络中的信息利益，而对控制利益则含糊其辞，因此不能确保竞争优势的获得。最重要的是，结构洞理论超出了两个行动者之间连接关系强弱的层面，提出了至少三个行动者之间的网络结构，并将其作为社会网络的基础。

5）结构洞的测量

伯特提出网络约束系数来衡量网络节点形成结构洞时所受到的约束：

$$C_i = \sum_{j \in \Gamma(i)} \left(p_{ij} + \sum_q p_{iq} p_{qj} \right)^2, \quad q \neq i, j \tag{2-19}$$

如图 2-39（a）所示，p_{ij} 表示节点 i 为维持与节点 j 的邻居关系所投入的精力占总精力的比例，p_{iq} 和 p_{qj} 分别是节点 i、节点 j 与共同邻居 q 维持关系投入精力占其总精力的比例。

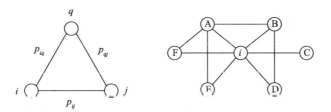

(a) 评价节点 i 对节点 j 投入精力　　　　(b) 约束系数计算示意

图 2-39　结构洞的测量

$$p_{ij} = \frac{z_{ij}}{\sum_{j \in \Gamma(i)} z_{ij}}, \quad z_{ij} = \begin{cases} 1, & i \text{ 到 } j \text{ 有连接} \\ 0, & i \text{ 到 } j \text{ 没有连接} \end{cases} \tag{2-20}$$

p_{iq} 和 p_{qj} 计算方法与 p_{ij} 相似。根据式（2-20）可知：式（2-19）中 C_i 的值越小，形成结构洞所受的约束越小。以图 2-39 为例，计算节点 i 与节点 A 间的约束系数，已知节点 i 邻居集合 $\Gamma(i) = \{A, B, C, D, E, F\}$，因此对于任意邻居，$p_{iA} = 1/6$（$i$ 有 6 个邻居，维持每个邻居所需精力为总精力的 $1/6$），i 与 A 的共同邻居有 B、E、F。于是可得

$$\sum_{q \in \{B, E, F\}} p_{iq} p_{qA} = \frac{1}{6} \times \frac{1}{3} + \frac{1}{6} \times \frac{1}{3} + \frac{1}{6} \times \frac{1}{3} = \frac{1}{6}$$

$$C_{iA} = (1/6 + 1/6)^2$$

同理，可求得 $C_{iB}, C_{iC}, \cdots$，求和后可得 C_i。从 C_i 的计算过程可以看出，C_i 的值能够综合评价节点的邻居数目以及它们之间连接的紧密程度，节点 i 的度越大，p_{ij} 值越小，说明度大的枢纽节点容易形成结构洞。$\sum_q p_{iq} p_{qj}$ 的值由节点 i 和 j 的共同邻居 q 的数量决定，i、j、q 连接越紧密，它们之间形成的闭合三角形越多，$\sum_q p_{iq} p_{qj}$ 值越大，形成结构洞的机会就越小。可见 C_i 值的计算综合考虑了节点度和节点邻居拓扑关系信息，网络约束系数值越大说明该节点邻居数量越少且与邻居间的闭合程度越高。这样的节点不易获得新的关系资源使得它在竞争中处于不利地位，反之，网络约束系数值越小，结构洞形

成机会就越大，越有利于获得新的关系资源。从复杂网络的观点看，网络约束系数利用了网络局部属性评价节点的重要性，在计算量上有优势，约束系数小的节点在信息传播中具有较大影响力。

2.3　网络的分类及构建

在本节中，我们介绍几种常见的社会网络类型，包括个体间网络、组织间网络以及在线社交网络，并以共建"一带一路"的 61 个国家 2022 年之间的贸易往来数据作为案例，介绍如何构建"一带一路"贸易网络。

2.3.1　常见的社会网络

1. 个体间网络

个体间网络是指人们之间建立的关系网络，这些关系可以是亲属关系、友情、合作关系，或者其他各种连接和交互方式的组合。这种网络通常以个体之间的互动、信息传递和资源共享为基础，它们在社会交往中扮演着重要角色。

在个体间网络中，人们通过各种方式建立联系，这些方式包括面对面的交流、社交媒体平台、电子邮件、电话、聚会活动、工作场所等。通过这些联系，个体可以互相交流信息、分享经验、提供支持，甚至形成紧密的群体，实现共同的目标。因此，这类以人为对象的社会网络通常可以称作社交网络。

图 2-40 展示了某大学工商管理系 50 名学生参加社会实践的关系网络。在该网络中，当两名学生共同参与某项社会实践活动时，它们之间会有一条连边。连边的粗细代表了两名学生之间共同参与社会实践活动的频次，频次越高，边越粗。

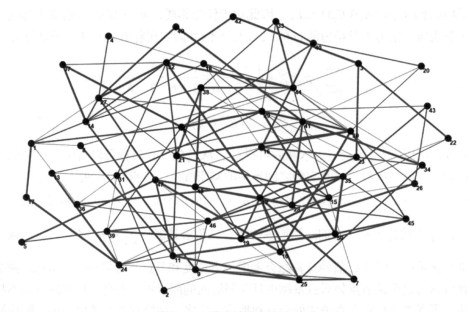

图 2-40　学生社会实践关系网

2. 组织间网络

组织间网络是指在组织和机构内部形成的互动关系网络。这些组织可以包括公司、政府机构、非营利组织、学术研究机构等各种类型的实体。组织间网络关注的是组织内部成员之间的联系、信息流动、资源分配和协作模式，这些联系和模式对于组织的运作和发展至关重要。

在组织间网络中，成员之间的联系不仅包括正式的层级关系，还包括非正式的社交关系和信息渠道。这些联系可以跨越不同部门、职位和地理位置，形成一个复杂的网络结构。组织间网络可以通过多种方式建立，包括共同的工作项目、共同的兴趣爱好、社交活动、内部培训等。

图 2-41 展示了共建"一带一路"的 61 个国家在 2022 年的贸易关系网络。每个节点代表一个国家，边则代表了这两个国家之间在 2022 年进行了贸易往来，且边越粗则两个国家之间的贸易额越大。从图 2-41 可以观察到，位于中心的节点所连接的边相较于边缘节点更为密集，这说明这些国家在 2022 年期间与其他国家进行了更多的贸易往来。

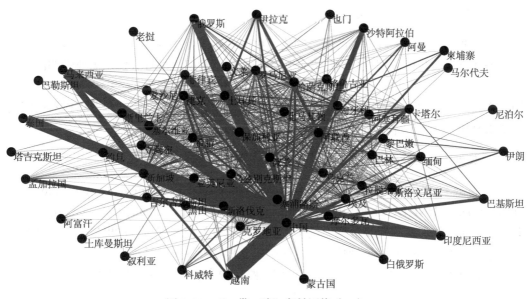

图 2-41　"一带一路"贸易网络（一）

3. 在线社交网络

在线社交网络是指通过互联网和数字平台建立的虚拟社交关系网络。这些网络通过各种在线平台和应用程序（如社交媒体、聊天应用、专业社交网络等）连接了全球各地的个人与实体。在线社交网络的形式多种多样，可以包括文字、图片、视频、音频等各种媒体形式的互动。图 2-42 展示的是由 1900 名 Facebook 用户形成的交互网络。每一个节点代表一名用户，边表示两名用户之间存在消息往来，从图 2-42 中可以看到，位于网络中心的用户比在网络边缘的用户存在着更多的消息往来。

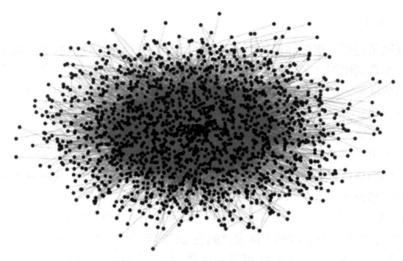

图 2-42　Facebook 用户交互网络

2.3.2　社会网络案例构建

　　前面我们介绍了三种常见的社会网络,接下来我们以"一带一路"贸易网络为例,介绍如何基于收集的数据构建网络并使用 Pajek 软件对网络进行分析。需要说明的是,图 2-41 展示的是"一带一路"贸易网络无向图,即仅表达国家之间有无贸易关系。然而,国家之间的贸易关系又可以具体表示为进出口这样的有向关系。因此本节将以有向图的形式来介绍"一带一路"贸易网络的构建与分析。

　　1. 数据收集与预处理

　　我们通过联合国贸易和发展会议(United Nations Conference on Trade and Development, UNCTAD)推出的联合国贸易数据网站 https://comtradeplus.un.org/,获取共建"一带一路"国家贸易数据,这个网站提供了有关全球贸易、进出口数据的详细信息,包括各种商品的贸易统计数据、贸易趋势分析和可视化工具等。

　　(1)进入网站,输入 61 个共建"一带一路"国家名称,如图 2-43 所示。

图 2-43　输入国家名称

（2）将数据导出到 excel 表，如图 2-44 所示。

▲	A	B	C	D	E
1	ReporterDesc	FlowDesc	PartnerC	PartnerISO	PartnerDesc
2	Azerbaijan	Import	4	AFG	Afghanistan
3	Azerbaijan	Import	31	AZE	Azerbaijan
4	Azerbaijan	Import	48	BHR	Bahrain
5	Azerbaijan	Import	50	BGD	Bangladesh
6	Azerbaijan	Import	100	BGR	Bulgaria
7	Azerbaijan	Import	104	MMR	Myanmar
8	Azerbaijan	Import	112	BLR	Belarus
9	Azerbaijan	Import	116	KHM	Cambodia
10	Azerbaijan	Import	144	LKA	Sri Lanka
11	Azerbaijan	Import	156	CHN	China
12	Azerbaijan	Import	191	HRV	Croatia
13	Azerbaijan	Import	196	CYP	Cyprus
14	Azerbaijan	Import	203	CZE	Czechia

图 2-44 数据 excel 表

（3）删除多余信息，只保留两个国家之间的出口贸易额，并增加一列"weight"列，其值为"export"列数值除以 1 亿后的数值，作为两个国家之间贸易权值。整理后的数据如图 2-45 所示。

	A	B	C	D	E
1	from		to	export	weight
2	Armenia		Afghanistan	360922.50	0.0036092
3	Armenia		Azerbaijan	1266888.00	0.0126689
4	Armenia		Bahrain	65753.06	0.0006575
5	Armenia		Bangladesh	19242587.28	0.1924259
6	Armenia		Brunei Darussalam	16.79	0.0000002
7	Armenia		Bulgaria	208352992.62	2.0835299
8	Armenia		Myanmar	1500.00	0.0000150
9	Armenia		Belarus	74641029.36	0.7464103
10	Armenia		Cambodia	6160504.19	0.0616050
11	Armenia		Sri Lanka	2299.15	0.0000230
12	Armenia		China	369500454.21	3.6950045

图 2-45 整理后数据

2. 准备 net 文件

（1）编写程序代码，程序以"from"列和"to"列中的国家名称作为节点名称，"weight"列数值作为两个国家之间的贸易关系的权值。输入 excel 表格数据，将其转化成 Pajek 可以运行的 net 格式文件，如图 2-46 所示。

（2）最终输出的 net 文件格式如图 2-47 所示。

```python
import pandas as pd
import networkx as nx
# 指定Excel文件路径
excel_file = 'C:/Users/86182/Desktop/一带一路.xlsx'
df = pd.read_excel(excel_file)
# 创建一个有向图
G = nx.DiGraph()
# 遍历Excel数据行
for index, row in df.iterrows():
    # 获取两个国家的名称和贸易金额
    country1 = row['from']
    country2 = row['to']
    trade_amount = row['weight']
    # 检查节点名称不是 NaN
    if pd.notna(country1) and pd.notna(country2):
        # 添加节点和有向边到图中
        G.add_node(country1)
        G.add_node(country2)
        G.add_edge(country1, country2, weight=trade_amount)
# 保存为Pajek格式
nx.write_pajek(G, path: '一带一路.net')
```

图 2-46　数据格式转换

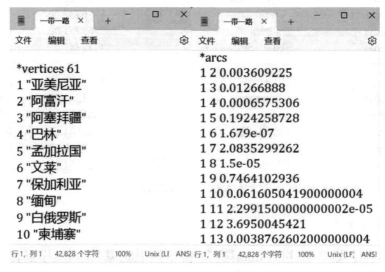

图 2-47　部分 net 格式数据

3. 绘制网络

（1）将第二步得到的 net 文件导入 Pajek 中，绘制出图形如图 2-48 所示。

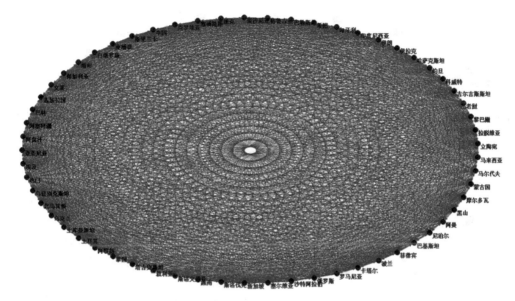

图 2-48　"一带一路"贸易网络（二）

（2）改变网络布局：依次点击"Layout"→"Energy"→"Kamada-Kawai"，改变网络的布局模式为"Kamada-Kawai"模式，如图 2-49 所示。

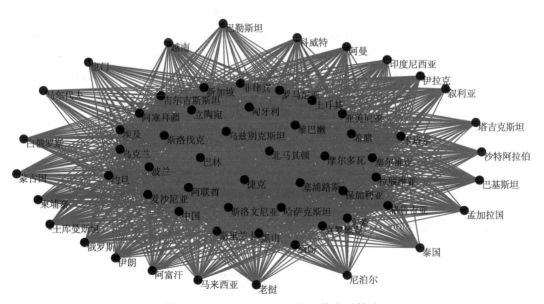

图 2-49　"Kamada-Kawai"网络布局模式

（3）调整图形：依次点击"Options"→"Lines"→"Different Widths"，网络图根据边的权值大小，使得网络图的边显示不同的粗细程度，最终得到"一带一路"贸易网络图，如图 2-50 所示。

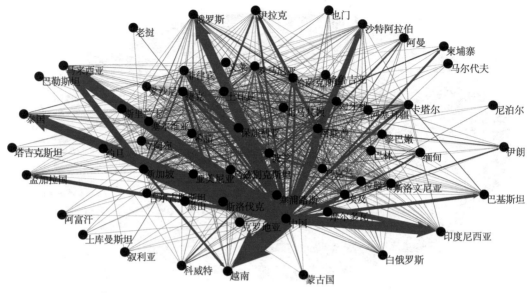

图 2-50　最终"一带一路"贸易网络

4. 网络分析

1）计算节点的度值

针对构建的有向网络，我们需要计算节点的出入度。节点的出入度计算的操作流程为：在 Pajek 依次点击"Network"→"Create Vector"→"Centrality"→"Degree"→"Output/Input"。以计算节点的出度为例，操作如图 2-51 所示。然后在"Vectors"一栏中，点击放大镜图标，即可查看节点的出度，如图 2-52 所示。最终得到节点的出度计算结果，如图 2-53 所示。通过该计算结果，我们可以清楚地知道每个国家向多少个以及哪些国家出口货物。

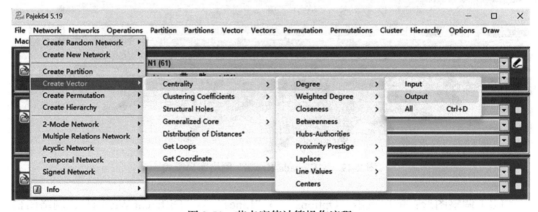

图 2-51　节点度值计算操作流程

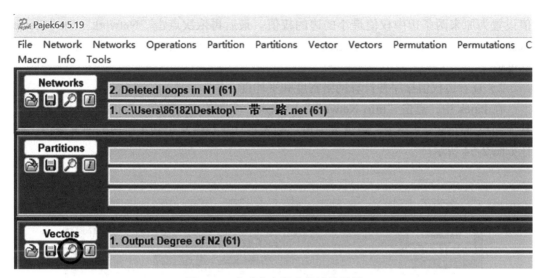

图 2-52　查看节点的度值计算结果

Vertex	Val	Label	Vertex	Val	Label
1	60.000000	亚美尼亚	31	60.000000	立陶宛
2	0.000000	阿富汗	32	0.000000	马来西亚
3	60.000000	阿塞拜疆	33	0.000000	马尔代夫
4	60.000000	巴林	34	0.000000	蒙古国
5	0.000000	孟加拉国	35	60.000000	摩尔多瓦
6	59.000000	文莱	36	58.000000	黑山
7	60.000000	保加利亚	37	0.000000	阿曼
8	55.000000	缅甸	38	0.000000	尼泊尔
9	0.000000	白俄罗斯	39	0.000000	巴基斯坦
10	0.000000	柬埔寨	40	59.000000	菲律宾
11	59.000000	斯里兰卡	41	60.000000	波兰
12	61.000000	中国	42	55.000000	卡塔尔
13	59.000000	克罗地亚	43	60.000000	罗马尼亚
14	60.000000	塞浦路斯	44	0.000000	俄罗斯
15	60.000000	捷克	45	0.000000	沙特阿拉伯
16	61.000000	爱沙尼亚	46	60.000000	塞尔维亚
17	57.000000	格鲁吉亚	47	59.000000	新加坡
18	0.000000	巴勒斯坦	48	61.000000	斯洛伐克
19	60.000000	希腊	49	0.000000	越南
20	60.000000	匈牙利	50	61.000000	斯洛文尼亚
21	0.000000	印度尼西亚	51	0.000000	叙利亚
22	0.000000	伊朗	52	0.000000	塔吉克斯坦
23	0.000000	伊拉克	53	0.000000	泰国
24	60.000000	哈萨克斯坦	54	60.000000	阿联酋
25	57.000000	约旦	55	60.000000	土耳其
26	0.000000	科威特	56	0.000000	土库曼斯坦
27	57.000000	吉尔吉斯斯坦	57	60.000000	乌克兰
28	0.000000	老挝	58	60.000000	北马其顿
29	61.000000	黎巴嫩	59	60.000000	乌兹别克斯坦
30	59.000000	拉脱维亚	60	0.000000	也门
			61	58.000000	埃及

图 2-53　节点的出度计算结果

　　如果仅需要计算如图 2-41 所示的无向网络中节点的度值，首先需要将有向图转换为无向图，操作步骤为：依次点击"Network"→"Create New Network"→"Transform"→"Arcs->Edges"→"All"。然后在弹出的窗口中输入"3"，即将两个节点之间的边的值设置为原来两条边中权值最小的边的权值。最后再依次点击 "Network" → "Create Vector" → "Centrality" → "Degree" → "All"，即可计算出如图 2-41 所示的无向网络的度值。

2）查看边权值排序并计算网络密度和平均度

在 Pajek 中，点击 "Info Network"，输入一个数值 n，数值 n 为正，表示计算权值从大到小排序的前 n 条边，数值 n 为负，则表示计算权值从小到大排序的前 n 条边，操作如图 2-54 所示。

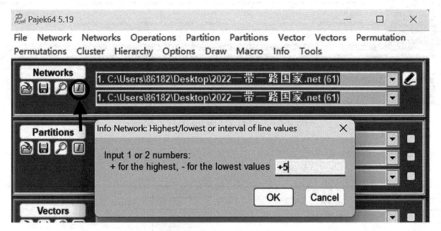

图 2-54　输入数值 n

本次操作输入数值 5，显示权值从大到小排序前 5 的 5 条边的信息，如图 2-55 所示。由图 2-55 可知：该网络的密度约为 0.598，平均度约为 71.770。

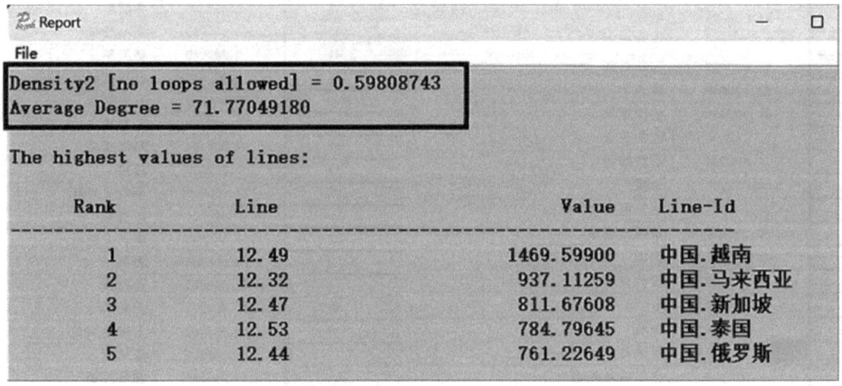

图 2-55　计算网络的密度和平均度

2.4　本　章　小　结

在本章中，我们深入地学习了网络的基本概念和网络的基本拓扑性质，这些概念和性质不仅仅局限于学术领域，而且在现实生活中发挥着广泛而重要的作用。

在社会网络分析中，人与人之间的联系可以用网络中的节点与连边表示。通过研究网络的路径和连通性，我们可以知道网络中的个体是按照何种方式相联系的，网络中的各部分能否处处相连。通过学习二分图，我们可以构建员工项目合作网络，分析员工与项目之间的关系，了解每个员工所处的职责范围以及参与的项目，为优化业务流程提供依据。通过研究网络的密度和集聚系数，我们能够了解社会网络中人际关系的紧密程度和群体形成的规律。而度分布和距离分布则揭示了社会网络中个体的影响力与信息传播的效率，这对于理解信息传播、社会动态和舆论演变等具有重要意义。弱连接通常跨越不同社区或群体之间，连接不同群体的成员，在促进信息、资源和想法的传播中起到了重要的桥梁作用。结构洞有助于促进资源（如人力、资金和信息）在网络中的流动，这些节点可以作为关键中介，促进资源的分配和调配，从而提高整个网络的效率和流动性。

通过本章的学习和案例分析，我们对网络的基本概念和拓扑性质有了全面的了解。在接下来的学习中，我们将进一步探索节点重要性、链路预测、社区发现等更深层次的网络分析方法，以及它们在不同领域的广泛应用。

参 考 文 献

汪小帆, 李翔, 陈关荣. 2006. 复杂网络理论及其应用. 北京: 清华大学出版社: 32-35.

Albert R, Barabási A L. 2002. Statistical mechanics of complex networks. Reviews of Modern Physics, 74(1): 47-97.

Barnes J A, Harary F. 1983. Graph theory in network analysis. Social Networks, 5(2): 235-244.

Barrat A, Barthélemy M, Pastor-Satorras R, et al. 2004. The architecture of complex weighted networks. Proceedings of The National Academy of Sciences of The United States of America, 101(11): 3747-3752.

Burt R S. 1992. Structural Holes: The Social Structure of Competition. Cambridge: Harvard University Press.

Burt R S. 2017. Structural holes versus network closure as social capital//Dubos R. Social Capital: Theory and Research. New York: Routledge: 31-56.

Granovetter M S. 1973. The strength of weak ties. American Journal of Sociology, 78: 1360-1380.

Granovetter M S. 1983. The strength of weak ties: a network theory revisited. Sociological Theory, 1(6): 201-233.

Latapy M, Magnien C, del Vecchio N. 2008. Basic notions for the analysis of large two-mode networks. Social Networks, 30(1): 31-48.

Newman M E J. 2002. Assortative mixing in networks. Physical Review Letters, 89(20): 208701.

Newman M E J. 2003. The structure and function of complex networks. SIAM Review, 45(2): 167-256.

Newman M E J. 2010. Networks: An Introduction. Oxford: Oxford University Press.

第 2 章
扫一扫，看图片

第 3 章 网络节点重要性

章 首 语

党的二十大报告指出"必须坚持问题导向""我们要增强问题意识,聚焦实践遇到的新问题""不断提出真正解决问题的新理念新思路新办法"[①]。自 2013 年"一带一路"倡议提出后,各个国家间贸易水平不断加深,贸易网络逐步形成。为了更好促进共建"一带一路"贸易的进程与发展,了解各国在贸易网络中发挥的作用与所处地位至关重要。贸易网络中不同国家代表不同节点,判断国家重要性,也就是判断一个网络中各个节点的重要性。

第 2 章从网络的基本概念和网络的基本拓扑性质对网络这一概念进行了详细介绍。事实上,网络中不同的节点也具有不同的现实意义,在利用网络对问题进行分析时,往往还需要对网络中的节点重要性进行排序,从而进行进一步的分析处理。

本章首先详细介绍无向网络中节点重要性排序的几个常用指标,包括度中心性、特征向量中心性、接近中心性和介数中心性等。其次,本章通过介绍 HITS(hyperlink-induced topic search,超链接诱导主题搜索)和 PageRank(页面排序)两种经典网页排序方法对有向网络节点重要性进行分析。最后,考虑到网络节点和连边的动态性,本章还将介绍动态网络中心性和链路预测方法。

通过本章的学习,读者可以熟练掌握包含无向网络以及有向网络在内的多种节点中心性的计算方法并进行节点重要性的排序,了解在进行动态网络节点重要性计算时运用的多种区间划分方式。这些内容将有助于理解现代网络分析领域提出的一系列新理念、新思路和新方法,进一步推动网络分析在理论研究和现实应用中的发展。

3.1 无向网络节点重要性指标

在一个复杂网络中,一个节点的价值首先取决于这个节点在网络中所处的位置,位置越中心其价值越大。在社会网络分析中,中心性是用来度量节点重要性的关键指标,本节将介绍评价节点重要性比较常用的五个指标:度中心性、特征向量中心性、接近中心性、介数中心性和 k-壳分解法。

---

① 《习近平:高举中国特色社会主义伟大旗帜 为全面建设社会主义现代化国家而团结奋斗——在中国共产党第二十次全国代表大会上的报告》,https://www.gov.cn/xinwen/2022-10/25/content_5721685.htm,2023 年 1 月 23 日。

3.1.1　度中心性

度中心性（degree centrality）是社会网络分析中的一个关键概念，用于衡量网络中节点的重要性和影响力。该指标正是来源于 2.2.1 节介绍的度的概念。由于度中心性代表了节点在网络中的直接重要性，其数值可能会因网络规模、结构等因素而呈现出较大的差异。通过归一化处理可以消除量纲差异，将不同节点的度中心性值映射到一个统一的范围，如[0, 1]。对于一个 n 个节点的网络，节点最大可能的度值为 $n-1$，则度为 k_i 的节点其归一化的度中心性值定义为式（3-1）。

$$D(v_i) = \frac{k_i}{n-1} \tag{3-1}$$

例 3-1　图 3-1 是一个包含 8 个节点和 13 条边的简单无向网络。根据式（2-4）可知，网络中各节点的度分别为 $k_1 = 3$，$k_2 = 4$，$k_3 = 3$，$k_4 = 3$，$k_5 = 5$，$k_6 = 3$，$k_7 = 3$，$k_8 = 2$。根据式（3-1）对其归一化处理后得到归一化的度中心性：$D(v_1) = \frac{3}{7}$，$D(v_2) = \frac{4}{7}$，$D(v_3) = \frac{3}{7}$，$D(v_4) = \frac{3}{7}$，$D(v_5) = \frac{5}{7}$，$D(v_6) = \frac{3}{7}$，$D(v_7) = \frac{3}{7}$，$D(v_8) = \frac{2}{7}$。

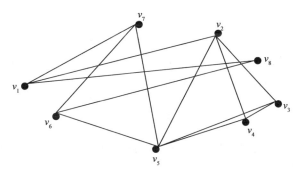

图 3-1　简单无向网络图

度中心性的应用范围广泛，包括以下四个方面。

（1）识别关键节点：具有高度中心性的节点在网络中扮演着重要的角色，因此可以用于识别关键节点。这些节点通常在信息传播、影响力传播、网络传播等方面具有重要作用。

（2）社会网络分析：在社会网络中，度中心性用于确定谁是网络中的核心成员，即谁与其他成员连接得最多。这有助于了解社会网络的核心结构和信息传播路径。

（3）网络攻击与安全：恶意攻击者可能会有意地破坏网络中的高度中心性节点，以干扰网络功能或信息传播。因此，度中心性也可以用于网络安全和恶意行为检测。

（4）推荐系统：在推荐系统中，可以使用度中心性来识别用户或产品的重要性，以更好地定制推荐。

尽管度中心性是社会网络分析中的重要概念，但它没有考虑节点之间的关系强度或其他更复杂的因素。因此，在某些情况下，其他中心性指标（特征向量中心性、接近中心性、介数中心性等）可能更适合深入分析网络中节点的重要性。

3.1.2 特征向量中心性

特征向量中心性（eigenvector centrality）是社会网络分析中的一项重要概念，用于度量网络中节点的重要性和影响力。与度中心性、介数中心性和接近中心性等传统中心性指标不同，特征向量中心性考虑了节点与其邻居节点的连接，以及这些邻居节点的重要性。它基于节点的连接模式和网络拓扑结构来计算节点的中心性。特征向量中心性的计算涉及一个重要的数学概念，即特征向量（eigenvector）。在社会网络中，特征向量中心性的计算通常通过求解网络的邻接矩阵与节点中心性向量之间的特征值问题来实现。这个问题可以使用迭代方法或数值方法来解决。特征向量中心性的一个重要特性是它考虑了节点与高度中心性节点的连接。因此，一个节点的特征向量中心性取决于与其相连的节点的中心性，如果一个节点连接到其他高度中心性的节点，那么它自己的特征向量中心性也会增加。

一个节点的重要性既取决于其邻居节点的数量，即该节点的度，又取决于其邻居节点的重要性。节点 v_i 的重要性度量值记为 x_i，如式（3-2）所示：

$$x_i = c \sum_{j=1}^{n} a_{ij} x_j \qquad (3-2)$$

其中，c 为一个比例常数；$A = (a_{ij})_{n \times n}$ 为网络的邻接矩阵。记 $x = [x_1, x_2, \cdots, x_n]^T$，则式（3-2）也可以写成如式（3-3）所示的矩阵形式。

$$x = cAx \qquad (3-3)$$

式（3-3）意味着 x 表示的是矩阵 A 的特征值 c^{-1} 对应的特征向量，也可以表示成 $Ax = \lambda x$，故此称为特征向量中心性。

例 3-2 图 3-1 对应的邻接矩阵是

$$
\begin{bmatrix}
0 & 1 & 0 & 0 & 0 & 0 & 1 & 1 \\
1 & 0 & 1 & 1 & 1 & 0 & 0 & 0 \\
0 & 1 & 0 & 1 & 1 & 0 & 0 & 0 \\
0 & 1 & 1 & 0 & 1 & 0 & 0 & 0 \\
0 & 1 & 1 & 1 & 0 & 1 & 1 & 0 \\
0 & 0 & 0 & 0 & 1 & 0 & 1 & 1 \\
1 & 0 & 0 & 0 & 1 & 1 & 0 & 0 \\
1 & 0 & 0 & 0 & 0 & 1 & 0 & 0
\end{bmatrix}
$$

根据图 3-2 求解各节点的特征向量中心性。根据上述矩阵求解特征值并选取最大的特征值求取相应的特征向量，得到的对应特征向量即为各节点的特征向量中心性，求解可得 $v_1, v_2, v_3, v_4, v_5, v_6, v_7, v_8$ 的特征向量中心性分别为：0.255 662，0.439 218，0.382 211，

0.382 211，0.510 468，0.276 108，0.299 088，0.152 600，详见图 3-3。

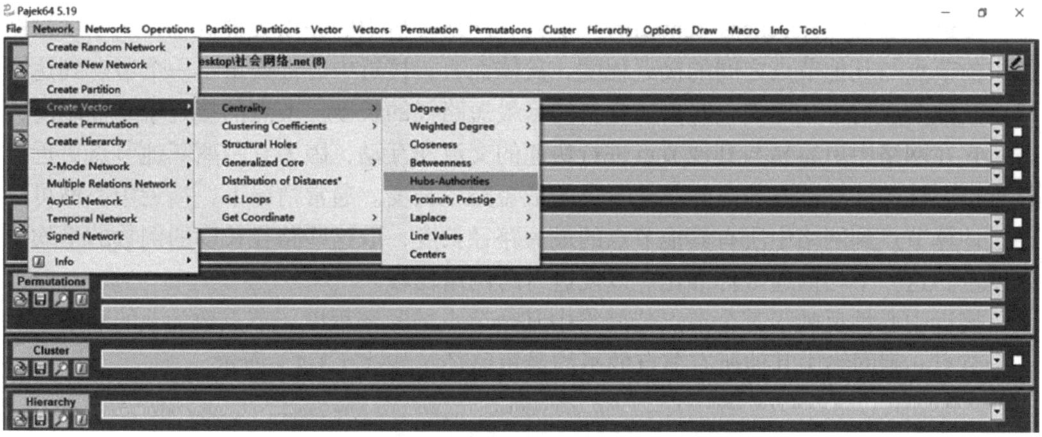

图 3-2　Pajek 软件计算特征向量中心性步骤

Vertex	Val	Label
1	0.255662	v1
2	0.439218	v2
3	0.382211	v3
4	0.382211	v4
5	0.510468	v5
6	0.276108	v6
7	0.299088	v7
8	0.152600	v8

图 3-3　特征向量中心性计算结果

特征向量中心性在社会网络分析中具有多个应用。

（1）识别关键节点：高特征向量中心性的节点通常被认为在网络中起到关键作用，因为它们与其他重要节点相连。

（2）权威性和影响力：特征向量中心性有助于识别网络中的权威节点（authorities node）和影响力节点（influential node），这些节点对信息传播和影响力传播具有显著影响。

（3）社会网络分析：特征向量中心性用于确定社会网络中的核心成员和影响力传播路径。

（4）搜索引擎优化：在搜索引擎优化中，特征向量中心性可用于确定网页的重要性，从而影响搜索结果的排名。

需要注意的是，特征向量中心性的计算可能相对复杂，特别是在大型网络中。此外，它对网络的拓扑结构和连接模式非常敏感，因此在一些情况下可能需要与其他中心性指标结合使用，以更全面地了解节点的重要性。总之，特征向量中心性是社会网络分析中的一个重要工具，可用于识别关键节点、分析网络的权威性和影响力，以及优化信息传播策略。

3.1.3 接近中心性

接近中心性（closeness centrality）是社会网络分析中的一项关键概念，用于度量网络中的节点与其他节点之间的接近程度。具体而言，接近中心性衡量了一个节点到达网络中其他节点的平均距离，距离通常指的是最短路径的长度。节点的接近中心性越高，表示它在网络中更容易与其他节点进行快速的交流和互动，因为它距离其他节点更近。接近中心性的计算涉及节点到其他节点的最短路径长度。通常情况下，接近中心性可以通过计算节点到网络中所有其他节点的最短路径长度，取这些路径长度的倒数的平均值来度量。这一平均值通常标准化，以便进行跨网络比较。

接近中心性反映了某个节点与网络中其余节点的紧密程度。节点数为 n 的网络中每一个节点 v_i 到网络中其他所有节点的平均最短路径 d_i 如式（3-4）所示。

$$d_i = \frac{1}{n-1}\sum_{j=1}^{n}d_{ij} \tag{3-4}$$

一个节点的平均最短距离 d_i 值的相对大小在不同网络上可能具有不同的意义，d_i 值越小意味着该节点越接近网络中其他节点，即该节点的接近中心性越大。d_i 的倒数定义为该节点的接近中心性，记为 $C_c(v_i)$，如式（3-5）所示。

$$C_c(v_i) = \frac{1}{d_i} = \frac{n-1}{\sum_{j=1}^{n}d_{ij}} \tag{3-5}$$

如果节点 v_i 与节点 v_j 之间没有可达路径，则 d_{ij} 为无穷大，$C_c(v_i)$ 即为 0。

例 3-3 根据图 3-4 计算图 3-1 中节点 v_1 的接近中心性。

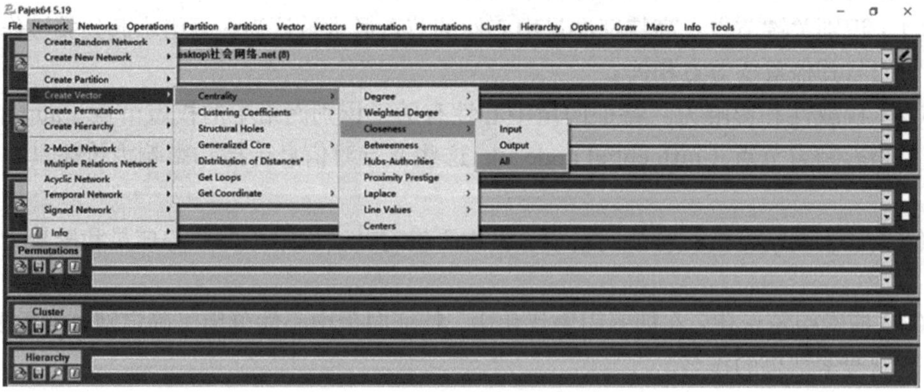

图 3-4 Pajek 软件计算接近中心性步骤

（1）与 v_1 相连的路径为 1 的共 3 个节点，为 v_2、v_7、v_8。

（2）与 v_1 相连的路径为 2 的共 4 个节点，为 v_3、v_4、v_5、v_6。

得到节点 v_1 的平均距离 $d_1 = \frac{1}{7}(1\times3 + 2\times4) = \frac{11}{7}$，则节点 v_1 的接近中心性为

$C_c(v_1) = \dfrac{1}{d_1} = \dfrac{7}{11}$。同理，可求出 $C_c(v_2) = \dfrac{7}{10}$，$C_c(v_3) = \dfrac{7}{12}$，$C_c(v_4) = \dfrac{7}{12}$，$C_c(v_5) = \dfrac{7}{9}$，

$C_c(v_6) = \dfrac{7}{11}$，$C_c(v_7) = \dfrac{7}{11}$，$C_c(v_8) = \dfrac{1}{2}$，详见图 3-5。

Vertex	Val	Label
1	0.636364	v1
2	0.700000	v2
3	0.583333	v3
4	0.583333	v4
5	0.777778	v5
6	0.636364	v6
7	0.636364	v7
8	0.500000	v8

图 3-5　接近中心性计算结果

接近中心性在社会网络分析中具有广泛的应用，包括以下四个方面。

（1）信息传播：节点的接近中心性与其在信息传播中的重要性密切相关。高接近中心性的节点通常可以更快地将信息传播到网络中的其他节点。

（2）影响力传播：在社会网络中，接近中心性通常与节点的影响力和重要性相关。这些节点可以通过更快地将信息传播给其他节点来影响网络中的决策和行为。

（3）网络可及性：高接近中心性的节点通常对维持网络的连接性和可访问性至关重要。它们充当了网络的枢纽，确保信息和资源的有效流动。

（4）节点位置：接近中心性还可以用于确定节点在网络中的位置，即它们在网络拓扑结构中的相对地位。

接近中心性是社会网络分析中的一个重要工具，是用于识别关键节点，理解网络中信息流和互动的关键因素。它有助于揭示社会网络中节点之间的联系和影响，对于研究信息传播、影响力传播和网络可及性等方面具有重要意义。尽管接近中心性是社会网络分析的有用工具，它也有一些限制。首先，计算接近中心性可能需要大量的计算资源，特别是在大型网络中。其次，接近中心性度量的是节点到其他节点的平均距离，而不考虑节点之间的具体路径或网络的拓扑结构。因此，在某些情况下，需要与其他中心性度量（如介数中心性、度中心性等）结合使用，以更全面地了解节点的重要性。

3.1.4　介数中心性

介数中心性（betweenness centrality）是社会网络分析中的一项关键概念，用于衡量网络中节点的中介作用程度。具体而言，介数中心性度量了一个节点位于网络中的多少最短路径之间。节点的介数中心性越高，表示它在连接不同部分的网络中起到了越重要的中介作用，有时该节点也被称为"网络的桥梁"。介数中心性的计算涉及网络中的所有最短路径。通常情况下，通过计算一个节点到其他节点的最短路径数量来度量介数中心性。这可以使用弗洛伊德（Floyd-Warshall）算法或迪杰斯特拉（Dijkstra）算法来进行

有效计算。节点介数中心性的计算通常标准化，以便进行跨网络比较。

　　介数中心性是指用经过某个节点的最短路径的个数来刻画节点重要性的指标，节点 v_i 的介数中心性记为 $C_B(v_i)$，如式（3-6）所示。

$$C_B(v_i) = \sum_{s \neq i \neq t} \frac{m_{st}(v_i)}{g_{st}} \qquad (3\text{-}6)$$

其中，g_{st} 为从节点 v_s 到节点 v_t 的最短路径的个数；$m_{st}(v_i)$ 为从节点 v_s 到节点 v_t 的 g_{st} 条最短路径中经过节点 i 的最短路径个数。如果需要进行归一化，则节点 v_i 的介数中心性的计算公式如式（3-7）所示。

$$C_B(v_i) = \frac{2}{(n-1)(n-2)} \sum_{s \neq i \neq t} \frac{m_{st}(v_i)}{g_{st}} \qquad (3\text{-}7)$$

　　例 3-4　根据图 3-6 计算图 3-1 中节点 v_1 的介数中心性。

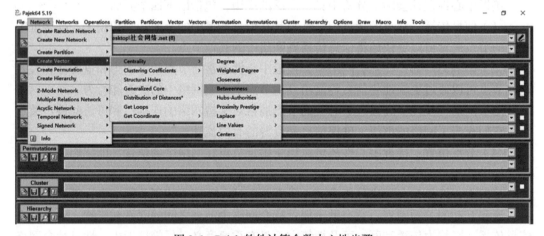

图 3-6　**Pajek** 软件计算介数中心性步骤

　　（1）$v_2 \to v_3$，最短路径为 (v_2, v_3)，该路径不经过节点 v_1，所以 $m_{23}(v_1) = 0$，$g_{23} = 1$。

　　同理 $v_2 \to v_4$，$v_2 \to v_5$ 的最短路径均不经过节点 v_1，所以 $m_{24}(v_1) = 0$，$m_{25}(v_1) = 0$，$g_{24} = 1$，$g_{25} = 1$。

　　（2）$v_2 \to v_6$，最短路径为 (v_2, v_5, v_6)，该路径不经过节点 v_1，所以 $m_{26}(v_1) = 0$，$g_{26} = 1$。

　　（3）$v_2 \to v_7$，最短路径为 (v_2, v_5, v_7)、(v_2, v_1, v_7)，有一条路径经过节点 v_1，所以 $m_{27}(v_1) = 1$，$g_{27} = 2$。

　　（4）$v_2 \to v_8$，最短路径为 (v_2, v_1, v_8)，该路径有一条路线经过节点 v_1，所以 $m_{28}(v_1) = 1$，$g_{28} = 1$。

　　同理，可以继续计算其他节点之间的最短路径并判断是否经过节点 v_1，最后得出 $C_B(v_1) = 0 + 0 + 0 + 0 + \frac{1}{2} + 1 + 0 + 0 + 0 + \frac{1}{2} + 0 + 0 + 0 + \frac{1}{2} + 0 + 0 + 0 + 0 + \frac{1}{2} = 3$，对其归

一化得 $C_B(v_1) = \dfrac{1}{7}$。

同理，可求出 $C_B(v_2) = \dfrac{1}{6}$，$C_B(v_3) = 0$，$C_B(v_4) = 0$，$C_B(v_5) = \dfrac{13}{42}$，$C_B(v_6) = \dfrac{5}{42}$，$C_B(v_7) = \dfrac{1}{21}$，$C_B(v_8) = \dfrac{1}{42}$（图 3-7）。

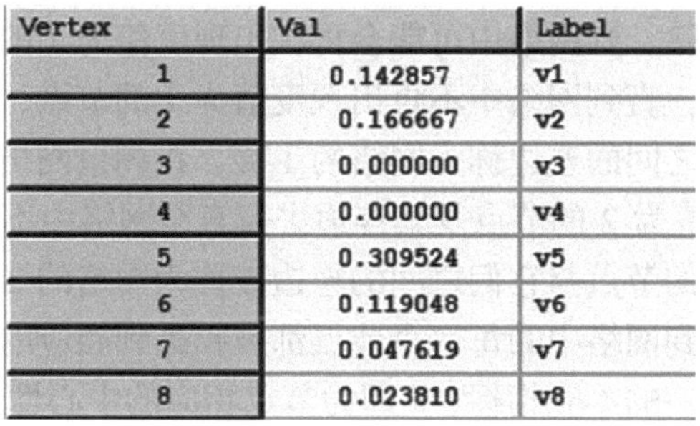

Vertex	Val	Label
1	0.142857	v1
2	0.166667	v2
3	0.000000	v3
4	0.000000	v4
5	0.309524	v5
6	0.119048	v6
7	0.047619	v7
8	0.023810	v8

图 3-7 介数中心性计算结果

介数中心性在社会网络分析中具有广泛的应用，包括以下四个方面。

（1）信息传播：节点的介数中心性与其在信息传播中的重要性密切相关，高介数中心性的节点可能更容易传播信息。

（2）社会网络中的权威性：在社会网络中，介数中心性通常与节点的权威性和影响力相关。这些节点可以通过连接不同社交群体来促进信息传播和合作。

（3）网络鲁棒性：高介数中心性的节点在网络中的移除或故障可能对网络结构产生显著影响。因此，研究介数中心性有助于了解网络的鲁棒性和脆弱性。

（4）社会网络中的领袖角色：高介数中心性的节点通常被视为网络的领导者，因为它们在不同部分之间架起了桥梁，促进了信息流和合作。

尽管介数中心性是社会网络分析的重要工具之一，但它也有一些限制。首先，计算介数中心性在大型网络中可能变得昂贵，需要大量的计算资源。其次，介数中心性度量的是节点之间的中介性，而不考虑节点的其他属性或特征。因此，在某些情况下，需要与其他中心性度量（如度中心性、接近中心性等）结合使用，以更全面地了解节点的重要性。总之，介数中心性是社会网络分析中的一个重要工具，可用于识别关键的中介节点和理解网络中的信息流与合作。

3.1.5 *k*-壳分解法

针对复杂网络的各种基础性研究，寻找网络中最具影响力的中心节点始终是一个重要问题，采用 *k*-壳分解（*k*-shell decomposition）法求解 *k*-壳就是寻找网络中心节点的有效手段，相对于其他中心性来说，*k*-壳分解法按度进行粗粒化划分节点重要性。*k*-壳分解法是社会网络分析中用于识别和分析网络中子图结构的一种重要方法。它的核心思想是将网络中的节点划分为不同的壳（shell），每个壳包含一组节点，这些节点具有相似的连接模式。*k*-壳分解法主要用于揭示网络的分层结构和节点的重要性。该方法主要是根据节点的度不断删除网络中的节点，进而得到节点的核值，即 k-壳值，用 k_s 表示。其具体算法过程如下。

　　壳是一组节点的集合，这些节点具有相同的 k-壳指数。k-壳指数表示了节点在网络中的层级或重要性，其中 k 表示壳的级别。具体而言，一个节点的 k-壳指数为 k，意味着该节点位于网络的第 k 层壳中。假设网络的初始状态为一个连通网，那么从度中心性的角度出发度值为 1 的节点就是网络中最不重要的节点，将这些度值为 1 的节点及其节点相连的边从网络中去除，则网络中可能会再次出现度值为 1 的节点，我们不停地去除这些节点及其相连的边，直到网络中不再出现度值为 1 的节点，此时我们把所有这一轮被去掉的节点以及它们之间的连边称为网络的 1-壳。在剩余网络中每个节点的度值至少为 2，重复把网络中度值为 2 的节点及其连边去掉直至网络中不再有度值为 2 的节点，这一环节中所有被去除的节点与它们之间的连边被称为网络的 2-壳。以此类推，会不断得到更高指标的壳，直到网络中的每一个节点都被归类到相应的 k-壳中去，那么网络中每一个节点都对照于唯一的 k-壳指标，k 即为节点相应的中心性值。

　　例 3-5　图 3-8 中的网络由 k-壳分解法分成三层，节点 1、2、3、4、6、9、16、17 被分配相同的 k_s 值，即 $k_s = 1$ 构成第一层；节点 5、7、8、11 被分配相同的 k_s 值，即 $k_s = 2$ 构成第二层；节点 10、12、13、14、15 被分配相同的 k_s 值，即 $k_s = 3$ 构成第三层。

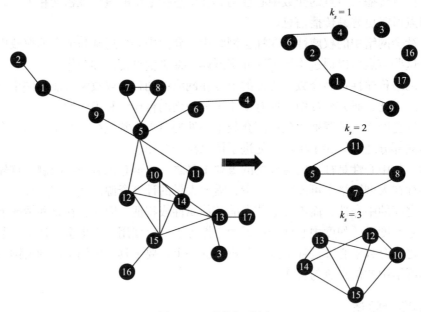

图 3-8　k-壳分解示例

　　根据图 3-1 给出的网络，可以得出，节点 1、6、7、8 被分配相同的 k_s 值，即 $k_s = 2$ 构成第二层，节点 2、3、4、5 被分配相同的 k_s 值，即 $k_s = 3$ 构成第三层。

　　k-壳分解法揭示了网络的层次分层结构，每个壳代表一个不同的层级。通常情况下，壳的数量会逐渐减小，因为度较低的节点首先被划分到壳中。高级别的壳通常包含网络中的核心节点，而低级别的壳可能包含外围节点。在 k-壳分解中，壳的级别 k 可以用来度量节点的重要性。较高级别的壳中的节点通常在网络中具有更高的中心性和影响力，因为它们连接到其他壳中的节点，起到了桥梁的作用。k-壳分解法还可用于社区检测。壳内的节点通常具有相似的连接模式，因此可以将壳视为潜在的社区或子图。k-壳分解法还可以用于压缩大型网络，将网络划分为多个壳，并仅保留每个壳中的核心节点，从而减小网络的规模。

总之，k-壳分解法是一种有助于理解网络结构、节点重要性和社区组成的强大工具。通过将网络分解为不同级别的壳，研究人员可以更好地理解网络的层次结构和节点之间的关系，从而揭示出网络中隐藏的模式和特征。这个方法在社会网络、生物网络和通信网络等领域都有广泛的应用。

3.1.6 指标对比

各节点重要性指标在研究网络节点的影响力方面有不同的侧重点。

度中心性适用于关注节点度数的情况，是一种简单而直接的指标，衡量了一个节点在网络中与其他节点直接相连的程度。具有高度中心性的节点通常在网络中被认为更重要，因为它们与更多的节点直接相连，能够更广泛地传播信息和影响力，适用于那些节点度数作为重要因素的情况，如社会网络中人际关系的频繁程度。

特征向量中心性适用于关注节点在多维度上的影响力的情况，基于节点与其邻居节点连接的权重来计算节点的重要性。具有高特征向量中心性的节点通常与其他高中心性的节点连接，因此在其影响力产生时可以传输更多的信息和资源，适用于关注节点在多维度上的影响力的情况，能够考虑节点的连接质量。

接近中心性适用于关注节点之间的距离关系的情况，度量了一个节点与其他节点之间的平均距离，表示节点能够快速与其他节点建立联系和传递信息的能力。具有高接近中心性的节点意味着它们在信息传播和流动方面具有重要作用，因为它们在网络中的位置使得信息能够更迅速地传递到其他节点，适用于关注节点之间距离和相互关系的情况。

介数中心性适用于关注节点在网络中的位置和中介作用的情况，衡量了一个节点在网络中作为中介者的程度，即它在节点之间的最短路径上出现的频率。具有高介数中心性的节点意味着它们在信息传播和流动中扮演着关键角色，能够连接不同部分的网络，并促使信息在网络中迅速传播，适用于关注节点之间通信流动和传输道路的情况。

k-壳分解法适用于将网络分解为不同层次进行研究的情况，通过将节点根据度数逐层剥离，形成一个层次结构，每个层次中的节点度数都大于等于 k。具有较高 k 值的节点通常在信息传播和流动方面非常重要，因为它们是网络中的主干节点和枢纽节点，适用于将网络分成不同层次进行研究的情况，关注节点在不同层次结构中的位置和重要性。不同指标在衡量节点重要性时使用的算法和计算方式也不同，在实际应用中需要根据具体问题进行选择。

在对共建"一带一路"国家的贸易网络进行分析时，随机选取 2022 年 61 个国家的数据绘制贸易网络图。图 3-9 为 2022 年共建"一带一路"国家的贸易网络图，并对 61 个国家进行不同重要性指标计算，展现不同重要性指标之间存在的差异性。

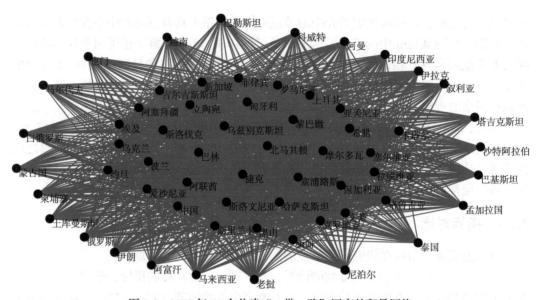

图 3-9　2022 年 61 个共建"一带一路"国家的贸易网络

该网络图数据源于联合国商品贸易统计数据库（http://comtrade.un.org），存在部分国家未提供贸易数据的情况，
该贸易网络的绘制旨在帮助读者了解各类重要性指标

表 3-1　2022 年共建"一带一路"国家的各类重要性指标对比

国家	度中心性	特征向量中心性	接近中心性	介数中心性	k-壳分解法
亚美尼亚	60	0.003 077	1.000 000	0.004 714	37
阿富汗	37	0.001 951	0.722 892	0	37
阿塞拜疆	60	0.002 918	1.000 000	0.004714	37
巴林	60	0.002 852	1.000 000	0.004 714	37
孟加拉国	37	0.077 141	0.722 892	0.000 000	37
文莱	59	0.007 246	0.983 607	0.004 144	37
保加利亚	60	0.003 776	1.000 000	0.004 714	37
缅甸	57	0.014 390	0.952 381	0.003 404	37
白俄罗斯	37	0.008 957	0.722 892	0	37
柬埔寨	36	0.047 035	0.714 286	0	36
斯里兰卡	59	0.001 618	0.983 607	0.004144	37
中国	60	0.671 262	1.000 000	0.004 714	37
克罗地亚	59	0.000 805	0.983 607	0.004 275	37
塞浦路斯	60	0.000 328	1.000 000	0.004 714	37
捷克	60	0.012 245	1.000 000	0.004 714	37
爱沙尼亚	60	0.001 970	1.000 000	0.004 714	37
格鲁吉亚	58	0.002 610	0.967 742	0.003 882	37
巴勒斯坦	30	0.000 473	0.666 667	0	30

国家	度中心性	特征向量中心性	接近中心性	介数中心性	k-壳分解法
希腊	60	0.002 697	1.000 000	0.004 714	37
匈牙利	60	0.009 769	1.000 000	0.004 714	37
印度尼西亚	37	0.234 177	0.722 892	0	37
伊朗	37	0.026 823	0.722 892	0	37
伊拉克	37	0.043 348	0.722 892	0	37
哈萨克斯坦	60	0.042 698	1.000 000	0.004 714	37
约旦	58	0.001 522	0.967 742	0.003 935	37
科威特	37	0.015 980	0.722 892	0	37
吉尔吉斯斯坦	58	0.001 058	0.967 742	0.003 725	37
老挝	37	0.006 279	0.722 892	0	37
黎巴嫩	60	0.000 354	1.000 000	0.004 714	37
拉脱维亚	60	0.004 112	1.000 000	0.004 714	37
立陶宛	60	0.003 519	1.000 000	0.004 714	37
马来西亚	37	0.311 354	0.722 892	0	37
马尔代夫	35	0.001 816	0.705 882	0	35
蒙古国	36	0.007 764	0.714 286	0	36
摩尔多瓦	60	0.000 303	1.000 000	0.004 714	37
黑山	59	0.000 047	0.983 607	0.004 144	37
阿曼	37	0.014 227	0.722 892	0	37
尼泊尔	37	0.004 625	0.722 892	0	37
巴基斯坦	37	0.063 774	0.722 892	0	37
菲律宾	59	0.044 594	0.983 607	0.004 144	37
波兰	60	0.016 793	1.000 000	0.004 714	37
卡塔尔	57	0.019 933	0.952 381	0.003 584	37
罗马尼亚	60	0.005 138	1.000 000	0.004 714	37
俄罗斯	37	0.204 343	0.722 892	0	37
沙特阿拉伯	37	0.108 357	0.722 892	0	37
塞尔维亚	60	0.004 418	1.000 000	0.004 714	37
新加坡	59	0.314 705	0.983 607	0.004 144	37
斯洛伐克	60	0.009 656	1.000 000	0.004 714	37
越南	37	0.408 815	0.722 892	0	37
斯洛文尼亚	60	0.002 489	1.000 000	0.004 714	37
叙利亚	36	0.001 458	0.714 286	0	36
塔吉克斯坦	35	0.006 075	0.705 882	0	35
泰国	37	0.229 695	0.722 892	0	37

国家	度中心性	特征向量中心性	接近中心性	介数中心性	k-壳分解法
阿联酋	60	0.059 506	1.000 000	0.004 714	37
土耳其	60	0.024 945	1.000 000	0.004 714	37
土库曼斯坦	36	0.002 746	0.714 286	0	36
乌克兰	60	0.008 824	1.000 000	0.004 714	37
北马其顿	60	0.000 286	1.000 000	0.004 714	37
乌兹别克斯坦	60	0.007 214	1.000 000	0.004 714	37
也门	34	0.007 860	0.697 674	0	34
埃及	60	0.008 306	1.000 000	0.004 714	37

根据表 3-1 可以看出，图 3-9 所示无向网络中，各种指标显示节点中国均为该网络中最为重要的节点（该网络具有特殊性，事实上，对很多网络进行中心性求解时，通过不同指标衡量得出的网络中最为重要的节点可能有所差异）。在计算度中心性时，发现多个国家节点的度中心性均相同，但通过表 3-1 数据易得其特征向量中心性、接近中心性、介数中心性以及 k-壳分解法得到的各节点的重要性均有差异。因此，在进行实际问题分析时，仍然根据研究的问题选择不同的指标进行计算衡量。

3.2 有向网络节点重要性指标

第 2 章介绍的出度与入度是度量有向网络节点重要性的基础中心性指标。类似于度中心性与特征向量中心性的区别，出度与入度也仅考虑了节点的邻居数量，而忽略了邻居的质量。因此，本节主要介绍搜索引擎中考虑链接重要性的有向网络节点中心指标，即当前应用最为广泛的 HITS 算法和 PageRank 算法。这两种算法均为基于网络链接结构的排序算法，并成功应用于商业搜索引擎。其中 HITS 算法成功应用于 IBM 的 Clever 系统中，PageRank 算法也成功应用于 Google 搜索引擎中，都取得了良好的搜索效果。

3.2.1 HITS 算法

HITS 算法是一种用于分析和评估网络中节点重要性的算法，特别适用于互联网上的超文本链接网络和社会网络等。HITS 算法的核心思想是将网络中的节点分为两种类型：权威节点和枢纽节点。权威节点是在网络中具有高质量内容或信息的节点，它们被其他节点广泛引用和指向，枢纽节点是链接到许多权威节点的节点，它们充当了信息传播的枢纽。例如，当某用户想要查找与南京航空航天大学有关的页面时，从内容的权威性角度看，南京航空航天大学主页无疑是最重要的。然而从链接的权威性来看，如果存在一个网页 H，该网页的唯一功能就是给出全国大学的主页链接，其中就包括南京航空航天大学主页的链接，那么网页 H 就具有相对较高的枢纽值，即能从网页 H 到达一些重要的权威页面。

因此，在 HITS 算法中，对网页质量进行评估时，每个页面都有两个权值：权威值（authority value）和枢纽值（hub value）。一方面，权威值与网页自身所包含的信息质量有关，如果该页面被多个具有高枢纽值的页面所指向，那么该页面的权威值就高；另一方面，枢纽值与网页所链接的网页质量有关，如果该网页指向的高权威值网页数量越多，那么其枢纽值越高。HITS 算法的计算过程通常采用迭代的方法。初始时，每个节点的权威分数和枢纽分数都被初始化为 1。然后，算法通过迭代更新节点的分数，直到达到收敛条件。在每一次迭代中，权威节点的分数是由指向它们的枢纽节点的分数之和决定的，而枢纽节点的分数是由链接到它们的权威节点的分数之和决定的。HITS 算法的迭代过程允许节点的权威分数和枢纽分数相互影响，最终使得高质量的权威节点和链接到它们的枢纽节点能够显著提高它们的分数。这意味着 HITS 算法有助于识别网络中的关键节点，这些节点既具有高质量的内容，又具有广泛的影响力。

1. 算法过程

我们通过四个步骤来描述 HITS 算法的建立过程，如下所述。

假设一个包含 n 个节点的有向网络，其中网络节点表示网页，其网络对应的邻接矩阵记为 $A = \left(a_{ij} \right)_{n \times n}$，即 $a_{ij} = 1$ 表示仅有一条从节点 i 指向节点 j 的有向边。对于任意网页 i，该网页的权威值记为 x_i，枢纽值记为 y_i，相应地，权威值向量为 $x = \left[x_1, x_2, \cdots, x_n \right]^{\mathrm{T}}$，枢纽值向量为 $y = \left[y_1, y_2, \cdots, y_n \right]^{\mathrm{T}}$。

HITS 算法过程如下。

第一步：初始时刻。初始化给定网络中的权威值向量 x 和枢纽值向量 y，使得 $\sum_{i=1}^{n} x_i^2 = 1$ 和 $\sum_{i=1}^{n} y_i^2 = 1$。

第二步：权威值更新规则。每个节点的权威值更新为指向它的节点的枢纽值之和，即

$$x_i'(k) = \sum_{j=1}^{n} a_{ji} y_j(k-1),\ i = 1, 2, \cdots, n \tag{3-8}$$

第三步：枢纽值更新规则。在第二步得到新的权威值之后，每个节点的枢纽值更新为它所指向的节点的权威值之和，即

$$y_i'(k) = \sum_{j=1}^{n} a_{ij} x_i'(k),\ \ i = 1, 2, \cdots, n \tag{3-9}$$

第四步：归一化。由第二步和第三步计算得来的向量 $x'(k)$、$y'(k)$ 进行归一化，使得 $\sum_{i=1}^{n} x_i^2(k) = 1$ 和 $\sum_{i=1}^{n} y_i^2(k) = 1$。

$$x_i(k) = \frac{x_i'(k)}{\left\| x'(k) \right\|},\ \ y_i(t) = \frac{y_i'(k)}{\left\| y'(k) \right\|},\ \ i = 1, 2, \cdots, n \tag{3-10}$$

然后循环迭代，直到收敛结束。

注意到 HITS 算法的第二步和第三步也可以写成如下矩阵形式：

$$x(k) = \overline{\alpha}_k A^{\mathrm{T}} y(k-1), \ y(k) = \overline{\beta}_k A x(k) \tag{3-11}$$

其中，$\overline{\alpha}_k$ 和 $\overline{\beta}_k$ 为归一化常数，使得 $\|x(k)\| = \|y(k)\| = 1$。由式（3-11）基于递推关系进一步得到：

$$x(1) = \overline{\alpha}_1 A^{\mathrm{T}} y(0), \ x(k) = \alpha_k A^{\mathrm{T}} A y(k-1), \ k = 2,3,\cdots,n \tag{3-12}$$

$$y(k) = \beta_k A A^{\mathrm{T}} y(k-1), \ k = 1,2,\cdots,n \tag{3-13}$$

如果算法收敛，那么最后得到的权威值向量和枢纽值向量分别为

$$x^* = \frac{1}{\lambda^*} A^{\mathrm{T}} A x^*, \ y^* = \frac{1}{\lambda^*} A A^{\mathrm{T}} y^* \tag{3-14}$$

式（3-14）中，权威值向量 x^* 是矩阵 $A^{\mathrm{T}} A$ 的一个特征向量，枢纽值向量 y^* 是矩阵 $A A^{\mathrm{T}}$ 的一个特征向量。

2. 算法实例

由于需要进行迭代运算，HITS 算法在大规模网络中的计算成本较高。此外，HITS 算法对网络的初始节点类型划分敏感，不同的初始划分可能会导致不同的结果。在本节中，我们利用一个例子来说明 HITS 算法。图 3-10 是六个网页的链接示意图，节点（即网页）集合为 $S = \{1,2,3,4,5,6\}$。

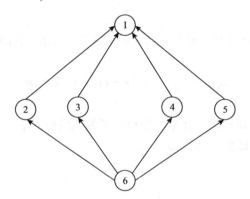

图 3-10　网络链接示意图

由图 3-10 可得，其邻接矩阵为

$$A = \left(a_{ij}\right)_{n \times n} = \begin{bmatrix} 0 & 0 & 0 & 0 & 0 & 0 \\ 1 & 0 & 0 & 0 & 0 & 0 \\ 1 & 0 & 0 & 0 & 0 & 0 \\ 1 & 0 & 0 & 0 & 0 & 0 \\ 1 & 0 & 0 & 0 & 0 & 0 \\ 0 & 1 & 1 & 1 & 1 & 0 \end{bmatrix}$$

每个节点都有一个权威值和枢纽值，所以会有一个权威值向量 x 和枢纽值向量 y，向量的每个元素都初始化为 $\dfrac{1}{\sqrt{n}}$，其中 n 为节点数，即 $x(0)=\left[\dfrac{1}{\sqrt{6}},\dfrac{1}{\sqrt{6}},\dfrac{1}{\sqrt{6}},\dfrac{1}{\sqrt{6}},\dfrac{1}{\sqrt{6}},\dfrac{1}{\sqrt{6}}\right]^{\mathrm{T}}$，$y(0)=\left[\dfrac{1}{\sqrt{6}},\dfrac{1}{\sqrt{6}},\dfrac{1}{\sqrt{6}},\dfrac{1}{\sqrt{6}},\dfrac{1}{\sqrt{6}},\dfrac{1}{\sqrt{6}}\right]^{\mathrm{T}}$。

如果以枢纽值向量 $y(0)$ 为初始迭代向量，代入 HITS 算法中进行迭代，第一次迭代过程：$x'(1)=\left[\dfrac{4}{\sqrt{6}},\dfrac{1}{\sqrt{6}},\dfrac{1}{\sqrt{6}},\dfrac{1}{\sqrt{6}},\dfrac{1}{\sqrt{6}},0\right]^{\mathrm{T}}$，$y'(1)=\left[0,\dfrac{1}{\sqrt{6}},\dfrac{1}{\sqrt{6}},\dfrac{1}{\sqrt{6}},\dfrac{1}{\sqrt{6}},0\right]^{\mathrm{T}}$，归一化后为 $x(1)=\left[\dfrac{2}{\sqrt{5}},\dfrac{1}{2\sqrt{5}},\dfrac{1}{2\sqrt{5}},\dfrac{1}{2\sqrt{5}},\dfrac{1}{2\sqrt{5}},0\right]^{\mathrm{T}}$，$y(1)=\left[0,\dfrac{1}{2},\dfrac{1}{2},\dfrac{1}{2},\dfrac{1}{2},0\right]^{\mathrm{T}}$。

一直迭代下去，直至任一向量不再变化（即收敛）停止，最终得到的权威值向量和枢纽值向量分别为

$$x=\left[\frac{2}{\sqrt{5}},\frac{1}{2\sqrt{5}},\frac{1}{2\sqrt{5}},\frac{1}{2\sqrt{5}},\frac{1}{2\sqrt{5}},0\right]^{\mathrm{T}}$$

$$y=\left[0,\frac{1}{\sqrt{5}},\frac{1}{\sqrt{5}},\frac{1}{\sqrt{5}},\frac{1}{\sqrt{5}},\frac{1}{\sqrt{5}}\right]^{\mathrm{T}}$$

其中，向量 y 说明了就枢纽值而言，网页 2、3、4、5、6 具有一样的重要性。相反地，如果以权威值向量 $x(0)$ 为初始迭代向量，代入 HITS 算法中进行迭代，那么最终得到收敛的权威值向量和枢纽值向量分别为

$$x=\left[\frac{1}{\sqrt{5}},\frac{1}{\sqrt{5}},\frac{1}{\sqrt{5}},\frac{1}{\sqrt{5}},\frac{1}{\sqrt{5}},0\right]^{\mathrm{T}}$$

$$y=\left[0,\frac{1}{2\sqrt{5}},\frac{1}{2\sqrt{5}},\frac{1}{2\sqrt{5}},\frac{1}{2\sqrt{5}},\frac{2}{\sqrt{5}}\right]^{\mathrm{T}}$$

其中，向量 x 说明了就权威值而言，网页 1、2、3、4、5 的重要性是一样的。因此该算例说明了应用 HITS 算法时，选择不同的初始向量得到的排序结果可能会不一致。

总之，HITS 算法是一种用于评估网络中节点重要性的有力工具，特别适用于具有复杂链接结构的网络。除了在互联网搜索引擎中的应用之外，目前 HITS 算法还在社会网络分析、信息检索、文本挖掘和推荐系统等领域得到了广泛应用。

3.2.2　PageRank 算法

PageRank 是一种用于衡量和评估互联网搜索引擎中网页重要性的算法。PageRank 算法由 Google 公司的创始人拉里·佩奇（Larry Page）和谢尔盖·布林（Sergey Brin）提出，后来成为 Google 搜索引擎的核心算法之一。该算法的核心思想是通过分析网页之

间的链接关系来确定网页的重要性，即网页的排名。其基本思想是在一个有向图上定义一个随机游走模型，即一阶马尔可夫链，描述随机游走者沿着有向图随机访问各个节点的行为。在一定条件下，极限情况访问每个节点的概率收敛到平稳分布，这时各个节点的平稳概率值就是其 PageRank 值，表示节点的重要性程度。PageRank 算法除了考虑入链数量的影响，还参考了网页质量因素，两者相结合可以获得更好的网页重要性评价标准。PageRank 值越大，网页排名越靠前，网页权威性也就越大。

　　PageRank 算法使用了一个链接图模型，其中网页被表示为节点，链接（即超链接）被表示为有向边，反映了网页之间的可达关系。这个模型可以看作一个随机游走过程，假设一个随机浏览者在互联网上浏览网页，并且按照一定概率随机跳转到链接在当前页面上的其他页面，在不断跳转的过程中探索了整个互联网。此算法的核心是一个传递过程，每个网页都被分配一个初始的权重值，随机浏览者从当前网页跳转到其他网页时，基于链接关系进行权重值的传递，而链接到的网页数量和质量均会影响传递的权重。算法使用迭代计算的方法来不断更新每个网页的权重值，直到达到收敛条件。在每一轮迭代中，权重值根据链接关系和传递规则进行更新。迭代计算的过程可以理解为不断模拟随机浏览者在互联网上的行为。该算法保证了在足够的迭代次数后，权重值会收敛到稳定的状态，即每个网页的权重值不再发生显著变化。这时，可以认为每个网页的权重值反映了其在互联网上的重要性。

　　假设互联网是一个简单的有向图（图 3-11），节点 A、B、C 和 D 代表网页，节点之间的有向边代表网页之间的超链接，有向边上的权值代表网页之间随机跳转的概率。假设有一个用户在网上随机访问网页，如果用户在浏览网页 A，则下一步访问网页 B、C、D 的概率是 1/3；如果用户在浏览网页 B，则下一步访问网页 A 和 D 的概率是 1/2；如果用户在浏览网页 C，则下一步访问网页 A 的概率是 1；如果用户在浏览网页 D，则下一步访问网页 B 和 C 的概率是 1/2。

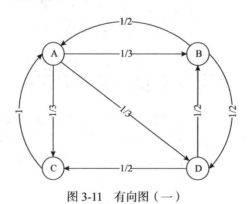

图 3-11　有向图（一）

1. 两个假设

在建立 PageRank 算法的模型过程中，首先基于如下两个假设。

（1）数量假设：在 Web 图模型中，如果一个页面节点接收到的其他网页指向的入链数量越多，那么这个页面越重要。

（2）质量假设：指向某页面的入链质量不同，质量高的页面会通过链接向其他页面传递更多的权重。因此越是质量高的页面指向该页面，则该页面越重要。

PageRank 算法的计算可以在互联网的有向图上进行，通常是一个迭代过程。先假设一个初始分布，通过迭代不断计算所有网页的 PageRank 值，直到收敛为止。

下面给出有向图上随机游走模型的定义，以及 PageRank 算法的基本定义和一般定义。基本定义对应于理想情况，一般定义对应于现实情况。

2. 随机游走模型

在一个具有 n 个节点的有向图上定义随机游走模型，即一阶马尔可夫链，其中节点表示状态，有向边表示状态之间的转移，假设从一个节点通过有向边到另一个节点的转移概率相等，那么转移矩阵就是一个 n 阶矩阵 M ，如式（3-15）所示。

$$M = [m_{ij}]_{n \times n} \tag{3-15}$$

其中，元素 m_{ij} 取值规则如下：如果节点 j 有 k 个出度，节点 i 与节点 j 相连，则 $m_{ij} = 1/k$ ；否则 $m_{ij} = 0$, $i, j = 1, 2, \cdots, n$ ，并且 $m_{ij} \geqslant 0$ ，$\sum_{i=1}^{n} m_{ij} = 1$ 。

在有向图上的随机游走可以看成一个马尔可夫链，用户随机游走每经过一个单位时间转移一个状态，若当前时刻在第 j 个节点（即状态），那么下一个时刻在 i 节点（状态）的概率是 m_{ij} ，只依赖于当前状态，与过去无关，故具有马尔可夫性。

例如，在图 3-11 的有向图上定义随机游走模型，我们可以得到转移矩阵 M 如下所示：

$$M = \begin{bmatrix} 0 & 1/2 & 1 & 0 \\ 1/3 & 0 & 0 & 1/2 \\ 1/3 & 0 & 0 & 1/2 \\ 1/3 & 1/2 & 0 & 0 \end{bmatrix}$$

3. PageRank 算法的基本定义

PageRank 算法的基本定义基于一个强连通且非周期性的有向图。在这种特定的图结构上，该算法定义了一个随机游走模型，即一阶马尔可夫链。该模型描述了随机游走者在互联网上随机浏览网页的过程，假设浏览者在每个网页依照连接出去的超链接以等概率跳转到下一个网页，并在网上持续不断进行这样的随机跳转。这个马尔可夫链的平稳分布即为 PageRank 值，表示网页的重要程度。基于下述模型，给出 PageRank 的基本定义。

在一个含有 n 个节点的强连通有向图上定义随机游走模型，随机游走的特点是从一个节点到有向边连出的所有节点的转移概率相等，假设转移矩阵为 M ，则在 $0, 1, 2, \cdots, t, \cdots$ 时刻访问各个节点的概率分布为 $R_0, MR_0, M^2 R_0, \cdots, M^t R_0, \cdots$ ，由于存在极限 $\lim_{t \to \infty} M^t R_0 = R$ ，这个马尔可夫链具有平稳分布 R ：

$$MR = R \tag{3-16}$$

平稳分布 R 称为这个有向图的 PageRank 值，而 R 的各个分量则是各个节点的 PageRank 值。例如，节点 i 的 PageRank 值为 $\mathrm{PR}_{(i)}$。

$$R = \begin{bmatrix} \mathrm{PR}_{(1)} \\ \mathrm{PR}_{(2)} \\ \vdots \\ \mathrm{PR}_{(n)} \end{bmatrix}$$

显然有 $\mathrm{PR}_{(i)} \geqslant 0$，$i = 1, 2, \cdots, n$，且 $\sum\limits_{i=1}^{n} \mathrm{PR}_{(i)} = 1$。

$$\mathrm{PR}_{(i)} = \sum_{j \in M_{(i)}} \frac{\mathrm{PR}_{(j)}}{L_{(j)}} \tag{3-17}$$

其中，$M_{(i)}$ 为指向节点 i 的节点集合；$L_{(j)}$ 为节点 j 连出的有向边的个数。

如前所述，图 3-11 是一个简单有向的图，其转移矩阵是 M，基于此计算图 3-11 中四个节点的 PageRank 值。初始时，假设每个用户访问每个页面的概率都是相等的，即 1/4，因此初始的概率分布就是一个所有值都为 1/4 的 4 维列向量 R_0，用 R_0 右乘转移矩阵 M，可以得到下一时刻用户的概率分布向量 MR_0，计算如下：

$$R_1 = \mathrm{MR}_0 = \begin{bmatrix} 0 & 1/2 & 1 & 0 \\ 1/3 & 0 & 0 & 1/2 \\ 1/3 & 0 & 0 & 1/2 \\ 1/3 & 1/2 & 0 & 0 \end{bmatrix} \times \begin{bmatrix} 1/4 \\ 1/4 \\ 1/4 \\ 1/4 \end{bmatrix} = \begin{bmatrix} 3/8 \\ 5/24 \\ 5/24 \\ 5/24 \end{bmatrix}$$

得到 R_1 后，继续迭代，再用 R_1 右乘 M 得到 R_2，一直乘下去，直至收敛得到 R，

$$R = \begin{bmatrix} 0.333 \\ 0.222 \\ 0.222 \\ 0.222 \end{bmatrix}$$

即节点 A 的 PageRank 值是 0.333，节点 B、C、D 的 PageRank 值都是 0.222。

4. PageRank 算法的一般定义

区别于基本定义，一般定义适用于含有 n 个节点的任意有向图。在这种一般性的有向图上，定义一个随机游走模型，即一阶马尔可夫链。一般定义的转移矩阵由两部分的线性组合组成：一部分是有向图的基本转移矩阵 M，表示从一个节点到其连出的所有节点的转移概率；另一部分则是阻尼因子，用于解决终止点和陷阱等问题，使得 PageRank 算法的计算更加合理和准确。

如上基本定义中所述的马尔可夫过程的收敛需要具备一个条件：图是强连通的，即

可以从任意网页到达其他任意网页。但在现实情况下，有些网页不指向任何网页，按照上面的计算方法会发现用户到达这样的网页后便走投无路，即最终得到的概率分布向量所有元素都为 0。例如，我们把图 3-11 中 C 到 A 的链接去掉，C 变成了一个终止点，如图 3-12 所示。

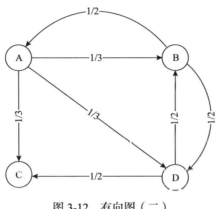

图 3-12 有向图（二）

对应的转移矩阵为

$$M = \begin{bmatrix} 0 & 1/2 & 0 & 0 \\ 1/3 & 0 & 0 & 1/2 \\ 1/3 & 0 & 0 & 1/2 \\ 1/3 & 1/2 & 0 & 0 \end{bmatrix}$$

按照上面的计算方法进行循环迭代，得到最终的概率分布向量 $R = [0,0,0,0]^{\mathrm{T}}$。

另外，该算法存在的另一个问题是陷阱问题，即有些网页不存在指向其他网页的链接，却指向自己，如图 3-13 所示。

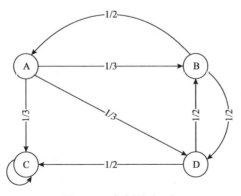

图 3-13 有向图（三）

用户到了 C 网页之后，就像跳进了陷阱，一直出不来，导致概率分布值全部转移到 C 网页上来，使得其他网页的概率分布值为 0，整个网页排序也就没有意义。如果按照

图 3-13 对应的转移矩阵是

$$M = \begin{bmatrix} 0 & 1/2 & 0 & 0 \\ 1/3 & 0 & 0 & 1/2 \\ 1/3 & 0 & 1 & 1/2 \\ 1/3 & 1/2 & 0 & 0 \end{bmatrix}$$

循环迭代下去，最终得到的概率分布向量 $R = \begin{bmatrix} 0,0,1,0 \end{bmatrix}^{\mathrm{T}}$。

解决终止点问题和陷阱问题有效的办法是：从当前页面出发，不管该页面是否有连接到其他页面，都允许一定的概率随机选取网络中的任一页面作为下一步要浏览的页面。基于此，PageRank 算法的一般定义如下所示。PageRank 算法赋予每个网页相同的权重，通过迭代递归来更新每个页面的 PageRank 值。PageRank 值的计算如式（3-18）所示。

$$PR(x)_{i+1} = \frac{1-\sigma}{n} + \sigma \sum_{i=1}^{n} \frac{PR(Y_i)}{C_{out}(Y_i)} \tag{3-18}$$

其中，$PR(x)$ 为网页 x 的 PageRank 值；$PR(Y_i)$ 为链接到网页 x 的网页 Y_i 的 PageRank 值；$C_{out}(Y_i)$ 为网页 Y_i 的出链数量；σ 为阻尼系数，它表示用户点击某个页面并继续向后浏览的概率，佩奇和布林在提出 PageRank 算法时建议取 $\sigma = 0.85$；n 为网页的总数。

同样地，PageRank 算法从最初在搜索引擎中的应用也逐渐拓展到包括社会网络分析、推荐系统、文本挖掘等在内的其他领域。

3.3　动态网络中心性

在传统的静态社会网络中，我们通常使用度中心性、介数中心性等指标来衡量节点的重要性。然而，在动态社会网络中，节点的连接关系和活跃程度可能随着时间的推移而发生变化。因此，静态的中心性指标无法全面反映节点在不同时间点上的重要性。当网络中的节点和边随着时间的推移而动态变化时，就需要使用动态网络中心性指标来更好地理解网络结构的演变。因此，本节主要介绍一些常见的动态网络中心性指标，如时间区间中心性、起止时间中心性、滚动中心性和演化中心性。

3.3.1　时间区间中心性

考虑到网络中的节点或边在不同的时间点上可能扮演了不同的角色，时间区间中心性从多个快照数据中统计每个节点或边的中心性，并计算整个时间区间内的中心性总和。时间区间中心性是一种用于衡量节点在动态社会网络中重要性的指标。与传统的静态网络中心性不同，时间区间中心性考虑了节点在不同时间点上的演化和变化。它能够综合节点在多个时间快照中的中心性信息，以形成节点在整个时间区间内的综合中心性度量。

时间区间中心性的计算方法可以分为两个步骤：快照级别的中心性计算和时间维度的整合。在第一步中，我们使用传统的静态网络中心性指标（如度中心性、接近中心性等）来计算每个时间点上节点的中心性分数。这意味着我们对每个时间点都有一个中心性分数的集合。然后，在第二步中，我们需要整合这些中心性分数，以便捕捉节点在时间维度上的演化。在进行中心性整合时，可以采取几种方法。最简单的方法是将所有时间点上的中心性分数直接相加，得到节点的时间区间总中心性。然而，这种方法没有考虑到中心性在不同时间点上的权重差异。因此，一种更为常见的方法是赋予每个时间点的中心性分数以不同的权重，并根据其在时间序列中的位置进行调整。例如，我们可以使用指数衰减函数或滑动窗口来赋予更近期的时间点更高的权重。

除了基本的时间区间中心性计算方法外，还有一些改进的方法。例如，可以引入节点状态变化的信息，将节点分类为活跃节点和非活跃节点，并根据节点状态的演变来调整中心性计算。此外，还可以结合机器学习算法和数据挖掘技术，利用历史数据对时间区间中心性进行预测和分析，以揭示网络演化的模式和趋势。总之，时间区间中心性是一种重要的动态网络分析工具，它通过综合考虑节点在不同时间点上的中心性信息，能够更好地理解和捕捉动态社会网络的演化过程。它在社会网络研究、推荐系统、舆情分析等领域具有广泛的应用前景。

3.3.2　起止时间中心性

起止时间中心性是一种用于度量节点在社会网络中的重要性的指标，它考虑了节点在给定起始和终止时间之间的活跃度与影响力。在社会网络中，节点的活跃度和影响力随着时间的推移可能发生变化，因此起止时间中心性可以帮助我们更全面地理解节点的特征和作用。类似于时间区间中心性，起止时间中心性侧重于在指定的时间段内对节点或边的中心性进行分析。

起止时间中心性的计算涉及两个关键方面：时间范围内节点的活跃度和节点的影响力。首先，活跃度指节点在起始和终止时间段内的参与程度与表现。这可以通过度中心性、接近度中心性等传统的中心性指标来衡量，或者根据任务需求定义新的活跃度指标。活跃度分数可以反映节点在社会网络中的持续参与程度和贡献程度。其次，影响力指节点在起始和终止时间段内对其他节点的影响程度。节点的影响力可以通过介数中心性、PageRank 算法等来衡量，这些指标考虑了节点对信息传播和网络结构的贡献。例如，如果节点在时间范围内频繁地作为信息的传播者或决策者，它可能具有较高的影响力。综合考虑活跃度和影响力，可以使用不同的方法来计算起止时间中心性。一种简单的方法是将节点在起始和终止时间内的活跃度与影响力分数进行乘积或加权求和。这样可以强调同时具备活跃度和影响力的节点的重要性。另一种方法是将时间范围划分为多个子时间段，并对每个子时间段中的活跃度和影响力进行独立计算，然后将它们整合起来得到最终的起止时间中心性。

在实际应用中，起止时间中心性可以用于识别社会网络中的关键节点、预测节点在未来时间段内的重要性变化等。它为我们提供了一个更全面和动态的视角，帮助我们理解节点在不同时间段内的演化和作用。此外，还可以结合机器学习和数据挖掘技术，利用历史数据对起止时间中心性进行预测和分析，以揭示社会网络中的模式和趋势。总而言之，起止时间中心性是一种有益的社会网络分析工具，通过综合考虑节点的活跃度和影响力，能够更好地评估节点在给定起始和终止时间范围内的重要性与作用。它在社会网络研究、推荐系统、舆情分析等领域具有广泛的应用潜力。

3.3.3　滚动中心性

滚动中心性是一种用于度量节点在动态社会网络中的重要性的指标。它考虑了节点在时间序列上的演化，从而能够更准确地反映节点的中心性变化和影响力。通过将指定的时间窗口向前滚动，计算每个时间窗口内节点或边的中心性来跟踪动态网络的演变。

滚动中心性通过引入时间维度，将节点的演化过程纳入考虑，弥补了静态中心性指标的不足。具体而言，滚动中心性使用滑动窗口的方式，将时间划分为若干个连续的时间段。然后，在每个时间段内，计算节点的中心性值，并记录下来。通过滑动窗口的移动，可以得到节点在不同时间点上的中心性变化轨迹。滚动中心性的计算可以基于不同的中心性指标，如度中心性、接近中心性、介数中心性等。在每个时间段内，可以计算节点在该时间段内的中心性值，如节点的度值、介数中心性分数等。然后，利用滑动窗口移动的方式，对节点的中心性值进行跟踪和更新，得到它的滚动中心性轨迹。通过分析节点的滚动中心性轨迹，我们可以得到节点在不同时间点上的重要性变化情况。这有助于我们更好地理解节点的演化过程和在动态网络中的作用。例如，节点可能在某个时间段内具有较高的中心性，但在后续的时间段中逐渐衰减。这种变化可以帮助我们识别网络中的关键节点、预测节点未来的重要性变化趋势等。

在应用方面，滚动中心性可以用于社会网络分析、推荐系统、舆情监测等领域。通过综合考虑节点的演化和中心性变化，它能够提供更准确和全面的评估，帮助我们更好地理解动态社会网络中的节点重要性和影响力。总而言之，滚动中心性是一种基于时间序列的动态社会网络分析方法。通过引入时间维度，它能够更准确地反映节点的中心性变化和演化过程。该方法在社会网络研究领域具有重要意义，并且在实际应用中具有广泛的潜力和应用价值。

3.3.4　演化中心性

演化中心性通过结合网络的时间维度，考虑节点在不同时间点上的变化，以更精确地衡量节点的重要性变化。具体而言，演化中心性利用时间序列数据，分析节点在不同时间段内的演化轨迹。这可以通过一些方法实现，如滑动窗口或时间切片的方式。演化中心性考虑到了节点或边在时间上的演化过程，它可以为动态网络提供模块化分析、变化检测和预测等应用。

在计算演化中心性时，常用的方法是将网络时间划分为连续的时间段，并在每个时间段内计算节点的中心性值。这些值可以基于不同的中心性指标，如度中心性、接近中心性或介数中心性等。然后，通过滑动窗口的方式，逐步更新节点的中心性值，以反映节点在不同时间点上的重要性。通过分析节点的演化中心性，我们可以得出节点在不同时间段内的重要性变化趋势。这有助于我们理解节点的角色演变和社会网络的动态特征。例如，某个节点可能在起始阶段具有较低的中心性，但随着时间的推移，它可能逐渐成为网络中的关键节点。

演化中心性在社会网络研究中具有重要作用。它可以帮助我们识别和预测网络中的重要节点，揭示网络结构的变化和发展趋势，以及理解社会网络中的信息传播、影响力扩散等动态过程。此外，演化中心性也为推荐系统、舆情监测等应用领域提供了有价值的工具和方法。总之，演化中心性是一种基于时间变化的动态社会网络分析方法。通过考虑节点的演化过程和变化趋势，它能够更准确地描述节点在动态网络中的重要性变化。这一方法在社会网络研究和实际应用中具有广泛的应用前景。

3.3.5 应用举例

基于上述四种动态网络中心性计算方法的介绍，在此给出实例对具体的应用进行说明。

假设我们有一个社交网络包含以下活跃用户：①小明，从 2021 年 1 月 1 日加入社交网络，至今仍活跃；②小红，从 2021 年 4 月 15 日加入社交网络，至今仍活跃；③小李，从 2022 年 1 月 16 日加入社交网络，于 2022 年 12 月 31 日离开社交网络。

针对这样的一个社交网络时，在计算中心性时，上述给出的四种中心性计算方法会有四种不同的划分方法：

1. 时间区间中心性（以 3 个月为一个时间段）

时间段 1（2021 年 1 月 1 日至 2021 年 3 月 31 日）：小明活跃，等级指标为 0.9；其余用户尚未加入。

时间段 2（2021 年 4 月 1 日至 2021 年 6 月 30 日）：小明活跃，等级指标为 0.8；小红加入，等级指标为 0.6。

时间段 3（2021 年 7 月 1 日至 2021 年 9 月 30 日）：小明活跃，等级指标为 0.7；小红活跃，等级指标为 0.5。

时间段 4（2021 年 10 月 1 日至 2021 年 12 月 31 日）：小明活跃，等级指标为 0.6；小红活跃，等级指标为 0.4。

时间段 5（2022 年 1 月 1 日至 2022 年 3 月 31 日）：小明活跃，等级指标为 0.8；小红活跃，等级指标为 0.6；小李加入，等级指标为 0.7。

时间段 6（2022 年 4 月 1 日至 2022 年 6 月 30 日）：小明活跃，等级指标为 0.9；小红活跃，等级指标为 0.8；小李活跃，等级指标为 0.6。

时间段 7（2022 年 7 月 1 日至 2022 年 9 月 30 日）：小明活跃，等级指标为 0.7；小红活跃，等级指标为 0.5；小李活跃，等级指标为 0.8。

时间段 8（2022 年 10 月 1 日至 2022 年 12 月 31 日）：小明活跃，等级指标为 0.6；小红活跃，等级指标为 0.4；小李离开。

计算每个时间段内用户的等级指标，并取平均值，可以得到每个用户在不同时间段的时间区间中心性度量值。设一共有 i（$i=1,2,3,\cdots,n$）个时间段，每个时间段的等级

指标为 l_i，对应时间段的度中心性为 d_i，则该情况下度中心性 D 计算方法如下：

$$D = \frac{\sum_{i=1}^{n} d_i \times l_i}{i} \quad\quad (3\text{-}19)$$

以小明为例，假设在时间段 1 时其度中心性为 5，时间段 2 时其度中心性为 6，时间段 3 时其度中心性为 8，时间段 4 时其度中心性为 10，时间段 5 时其度中心性为 8，时间段 6 时其度中心性为 9，时间段 7 时其度中心性为 7，时间段 8 时其度中心性为 8。那么在这一段时间内，小明的度中心性为

$$\frac{5\times0.9+6\times0.8+8\times0.7+10\times0.6+8\times0.8+9\times0.9+7\times0.7+8\times0.6}{8}=5.6375$$

2. 起止时间中心性

小明的开始时间为 2021 年 1 月 1 日，结束时间至今。小红的开始时间为 2021 年 4 月 15 日，结束时间至今。小李的开始时间为 2022 年 1 月 16 日，结束时间为 2022 年 12 月 31 日。可以计算每个用户在其起止时间上的中心性度量值。在采用起止时间中心性方法计算中心性时，只需要对每个节点起始时间的中心性和结束时间的中心性进行计算，并求平均值即可。

3. 滚动中心性

选择一个滑动窗口大小为六个月，并按照该窗口进行滚动。在每个窗口内计算用户的中心性度量值。例如，在窗口 1（2021 年 1 月 1 日至 2021 年 6 月 30 日）内，小明在社交网络中活跃，等级指标为 0.8；小李加入，等级指标为 0.6；其余用户尚未加入。然后移动窗口至窗口 2（2021 年 4 月 1 日至 2021 年 9 月 30 日），重新计算每个用户的中心性度量值。在采用该方法进行计算时，分别计算每个窗口的中心性，再根据等级指标求取平均值。

4. 演化中心性

首先，可以对用户进行聚类，例如根据他们的兴趣或社交关系，然后可以选择一些重要的用户群体，并绘制他们的中心性随时间变化的曲线，以观察他们在整个网络演化过程中的影响力变化。

3.4　链路预测方法

节点重要性指节点在网络中的重要性程度，链路预测是指在已知网络部分结构的情况下，通过一些算法预测网络中未知连接的过程。链路预测与网络节点重要性之间的关联在于，预测出的链路可能会连接到某个节点，从而影响该节点的重要性。例如，如果预测出的链路连接到某个度数较大的节点，那么这个节点的重要性也就相应增加。

另外，许多经典的链路预测算法都是基于节点重要性的，如基于相似性的方法和基于随机游走的方法等。这些算法通过评估节点对之间的相似度或节点之间的距离，来预测潜在的链路。

互联网时代，我们使用在线社交网站时，可以发现每次登录后网站会推荐一些"你可能感兴趣的人或事"。网站推荐是否符合现实，用术语即网络中的链路预测是否精确，如果预测准确，换句话说，你对网站推荐给你的人感兴趣，那么就会提高网站在用户心中的地位。对于一个具有 n 个节点和 m 条边的无向网络 $G(V, E)$，链路预测的基本思想是利用局部拓扑结构信息为网络中每一对没有连边的节点赋予一个相似性得分 s_{xy}，按照从大到小排序，排在最前面的节点对出现连边的概率越大。

3.4.1　评价指标

为了测试链路预测的精确性，通常把网络中已存在的连边集 E 分为训练集 E^T 和测试集 E^P，其中 $E = E^T \bigcup E^P$ 且 $E^T \bigcap E^P = \varnothing$，在计算时只用到测试集的信息，并且把不在连边集 E 范围内但任意一对节点之间的可能连边称为不存在的边。衡量链路预测算法精确性的两种常用指标为接收者操作特征曲线下面积和精确率。

1. 接收者操作特征曲线下面积

接收者操作特征曲线下面积（area under the curve，AUC）是从整体上衡量的指标，它是指测试集中的边的分数值比随机选择的一个不存在的边的分数值高的概率。也就是，每次随机从测试集中选取一条边与随机选择的不存在的边进行比较，如果测试集中的边的分数值大于不存在的边的分数值，则加 1 分，该类型边的数量记为 n'；如果两个分数值相等，则加 0.5 分，该类型边的数量记为 n''。独立比较 n 次（$n = n' + n''$），若有 n' 次测试集中的边的分数值大于不存在的边的分数值，有 n'' 次两个分数值相等，则 AUC 定义为

$$\text{AUC} = \frac{n' + 0.5n''}{n} \tag{3-20}$$

显然，如果所有分数都是随机产生的，那么 $\text{AUC} = 0.5$。因此 AUC 大于 0.5 的程度衡量了算法在多大程度上比随机选择的方法精确。

2. 精确率

精确率（precision）只考虑排在前 L 位的边是否预测准确，即前 L 个预测边中预测准确的比例。如果排在前 L 位的边中有 m 个在测试集中，那么精确率定义为

$$\text{precision} = \frac{m}{L} \tag{3-21}$$

显然，精确率越大预测越准确。如果两个算法 AUC 相同，而算法 1 的精确率大于算法 2，那么说明算法 1 更好，因为它倾向于把真正连边的节点对排在前面。

3.4.2 基于节点相似性的链路预测

基于节点相似性的链路预测的一个重要前提是：两个节点之间的相似性越大，它们之间越有可能存在链接。刻画节点相似性有很多种方法，其中最简单直接的方法是利用节点的属性，比如，如果两个人的年龄、性别、职业、爱好等相同，那就说明他们很相似，很容易产生联系。

虽然利用节点属性可以得到很好的预测效果，但在很多情况下获取这些信息是很困难的，如在线系统中用户的信息是保密的。所以已观察到的网络结构或用户的历史行为信息比较容易获得也更为可靠，本节将分为三类详细介绍现有的几种结构性指标，并给出其中一些指标在现实网络中的预测情况。

1. 基于局部信息的节点相似性指标

基于局部信息的节点相似性指标是指通过节点局部信息计算得到的相似性指标，如节点的度和共同邻居等。这类指标的优点是计算复杂度低，比较适合大规模的网络，缺点是由于信息量有限，相比一些全局指标而言，预测精度较低。本节将介绍四种基于局部信息的节点相似性指标。

1）共同邻居指标

基于局部信息最简单的节点相似性指标是共同邻居（common neighbors，CN）指标。CN 指标通过计算两个节点的共同邻居数量来评估结构相似性。CN 指标相似性又被称为结构等价，即两个节点的共同邻居数量越多，那这两个节点越相似，更容易构成连接。其在链路预测中应用的一个基本假设是，两个未连接的节点如果有很多共同邻居，那么它们更倾向于连边。比如，社会网络分析中经典的三元闭包原则表明，如果两个人拥有一个共同的朋友，那么这两个人以后也有很大可能成为朋友，从而构成一个闭合的三角形。在具体计算时，首先需要确定每个节点的邻居节点。对于一个节点 x，它的邻居节点通常是指与 x 直接相连的其他节点。

CN 指标定义如下：对于社交网络中的节点 v_x 和节点 v_y，这两个节点的相似性就定义为它们共同邻居的数量，即

$$s_{xy}^{CN} = \left| \Gamma(x) \bigcap \Gamma(y) \right| \tag{3-22}$$

其中，$\Gamma(x)$ 为节点 v_x 的邻居节点的集合。s_{xy}^{CN} 这个数量越大，说明节点 x 和节点 y 的相似性越高，它们之间存在连接的概率也就越大。

在实际应用中，通常会将每个节点的邻居节点集合进行一定扩展，例如通过考虑节点的 k-最近邻节点，或者通过传播信息的方式将邻居节点的范围扩大到更远的节点。这种扩展后的邻居节点集合可以更好地反映节点的局部结构信息，从而更准确地评估节点之间的相似性。

在式（3-22）的基础上，考虑到两端节点度的影响，从不同角度以不同方式又产生了六种相似性指标，表 3-2 列出了这六种直接基于共同邻居指标的不同的规范化而得到的相似性指标，其中 $k(x) = \left| \Gamma(x) \right|$ 是节点 v_x 的度。

表 3-2 六种基于共同邻居的相似性指标

相似性指标	公式
Salton 指标（Salton and McGill，1983）	$s_{xy} = \dfrac{\|\Gamma(x) \cap \Gamma(y)\|}{\sqrt{k(x)k(y)}}$
Jaccard 指标（Jaccard，1901）	$s_{xy} = \dfrac{\|\Gamma(x) \cap \Gamma(y)\|}{\|\Gamma(x) \cup \Gamma(y)\|}$
Sorensen 指标（Sorensen，1948）	$s_{xy} = \dfrac{2\|\Gamma(x) \cap \Gamma(y)\|}{k(x) + k(y)}$
Hub Promoted（大度节点有利）指标（Ravasz et al.，2002）	$s_{xy} = \dfrac{\|\Gamma(x) \cap \Gamma(y)\|}{\min\|k(x), k(y)\|}$
Hub Depressed（大度节点不利）指标（Zhou et al.，2009）	$s_{xy} = \dfrac{\|\Gamma(x) \cap \Gamma(y)\|}{\max\|k(x), k(y)\|}$
LHN-I 指标（Leicht et al.，2006）	$s_{xy} = \dfrac{\|\Gamma(x) \cap \Gamma(y)\|}{k(x) \times k(y)}$

2）阿达姆-阿达尔指标

阿达姆-阿达尔（Adamic-Adar，AA）指标考虑到两节点共同邻居的度的影响，其基本思想是度小的共同邻居节点的贡献大于度大的共同邻居节点，用两个节点的共同邻居节点的权重作为这两个节点的相似度。在这里我们通过列举几个例子说明，比如，在微博中往往是某个领域的专家或明星受关注比较多，然而共同关注他们的人可能并不会拥有非常相似的兴趣，就像一个大学生和普通农民都有可能是周杰伦的粉丝；相反，如果有两个用户共同关注了一个小有名气但粉丝不是很多的美食博主，那么可以说明这两个人确实具有相同的兴趣爱好或者重复的社交圈，因此有更高的概率相连接。又如在推荐系统中，共同购买冷门产品的两个用户往往比共同购买热门产品的用户更相似，也更易建立连接。

AA 指标是指根据共同邻居节点的度为每个节点赋予一个权重值，该权重等于该节点的度的对数分之一，定义为

$$s_{xy}^{\mathrm{AA}} = \sum_{z \in \Gamma(x) \cap \Gamma(y)} \frac{1}{\log k(z)} \tag{3-23}$$

AA 指标在计算时只考虑了两个节点的共同邻居的权重和，而没有考虑其他因素的影响，如节点本身的属性、节点的连接方式等。因此，在实际应用中，需要根据具体的问题和数据特点来选择合适的相似性指标。

3）资源分配指标

受到网络资源分配的启示，Zhou 等（2009）提出了资源分配（resource allocation，RA）指标，RA 指标可以用于评估网络中节点之间的连接关系和潜在的相似性。通过计

算节点之间的 RA 指标，可以判断两个节点之间是否存在连接的可能性，以及连接关系的强度。RA 指标可以用于计算网络中节点之间的相似性，从而判断它们之间是否存在连接的可能性。如果两个节点之间的 RA 指标较高，说明它们在网络结构上比较相似，有更大的概率存在连接关系。基于节点相似性计算的结果，可以进一步预测网络中潜在的连接关系。例如，在社交网络中，可以根据用户之间的相似性来预测他们之间可能建立的关系。在供应链网络中，可以根据供应商和客户之间的相似性来预测可能的合作关系。RA 指标与 AA 指标最大的区别在于赋予共同邻居节点权重的方式不同，前者是以 $1/k$ 的形式递减，后者则是以 $1/\log k$ 的形式递减。

如果网络中节点 v_x 和节点 v_y 没有直接相连，那么就可以从 v_x 传递一些资源给 v_y，在这个过程中，它们的共同邻居就是传递的媒介。假设每个媒介都有一个单位的资源并且平均分配给它的邻居，则 v_y 可以接收到的资源数就是这两个节点的相似度，定义为

$$s_{xy}^{\text{RA}} = \sum_{z \in \Gamma(x) \cap \Gamma(y)} \frac{1}{k(z)} \qquad (3\text{-}24)$$

其实当一个网络的平均度比较小时，RA 指标和 AA 指标差别很小；但当这个网络的平均度较大时，这两个指标就有很大的差别了。我们在此给出如图 3-14 的一个示例，其中 z_1 和 z_2 是节点 v_x 与节点 v_y 的两个共同邻居，它们的度分别为 $k(z_1) = 3$，$k(z_2) = 5$，因此根据 RA 指标的定义，可以计算得到节点 v_x 和节点 v_y 的相似度为

$$s_{xy}^{\text{RA}} = \sum_{z \in \{z_1, z_2\}} \frac{1}{k(z)} = \frac{1}{k(z_1)} + \frac{1}{k(z_2)} = \frac{1}{3} + \frac{1}{5} \approx 0.53$$

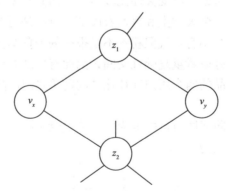

图 3-14　计算 RA 指标和 AA 指标的示例

类似地，根据 AA 指标的定义，可以计算得到节点 v_x 和节点 v_y 的相似度为

$$s_{xy}^{\text{AA}} = \sum_{z \in \{z_1, z_2\}} \frac{1}{\log k(z)} = \frac{1}{\log k(z_1)} + \frac{1}{\log k(z_2)} = \frac{1}{\log 3} + \frac{1}{\log 5} \approx 3.53$$

4）优先链接指标

优先链接（preferential attachment，PA）是一种描述网络中连接形成的机制，也被称

为"富者更富"或"强者更强"现象。它指的是在网络演化过程中，具有更多连接的节点有更高的概率获得新的连接，而原本连接较少的节点则更难获得新的连接。这种机制可以导致网络呈现出幂律分布的特征，即少数节点拥有大量的连接，而大多数节点只有少量的连接。优先链接指标通常用于评估节点之间的连接概率或相似性。它基于节点的连接情况来计算，如果两个节点都拥有大量的连接，那么它们形成连接的概率就显著增加。PA 只考虑了节点的度，例如，如果节点 x 和节点 y 都与 n 个其他节点有连接，那么它们之间的优先链接分值就会较高，应用优先链接的方法可以产生无标度的网络结构，在这种网络中，一条即将加入的新边连接到节点 v_x 的概率与该节点的度 $k(x)$ 成正比，因此新边连接节点 v_x 和节点 v_y 的概率与两个节点度的乘积成正比，即两个节点的相似性定义为

$$s_{xy}^{\mathrm{PA}} = k(x)k(y) \tag{3-25}$$

2. 基于全局信息的节点相似性指标

基于全局信息的节点相似性指标有三个，分别是局部路径（local path，LP）指标、卡茨（Katz）指标和 LHN-Ⅱ（Leicht-Holme-Newman Ⅱ）指标，下面对它们进行详细介绍。

1）局部路径指标

LP 指标是一种基于路径的相似性指标，它考虑了网络中节点之间的连接关系和路径长度。LP 指标是在共同邻居指标的基础上，通过考虑三阶邻居的影响来扩展其定义。具体来说，LP 指标通过计算两个节点的共同邻居以及它们的邻居节点的共同邻居数量来评估它们的相似性。LP 指标的优点是能够更好地衡量节点之间的结构相似性，特别是对于那些没有很多共同邻居的节点。此外，LP 指标还可以通过考虑更远的邻居节点来扩展其定义，以适应不同类型和规模的网络。LP 指标在共同邻居的基础上考虑了三阶邻居的贡献，其定义为

$$S^{\mathrm{LP}} = A^2 + \alpha A^3 \tag{3-26}$$

其中，α 为可调节参数，当 $\alpha = 0$ 时 LP 指标就相当于 CN 指标；A 为网络的邻接矩阵；$(A^n)_{xy}$ 为节点 v_x 和节点 v_y 之间长度为 n 的路径数。在链路预测方面，局部路径指标可以帮助我们评估节点之间连接的可能性，从而预测网络中潜在的连接关系。

2）Katz 指标

Katz 指标在链路预测方面的应用主要是通过衡量网络中节点之间的连接关系和相似性来预测潜在的连接。在链路预测中，Katz 指标通常被用于评估网络中节点之间的连接概率或相似性，从而预测网络中潜在的连接关系。具体来说，Katz 指标通过计算节点之间的共同邻居数量来评估它们之间的相似性，如果两个节点拥有更多的共同邻居，那么它们之间形成连接的概率就更高。这种机制可以用于预测网络中潜在的连接关系，例如在社交网络中预测用户之间的社交关系，或者在供应链网络中预测企业之间的合作关系。Katz 指标考虑了网络中所有的路径，而且对于越短的路径赋予越大的权重，其定义为

$$s_{xy}^{\text{Katz}} = \sum_{n=1}^{\infty} \beta^n \left(A^n\right)_{xy} = \beta\left(A\right)_{xy} + \beta^2\left(A^2\right)_{xy} + \beta^3\left(A^3\right)_{xy} + \cdots \qquad （3-27）$$

其中，$\beta > 0$ 为权重衰减因子，为了保证级数的收敛，参数 β 必须小于邻接矩阵 A 最大特征值的倒数，因此定义还可以用矩阵的形式表示为

$$S^{\text{Katz}} = \left(I - \beta A\right)^{-1} - I \qquad （3-28）$$

显而易见，当 β 很小时，高阶路径的贡献就很小了，使得此时的 Katz 指标与 LP 指标的预测结果非常接近。

3）LHN-Ⅱ指标

LHN-Ⅱ指标是由 Leicht（莱希特）、Holme（霍姆）和 Newman（纽曼）提出的另一种相似性计算方法，与 Katz 指标类似，也是考虑了网络中的所有路径，其基本思想是基于一般等价提出的，比结构等价的定义更广泛，如果两个节点所连接的节点之间是相似的，即使它们没有共同的邻居节点，那么这两个节点也是相似的。图 3-15 给出了一个简单的例子来帮助我们理解一般等价和结构等价的区别，图 3-15（a）和图 3-15（b）分别表示（1）班与（2）班的网络结构图。根据结构等价的定义，在（1）班，由于学生 A 和学生 B 都认识学生 C 和学生 D，则认为学生 A 和学生 B 是结构等价的；同理，学生 C 和学生 D 也是结构等价的。类似地，在（2）班，学生 E 和学生 F、学生 G 和学生 H 也是结构等价的。根据一般等价的定义，由于学生 A 连接的节点 C、D 与学生 E 连接的节点 G、H 分别是相似的，那么可以认为学生 A 和学生 E 也是相似的；同理学生 B 和学生 F 也是相似的。由此可见，结构等价强调的是两个节点是否在同一个环境下，即是否有共同邻居节点，而一般等价则考虑的是这两个节点是否处于同样的角色，即使它们没有连接的相同节点，但是由于各自的邻居节点是相似的，那这两个节点也是相似的。

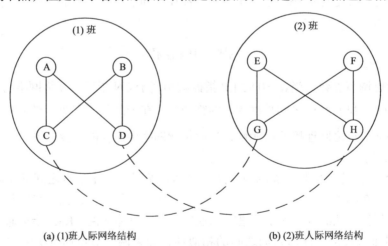

(a)(1)班人际网络结构　　　　　　　　(b)(2)班人际网络结构

图 3-15　一般等价和结构等价示例

实线表示连接，虚线表示相似关系

LHN-Ⅱ指标和 Katz 指标的主要区别是把 Katz 指标中的 $\left(A^n\right)_{xy}$ 变为 $\left(A^n\right)_{xy}\Big/E\left[\left(A^n\right)_{xy}\right]$，

注意到 $\left(A^n\right)_{xy}$ 的期望值为

$$E\left[\left(A^n\right)_{xy}\right]=\frac{k(x)k(y)}{M}\lambda_1^{n-1} \tag{3-29}$$

其中，λ_1 为矩阵 A 的最大特征值，则 LHN-II 指标的表达式如下：

$$
\begin{aligned}
s_{xy}^{\text{LHN-II}} &= \delta_{xy}+\sum_{n=1}^{\infty}\phi^n\frac{\left(A^n\right)_{xy}}{E\left[\left(A^n\right)_{xy}\right]}\\
&= \delta_{xy}+\frac{2M}{k(x)k(y)}\sum_{n=1}^{\infty}\phi^n\lambda_1^{n-1}\left(A^l\right)_{xy} \tag{3-30}\\
&= \left[1-\frac{2M\lambda_1}{k(x)k(y)}\right]\delta_{xy}+\frac{2M\lambda_1}{k(x)k(y)}\left[\left(I-\frac{\phi}{\lambda_1}A\right)^{-1}\right]_{xy}
\end{aligned}
$$

其中，δ_{xy} 为 Kroneckcr（克罗内克）δ 函数；ϕ 为取值小于 1 的参数。式（3-30）第一项由于是一个对角矩阵，在不考虑自身闭环的情况下，计算的时候可以省略掉，从而相似性指标也可以写成

$$S^{\text{LHN-II}}=2M\lambda_1 D^{-1}\left(I-\frac{\phi}{\lambda_1}A\right)^{-1}D^{-1} \tag{3-31}$$

其中，D 为度矩阵；$D_{xy}=k(x)\delta_{xy}$；$\phi\in(0,1)$ 是可调参数。

3. 基于随机游走的节点相似性指标

基于随机游走的节点相似性指标有以下六种。

1）平均通勤时间

在链路预测方面，平均通勤时间（average commute time，ACT）可以作为一个重要的参考指标。它反映了网络中节点之间的连接关系和连接成本，可以用于评估节点之间的相似性和连接概率。具体来说，如果两个节点的平均通勤时间较短，说明它们之间的连接比较方便，连接成本相对较低，因此它们在网络中更可能形成连接。这种机制可以用于预测网络中潜在的连接关系，例如，在社交网络中预测用户之间的社交关系，或者在供应链网络中预测企业之间的合作关系。定义 $m(x,y)$ 是一个随机游走例子从节点 v_x 到节点 v_y 平均需要走的步数，那么节点 v_x 和节点 v_y 的平均通勤时间就定义为

$$n(x,y)=m(x,y)+m(y,x) \tag{3-32}$$

其数值解可以通过求该网络拉普拉斯矩阵 L 的伪逆 L^+ 获得，即

$$n(x,y)=M\left(l_{xx}^++l_{yy}^+-2l_{xy}^+\right) \tag{3-33}$$

其中，l_{xy}^+ 为矩阵 L^+ 中第 x 行第 y 列的元素。平均通勤时间越短，那么表明这两个节点越接近。由此定义基于 ACT 的相似性为（由于 M 是网络的总边数，对每一对节点对都相同，在计算时可忽略）

$$s_{xy}^{\text{ACT}} = \frac{1}{l_{xx}^+ + l_{yy}^+ - 2l_{xy}^+} \tag{3-34}$$

2）基于随机游走的余弦相似性

基于随机游走的余弦相似性（Cos+）是一种通过随机游走算法计算两个节点之间的余弦相似性的方法。该方法的基本思想是在网络中随机游走，并计算游走过程中两个节点的向量表示，然后计算这两个向量之间的余弦相似性。Cos+方法在链路预测方面的运用主要是通过计算节点之间的相似性来评估它们之间形成连接的概率。该方法考虑了网络中节点的全局信息和拓扑结构，能够提供更准确的节点相似性度量，从而提高了链路预测的准确性。在由向量 $v_x = \Lambda^{1/2} U^{\mathrm{T}} e_x$ 展开的欧式空间内，L^+ 中的元素 l_{xy}^+ 可表示为两个向量 v_x 和 v_y 的内积，即 $l_{xy}^+ = v_x^{\mathrm{T}} v_y$，其中 U 是一个标准正交矩阵，由 L^+ 特征向量按照对应的特征根从大到小排列，Λ 为以特征根为对角元素的对角矩阵，e_x 表示一个一维向量且只有第 x 元素为 1，其他都为 0。由此余弦相似性可定义为

$$s_{xy}^{\text{Cos+}} = \cos(x, y)^+ = \frac{l_{xy}^+}{\sqrt{l_{xx}^+ \cdot l_{yy}^+}} \tag{3-35}$$

3）重启随机游走指标

重启随机游走（random walk with restart，RWR）指标可以看作 PageRank 算法在链路预测问题上的拓展应用，其基本思想是假设随机游走粒子在网络上某个节点开始运动，每走一步的时候都能以一定概率返回初始节点。假设随机游走粒子到其他任意邻居节点的概率为 c，则它返回原节点的概率为 $1-c$，P 为网络的马尔可夫概率转移矩阵，其元素 $p_{xy} = a_{xy} / k_x$ 表示粒子从节点 v_x 下一步游走到节点 v_y 的概率，如果节点 v_x 和节点 v_y 相连，则 $a_{xy} = 1$；否则 $a_{xy} = 0$。如果某粒子初始时刻在节点 v_x 处，则下一时刻该粒子到达网络上各节点的概率向量为

$$D_x(t+1) = c \cdot P^{\mathrm{T}} D_x(t) + (1-c) e_x \tag{3-36}$$

其中，e_x 为初始状态。式（3-36）的稳态解为 $D_x = (1-c)(1-cP^{\mathrm{T}})^{-1} e_x$；元素 d_{xy} 为从节点 v_x 出发的粒子最终有多少概率到达节点 v_y。由此定义 RWR 相似性为

$$s_{xy}^{\text{RWR}} = d_{xy} + d_{yx} \tag{3-37}$$

4）相似度排名指标

相似度排名指标（SimRank，即 SimR）通常用于对网络中的节点进行相似度评估，

并按照相似度分数进行排序。这些指标可以包括局部相似性指标和全局相似性指标等。在链路预测方面，SimR 指标可以用于评估节点之间的连接概率。具体来说，如果两个节点之间的相似度分数较高，那么它们更有可能形成一个连接。

其基本假设是如果两个节点所连接的节点相似，那么这两个节点就相似。它的定义为

$$s_{xy}^{\text{SimR}} = C \frac{\sum_{v_z \in \Gamma(x)} \sum_{v_{z'} \in \Gamma(y)} s_{zz'}^{\text{SimR}}}{k(x) k(y)} \tag{3-38}$$

其中，假定 $s_{xx} = 1$，$C \in [0,1]$ 是相似性传递时的衰减参数。

我们可以发现，SimR 指标同时考虑了结构等价和一般等价，即当 v_z 等于 $v_{z'}$ 时，该指标考虑了结构等价；而当 v_z 不等于 $v_{z'}$ 时，该指标考虑了一般等价。由此可证明，SimR 指标描述了两个分别从节点 v_x 和节点 v_y 出发的粒子平均过多久会相遇。

5）局部随机游走指标

局部随机游走（local random walk，LRW）指标计算复杂度过高，导致难以在大规模网络上应用，为了解决这些问题，Liu 和 Lü（2010）提出了一种基于网络局部信息的随机游走指标，该指标和上述四种指标不同，LRW 是一种基于随机游走的方法，它主要考虑的是网络中节点的局部环境，如共同邻居数量等。通过局部随机游走，可以给邻近目标节点的节点更多的机会与目标节点相连，充分考虑了很多真实网络连接上的局域性特点。在链路预测方面，LRW 指标可以用于评估节点之间的连接概率。具体来说，如果两个节点之间的 LRW 指标值较高，那么它们更有可能形成一个连接。假设一个粒子 t 时刻从节点 v_x 出发，定义 $\pi_x(t)$ 是 t 时刻这个粒子正好到达节点 v_y 的概率，则得到系统演化方程

$$\pi_x(t+1) = P^{\text{T}} \pi_x(t), \quad t = 0, 1, \cdots, n \tag{3-39}$$

其中，$\pi_x(0)$ 为一个 $N \times 1$ 的向量，只有第 x 个元素为 1，其他为 0，即 $\pi_x(0) = e_x$。根据网络节点的重要性来分配其初始资源分布，假设各个节点的初始资源分布为 q_x，那么这两个节点基于 t 步随机游走的相似性定义为

$$s_{xy}^{\text{LRW}}(t) = q_x \cdot \pi_{xy}(t) + q_y \cdot \pi_{yx}(t) \tag{3-40}$$

6）叠加的局部随机游走指标

叠加的局部随机游走（superposed random walk，SRW）指标是一种改进的局部随机游走方法，它通过叠加多个局部随机游走过程，给邻近目标节点的节点更多的机会与目标节点相连，从而更充分地考虑了很多真实网络连接上的局域性特点。在链路预测方面，SRW 指标可以用于评估节点之间的连接概率。具体来说，该指标通过叠加多个局部随机游走过程，可以更全面地考虑网络中节点之间的连接关系和相似性，从而更准确地预测潜在的连接关系。该指标的想法就是与目标节点更近的节点更有可能和目标节点相连。

在 LRW 指标的基础上，把 t 步及其以前的结果相加得到 SRW 指标值，即

$$s_{xy}^{\mathrm{SRW}}\left(t\right)=\sum_{l=1}^{t}s_{xy}^{\mathrm{LRW}}\left(l\right)=q_{x}\sum_{l=1}^{t}\pi_{xy}\left(l\right)+q_{y}\sum_{l=1}^{t}\pi_{yx}\left(l\right) \quad\quad （3-41）$$

本章指出了节点的重要性，给出了多种节点中心性的计算方式，从而依此对节点重要性进行排序，在有向网络方面，介绍了 HITS 算法和 PageRank 算法用来衡量节点重要性。基于上述节点中心性的计算，通过节点相似性引出了链路预测。本章从静态链路预测和动态时序链路预测入手，介绍链路预测的常用方法并给出计算公式。希望通过本章的学习可以掌握节点中心性的计算，进行链路预测。

3.5　本章小结

本章系统地介绍了网络分析中关于节点重要性的核心概念和度量方法。在无向网络中，我们详细探讨了度中心性、特征向量中心性、接近中心性、介数中心性以及 k-壳分解法等指标。这些指标能够帮助我们确定网络中具有更高影响力和显著地位的节点，进而深入理解网络的结构和功能特征。针对有向网络，我们聚焦介绍了 HITS 算法和 PageRank 算法，两者都体现了节点的重要性评估方法。HITS 算法以节点的权威值和枢纽值衡量其重要性，在网页重要性评估方面被广泛应用；而 PageRank 算法则是基于随机游走模型，通过迭代计算每个节点的排名来评估其重要性，此方法在搜索引擎算法中得到广泛运用。此外，本章还详尽论述了动态网络中节点重要性的度量方法，包括时间区间中心性、起止时间中心性、滚动中心性和演化中心性等。这些度量方法使我们能够更好地把握网络结构的时变特征和节点的演化过程，为动态网络的分析和预测提供了宝贵工具。探讨了链路预测方法中的评价指标和基于相似性的链路预测方法，评价指标用于衡量链路预测模型的准确性和性能。基于相似性的链路预测方法则利用节点或者链接的相似性来推断缺失的链接，通过计算节点的相似度或者链接之间的相似度来预测新的连边。综上所述，节点重要性是网络分析领域中的核心议题，而不同的度量方法适用于不同类型的网络和研究问题。通过深入理解这些指标，我们可以更全面地把握复杂网络的结构和功能，为网络应用与优化提供有力支持。

未来，随着对网络的研究越来越深入，将会有越来越多的新型网络出现，这就需要我们不断改进和创新节点重要性的度量方法。特别地，对于大规模网络，我们需要开发更加高效的算法来进行节点重要性计算。传统的 PageRank 算法在面对大规模网络时，需要消耗巨大的计算资源，无法满足实际需求，因此需要开发出可扩展性更好的算法。同时，未来我们还需要探索更加复杂和多样化的网络结构，以便更好地理解网络中节点的重要性变动和演化过程。另外，节点重要性的应用领域也将会越来越广泛，如网络安全、社交媒体分析、生物信息学等领域都需要用到节点重要性的度量方法。在这些领域中，我们需要将节点重要性指标与其他算法和技术相结合，从而更好地解决实际问题。例如，在网络安全领域，将节点重要性计算与机器学习算法相结合，可以识别和预测恶意攻击行为；在社交媒体分析领域，将节点重要性计算与自然语言处理相结合，可以更

好地分析网络中的舆情。因此，将节点重要性的计算与其他技术相结合，也是未来研究的一个重要方向。总之，节点重要性是网络分析中的一个重要研究领域，其应用前景广阔，未来我们需要不断更新算法方法，拓展适用领域，以更好地理解和应用于实际场景。

参 考 文 献

Bonacich P. 1987. Power and centrality: a family of measures. American Journal of Sociology, 92(5): 1170-1182.

Borgatti S P. 2005. Centrality and network flow. Social Networks, 27(1): 55-71.

Freeman L C.1977.A set of measures of centrality based on betweenness. Sociometry, 40(1): 35-41.

Freeman L C. 1979. Centrality in social networks conceptual clarification. Social Networks 1(3): 215-239.

Jaccard P. 1901. Étude comparative de la distribution florale dans une portion des Alpes et du Jura. Bulletin de la Société Vaudoise des Sciences Naturelles, 37(142): 547-579.

Leicht E A, Holme P, Newman M E J. 2006. Vertex similarity in networks. Physical Review, 73: 026120.

Lin W P, Lü L Y. 2010. Link prediction based on local random walk. Europhysics Letters Association, 89(5): 58007.

Ravasz E, Somera A L, Mongru D A, et al. 2002. Hierarchical organization of modularity in metabolic networks. Science, 297(5586): 1551-1555.

Sabidussi G. 1966. The centrality index of a graph. Psychometrika, 31(4): 581-603.

Salton G, McGill M J. 1983. Introduction to Modern Information Retrieval. New York: McGraw-Hill Book Company: 52-87.

Sorensen T J. 1948. A method of establishing groups of equal amplitude in plant sociology based on similarity of species and its application to analyses of the vegetation on Danish commons. Biologiske Skrifter, 5(4): 1-34.

Zhou T, Lü L Y, Zhang Y C. 2009. Predicting missing links via local information. The European Physical Journal B, 71: 623-630.

第 3 章　　　　　　第 4 章
扫一扫，看图片　　扫一扫，看图片

第 4 章 社 区 发 现

章 首 语

现实世界中的许多系统都可以表示成网络，所有这些网络都和人类生产生活密不可分，如交通网络、万维网络、社会网络、生物网络、学术合作网络和通信网络等。在网络中，节点代表了系统中的各个实体，如车辆、网页、人、蛋白质等；节点之间的连边表示为交通关系、网页关系、社会关系和生物关系等。网络中的关系存在着局部聚集特征，而大量具有局部聚集特征的关系数据可以通过社区来度量。通过社区发现，我们可以洞察网络拓扑结构，并从中分析群体演化特征，挖掘信息的潜在价值。

第 3 章介绍了网络节点重要性排序的常用指标及经典算法，通过进一步观察可以发现各种不同的社会网络都显示一种强的社区效益，一个网络中的成员趋于形成紧密联系的群，群组内部个体之间的交往比群组外部个体的交往更频繁。在社会网络分析中，如何高效发现此类紧密联系的群组，仍是一个核心问题。

本章以社区的定义及社区结构的评价指标等基本知识为铺垫，从非重叠社区和重叠社区两个概念出发，介绍如 Louvain（鲁汶）算法、Leiden（莱顿）算法、派系过滤算法（clique percolation method，CPM）等经典的社区发现算法及其优劣势和现实应用前景，结合 Python 软件及 Pajek 软件计算并可视化各类算法的社区发现结果。与此同时，本章还详细介绍了社区的特征，以及社区的扩展、缩减、分裂等动态演化过程，从而揭示社区发现的一般性原理。

通过本章的学习，读者可以全面了解社区的概念与特征，熟悉评价社区发现效果的常用指标，读者可以深入理解非重叠和重叠社区发现算法的差异与共性。除此之外，读者还可以了解有关社区的特征和动态演化的相关知识，有利于激发读者在社区发现模块的深入研究潜力，进一步挖掘网络中隐藏的价值信息，发挥社区发现在商品推荐、疾病防控以及舆论管控等方面的重要作用。

4.1 社 区 测 度

作为社会活动的主体，人的社会性是其本质属性，通过人与人之间互动而形成的关系体系构成了基于群体活动的社会网络，为个体之间的社会联系提供了环境。社会网络反映了社会发展规律，基于社会网络对人进行行为分析和活动规律挖掘，有助于促进人类社会的健康发展、应对突发社会事件，以及构建和谐社会环境。因此，学习和应用社会网络分析技术、社区发现算法等相关知识，有助于我们更好地理解和掌握社会网络的运作机制。

4.1.1 社区概念

社会网络研究的核心在于探究个体与个体之间、个体与网络之间的交互行为所形成的规律，以及背后蕴含的信息，这项研究通常以社区这一概念为基础。

社区是网络中的一个重要概念，它是对现实世界社会关系的映射。例如，在人人网、微博、Facebook 等社交网络中，许多具有共同兴趣爱好的网友自然地组成一个团体；在学术合作网络中，研究共同课题或类似课题的研究人员可能会形成一个研究团队；在万维网中，具有特定新闻主题的大量网页可能会形成一个特定的综合网站；在生物网络中，具有相同或相似功能的蛋白质也可能会形成一个群体。因此，社区发现和分析在社会学、计算机科学和生物学等领域具有广泛的应用价值。社区反映了网络中个体行为的局部性特征以及它们之间的相互关系，研究网络中的社区对于理解整个网络的结构和功能至关重要。

现有研究通常将社区定义为网络中具有紧密连接的子图，其中子图内部的节点之间存在很强的连通性，而不同子图之间的连通性较弱。这种定义基于连通性和密度假设，认为社区是由若干个"组"或"团体"构成的，每个组内部的节点之间联系紧密，而各个组之间的联系相对稀疏。早期的社区结构研究将社区定义为一个全部成员都互相认识的群体，也就是将社区视为团。但是这种定义过于苛刻，导致许多合理的社区都无法完全符合这一条件。因此 Radicchi 等（2004）提出在一个网络 G 中具有 n_c 个节点的连通子图 C，其中任意一个节点 i 的度值为 k_i，我们可以将节点 i 的度值分为两部分：

$$k_i(C) = k_i^{in}(C) + k_i^{out}(C) \qquad (4\text{-}1)$$

其中，k_i^{in} 为节点 i 与社区 C 内部节点的边的数目，又称为内部度；k_i^{out} 为连接节点 i 与社区 C 外部节点的边的数目，称为外部度。基于此，可以得到关于社区结构的两种定义：强社区与弱社区。

若社区 C 中每个节点与该社区内部节点的链接多于与该社区外部节点的链接，则称 C 为强社区，如式（4-2）所示。

$$k_i^{in}(C) > k_i^{out}(C) \qquad (4\text{-}2)$$

若社区 C 中所有节点的内部度之和高于所有节点的外部度之和，则称 C 为弱社区，如式（4-3）所示。

$$\sum_{i \in C} k_i^{in}(C) > \sum_{i \in C} k_i^{out}(C) \qquad (4\text{-}3)$$

基于强社区与弱社区的定义，我们可以推断出如果一个社区是强社区结构，那么它一定也是弱社区结构。在实际应用中，大多数算法发现的社区结构均为弱社区。

除此之外，Fortunato（2010）提出了社区内边密度和社区间边密度两种度量，社区内边密度如式（4-4）所示，社区间边密度如式（4-5）所示。

$$\delta^{\text{int}}(C) = \frac{\#\text{internal edges of } C}{n_c(n_c - 1)} \tag{4-4}$$

$$\delta^{\text{ext}}(C) = \frac{\#\text{external edges of } C}{n_c(n_c - 1)} \tag{4-5}$$

其中，$\delta^{\text{int}}(C)$ 的实际意义为社区中的实际内部边数（#internal edges of C）与最大可能边数的比率；$\delta^{\text{ext}}(C)$ 则为社区内部节点及社区外部节点所有连接的边数（#external edges of C）与最大可能的内部边数的比率。

如果子图 C 满足式（4-6）的条件，则可将其定义为一个社区。该条件表示社区 C 内部边密度必须大于整个网络 G 的边密度。同时，社区 C 的外部边密度必须小于整个网络 G 的边密度。可见，对于福图纳托（Fortunato）的社区定义，相应的社区发现算法需要找到较大的 $\delta^{\text{int}}(C)$ 和较小的 $\delta^{\text{ext}}(C)$，同时又要权衡两者之间与网络 G 的社区内边密度 $\delta^{\text{int}}(G)$ 的相对大小关系。

$$\delta^{\text{int}}(C) > \delta^{\text{int}}(G) > \delta^{\text{ext}}(C) \tag{4-6}$$

以上两种都是形式化的社区定义方式，而实际上大多数社区发现算法并没有严格按照这些标准去发现社区。在实践中，不同场景下社区的定义可能有所不同，但只要能够符合实际应用的需求，就具有一定的价值。严格的形式化定义虽然要求比较苛刻，但对于研究社区结构的理论意义以及实际的社区发现都具有指导作用。

4.1.2 社区结构的评价

随着对社区的研究越来越深入，各类算法层出不穷，如何评判一个算法的优劣成了关键问题之一。目前并没有统一的标准来评判算法的好坏，为验证和评价社区发现算法的优劣通常从社区结构已知与未知两种角度出发。

社区结构已知的情况主要是针对某种网络模型所生成的基准网络，还有一些少量的现实网络模型，比如，在线社交网络中的隶属关系，包括公司、学校和亲友关系等。通过将算法发现的社区结构与已知的社区结构进行比较来判断社区发现算法的好坏。

对于社区结构未知的情况，需要通过分析网络的拓扑结构和节点之间的连接关系来发现隐藏的社区结构，且这种情况在社会网络分析中尤为典型。在一个庞大的社会网络中，人们通常基于相互之间的关注、好友关系或其他连接形式实现联系。此时，我们可以基于节点之间的邻居关系、连接强度、共同参与的活动或共同的兴趣等信息识别网络中潜在的兴趣群体，研究人们的行为模式，或者预测信息传播路径等，而衡量社区发现结果优劣的常用指标是模块度。

1. 模块度

模块度是用于评价给定网络的社区划分质量的指标，它可以用来判断社区发现算法的优劣。对于一个给定的实际网络，假设存在一种社区划分，那么所有社区内部边数的总和计算如下：

$$Q_{\text{real}} = \frac{1}{2} \sum_{ij} a_{ij} \delta(C_i, C_j) \tag{4-7}$$

其中，a_{ij} 为实际网络的邻接矩阵元素；C_i 和 C_j 分别为节点 i 与节点 j 在网络中所属的社区，如果这两个节点同属一个社区，则 δ 为 1，否则 δ 为 0。

与该实际网络对应的是一个随机图模型，假设两者规模一致，并具有某些相同性质，但在其他方面该模型完全随机。如果对其采用相同的社区划分，那么所有社区内部的边数之和的期望值计算如式（4-8）所示，其中 p_{ij} 是该随机图模型中节点 i 与节点 j 之间连接边数的期望值。

$$Q_{\text{null}} = \frac{1}{2} \sum_{ij} p_{ij} \delta(C_i, C_j) \tag{4-8}$$

根据以上内容，模块度可以定义为社区内实际连接数目与对应的随机网络同等连接情况下社区内期望连接数目之差所占所有网络边数 m 的比例。其核心思想是：若网络 G 的一个子图 s 具有显著的社区特征，那么根据节点数与边数等结构特征，构建其对应的随机网络 G'，而对应 G' 的子图 s' 的内部边数必然要小于 s 的内部边数。这里的随机网络通常是由零模型生成。因此，模块度的形式化定义如式（4-9）所示。

$$Q = \frac{Q_{\text{real}} - Q_{\text{null}}}{m} = \frac{1}{2m} \sum_{ij} (a_{ij} - p_{ij}) \delta(C_i, C_j) \tag{4-9}$$

在理论上，和原网络具有相同度序列但不具有度相关性的一个常用随机图模型，被称为配置模型。此时，$p_{ij} = k_i k_j / (2m)$，k_i 和 k_j 分别表示原网络中节点 i 与节点 j 的度。基于此，常用的模块度定义如式（4-10）所示。

$$Q = \frac{1}{2m} \sum_{ij} \left(a_{ij} - \frac{k_i k_j}{2m} \right) \delta(C_i, C_j) \tag{4-10}$$

在实际中，网络数据通常包含的是节点之间的连边信息，而不会直接给出各个节点的度值，为此提出了一种更便于实际计算的形式。其中记 e_{vw} 为社区 v 和社区 w 之间的连边占整个网络边数的比例，如式（4-11）所示；记 a_v 为一端与社区 v 中节点相连的连边的比例，如式（4-12）所示。

$$e_{vw} = \frac{1}{2m} \sum_{ij} a_{ij} \delta(C_i, v) \delta(C_j, w) \tag{4-11}$$

$$a_v = \frac{1}{2m} \sum_i k_i \delta(C_i, v) \tag{4-12}$$

其中，$\delta(C_i, C_j) = \sum_i \delta(C_i, v) \delta(C_j, v)$，则模块度的定义如式（4-13）所示。

$$Q = \frac{1}{2m} \sum_{ij} \left(a_{ij} - \frac{k_i k_j}{2m} \right) \sum_v \delta(C_i, v) \delta(C_j, v)$$

$$= \sum_v \left[\frac{1}{2m} \sum_{ij} a_{ij} \delta(C_i, v) \delta(C_j, v) - \frac{1}{2m} \sum_i k_i \delta(C_i, v) \frac{1}{2m} \sum_j k_j \delta(C_j, v) \right] \quad （4\text{-}13）$$

$$= \sum_v \left[e_{vv} - a_v^2 \right]$$

基于式（4-13），只要根据网络连边数统计出每个社区 v 内部节点之间的连边数占整个网络边数的比例 e_{vv}，以及一端与社区 v 中节点相连边数的比例 a_v，即可计算出模块度。高模块度意味着好的划分，换言之，Q 的上限为 1，计算所得的 Q 越高越接近 1，对应的社区结构就越好。若将整个网络视为单一社区则 Q 的值为 0，若将每个节点都视为单独的社区，则 Q 的值为负。在实际网络中，Q 的值通常位于 0.3 至 0.7 之间。

2. 扩展的模块度

Newman 和 Girvan（2004）提出的模块度思想认为，社区内部的边应足够多，而外部连接社区的边尽量少，也就是说，当整个网络是由一些彼此独立的完全子图构成时，模块度值会达到最大。然而，在重叠社区中，一个节点并不仅仅属于一个社区，而是在多个社区中重叠出现，这些重叠节点可能与社区外部的连接比较多。在 Newman 和 Girvan（2004）的定义里，这样的节点的存在会大大减小模块度值。因此，需要对传统模块度概念进行扩展，这就引入了 EQ（extend modularity，扩展模块性）的概念。

EQ 在处理重叠节点时，将它们的重叠度（overlap——节点同时归属的社区个数）考虑进来，将重叠节点对模块度值的贡献除以该节点的重叠度，这样就可以大大削弱这类重叠节点对于整体模块度的贡献，使得社区内部非重叠节点的贡献大幅度提升，并同时解决了传统模块度定义在重叠社区中的弊端。

$$EQ = \frac{1}{2m} \sum_C \sum_{i,j \in C_k} \frac{1}{O_i O_j} \left[A_{ij} - \frac{k_i k_j}{2m} \right] \quad （4\text{-}14）$$

其中，A_{ij} 为整个网络对应的邻接矩阵的任意元素，若 i 与 j 有连接，则 A_{ij} 为 1，否则 A_{ij} 为 0；m 为网络的总边数；C_k 为网络中第 k 个社区；k_i 为任意节点 i 的度数；O_i 为节点 i 同时归属的社区数。当每一个节点只归属于一个社区时，此时该社区结构不再是重叠社区，EQ 也就退化成了 Q，而当所有节点都归属于同一个社区时，EQ 为 0。EQ 值越大，说明重叠社区结构越合理、越有意义。

4.2 非重叠社区发现算法

社区发现算法，也被称为图聚类算法，旨在将一个大的网络划分成若干个小社区。根据节点在不同社区中是否重叠的现象可将社区发现算法分为非重叠社区发现算法和重叠社区发现算法两类。本节从非重叠社区角度出发，介绍非重叠社区的概念与经典非重叠社区发现算法。

4.2.1　非重叠社区的概念

　　非重叠社区是指在一个图或网络中，将节点划分为互不相交的、具有内部紧密联系的子集，每个节点只属于一个社区，不存在节点同时属于多个社区的情况（图 4-1）。非重叠社区划分在社会网络分析、生物网络研究、网络信息传播等领域具有广泛的应用，通过识别出非重叠社区，可以揭示网络结构中的聚集特性，帮助理解网络中节点之间的关系和功能。

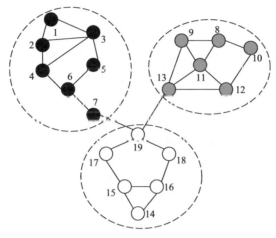

图 4-1　非重叠社区结构

4.2.2　经典非重叠社区发现算法

　　非重叠社区发现算法将每个节点严格地划分到一个特定的社区中，从而实现对网络的精确刻画和理解。本节将介绍几种经典的非重叠社区发现算法，并探讨它们的原理、优势和局限性，以及适用的具体场景。

1. 传统社区发现算法

　　图分割算法是解决社区划分问题的传统方法之一，KL（Kernighan-Lin，柯尼汉-林）算法属于图分割算法中非常流行的一种具体实现方法，该算法具体策略是，将社区结构中的节点移动到其他的社区结构中或者交换不同社区结构中的节点，直到定义的增益函数 Q 不再增加即可，Q 的定义如式（4-15）所示。

$$Q = 子图内总边数 - 子图间总边数 \qquad (4\text{-}15)$$

KL 算法的详细步骤可以分为以下三步。

第一步：将整个网络的节点随机或根据网络的现有信息分为两个部分。

第二步：在两个社区之间考虑所有可能的节点对，试探交换每对节点并计算交换前后 ΔQ，$\Delta Q = Q_{交换后} - Q_{交换前}$，记录 ΔQ 最大的交换节点对，并将这两个节点互换，记录此时的 Q 值。

第三步：规定每个节点只能交换一次，重复这个过程直至网络中的所有节点都被交换一次为止。

在计算过程中需要注意，不能在 Q 值减少时就停止，因为 Q 值并不是单调增加的，即使某一步交换会使得 Q 有所减少，但其后的一步交换可能会出现一个更大的 Q 值，在所有节点都交换过后，对应的 Q 值最大的社团结构即被认为是该网络的理想社团结构。然而，作为传统的图分割算法，该算法存在一个主要问题，即非常依赖先验知识，如果初始化的两个社区大小不合理，那么得到的实验结果必定不够理想，这也导致了该算法在最终结果的实际应用上显得不够有效。

2. 基于模块度优化的社区发现算法

基于 4.1 节所介绍的模块度基本知识可知，高模块度意味着好的划分，模块度越高的划分方式越能准确地识别潜在的社区结构，这一特点为一些社区识别算法提供了基础，也催生了许多基于模块度优化的社区发现算法。

1）FN 算法

FN（fast Newman，纽曼快速）算法迭代地将社区两两合并，直至无法增大模块度，该算法具体步骤如下所示。

第一步：将每个节点划为一个单独的社区，即一开始就有 N 个单点社区。

第二步：对于有至少一条链接相连的两个社区，计算合并两个社区前后模块度的改变 ΔQ。检查所有这样的两个社区，找到 ΔQ 最大的一对，合并这两个社区，并且注意模块度始终是在整个网络上计算的。

第三步：重复第二步直到所有节点并入同一个社区，并记录每一步的 Q。

第四步：选择 Q 最大的划分。

FN 算法的整个过程是自底向上的，且这个过程最终得到一个树图，如图 4-2 所示，即树的叶子节点表示网络中的顶点，树的每一层切分对应着网络的某个具体划分，从树图的所有层次划分中选择模块度值最大的划分作为网络的有效划分。因为计算每个 ΔQ 可以在常数时间完成，FN 算法的第二步需要 $O(L)$ 次计算，且其在决定合并两个社区时，

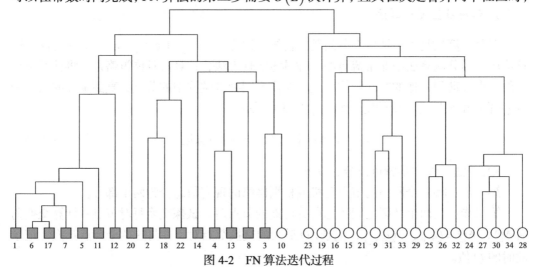

图 4-2　FN 算法迭代过程

更新矩阵所需的时间在最坏情况下为 $O(N)$，该算法需要 $N-1$ 次社区合并，其计算复杂度为 $O[(L+N)N]$，在稀疏图上为 $O(N^2)$。

2）Louvain 算法

计算复杂度 $O(N^2)$ 的 FN 算法可能无法用于非常大的网络，因此 Blondel 等（2008）提出了一种可扩展性更好的模块度优化算法——Louvain 算法。该算法由重复迭代的两个步骤组成。

第一步：存在一个有 N 个节点的加权网络，每个节点都属于不同的社区。依次把每个节点 i 移动到它的邻居节点 j 所在的社区，计算其模块度的增益，遍历结束后，如果存在最大的模块度增益值，且值为正，就将节点 i 移动到相应节点所在的社区，否则节点 i 留在原来的社区。将节点 i 移入社区 C 所导致的模块度变化量 ΔQ 如式（4-16）所示。

$$\Delta Q = \left[\frac{\sum_{in} + 2k_{i,in}}{2m} - \left(\frac{\sum_{tot} + 2k_i}{2m} \right)^2 \right] - \left[\frac{\sum_{in}}{2m} - \left(\frac{\sum_{tot}}{2m} \right)^2 - \left(\frac{k_i}{2m} \right)^2 \right] \quad (4\text{-}16)$$

其中，$\sum\limits_{in}$ 为社区 C 中所有内部节点的度数之和；$\sum\limits_{tot}$ 为社区 C 中所有节点的度数之和；k_i 为所有与节点 i 相连的节点的度数之和；$k_{i,in}$ 为节点 i 与社区 C 中所有内部节点相连的节点的度数之和；m 为网络中边数总和。

第二步：将第一步中得到的每个社区合并一个新的节点，新节点的权重等于社区内节点的权重之和，新节点边的权重等于社区间权重之和。如图 4-3 所示，通过社区整合将 5 个白色圆形节点合并为一个新的白色方形节点，此时默认边的权重为 1，则该新白色方形节点的权重为社区内部 5 个节点的相连边数之和 14，而其与黑色方形节点的边权重等于构成这两个新节点的内部节点相连边数 4。

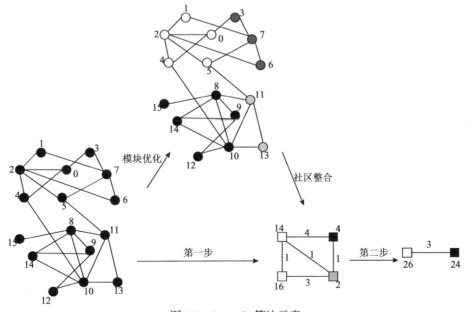

图 4-3 Louvain 算法示意

第三步：对上述过程进行迭代，直到模块度达到最大值。

图 4-3 展示了 Louvain 算法如何将图中网络划分为两个不同的社区。首先随机选取一个节点，对该节点进行遍历，并逐步扩散至整个网络，遍历完成后，网络划分为四个团。其次将这四个团合并为四个新的节点。重复以上步骤，最终上面的两个节点分为一个团，下面的两个节点分为一个团时，模块度达到最大，计算结束。相比于其他近似算法，Louvain 算法能在一定程度上解决分辨率限制问题，能较好地发现那些比较小的社区。

3）Leiden 算法

在对 Louvain 算法的研究运用中发现，其存在一个主要缺陷，可能会产生任意的连接性不好甚至是不连通的社区。对于不连通社区的理解如图 4-4 所示，将节点 0 移动至另一社区，黑色社区内部就变成了不连接，但此时对于其他节点而言，仍满足局部最优分配，它们仍在黑色社区内部。Louvain 算法只考虑单个节点的运动，而忽略了这个时候显然分裂为两个社区更好，与此同时，Louvain 算法会进行多次迭代，直到无法进一步改进，多次迭代很可能导致在下一次开始时把上一次结果中的桥节点，如图 4-4 中的 0 点，移动到其他社区，使得社区不良连接的问题更加明显。

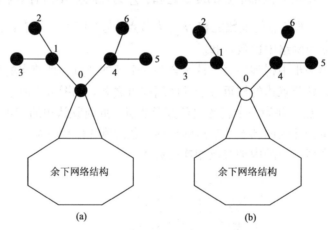

图 4-4　Louvain 算法产生的不良链接示意

因此，Traag 等（2019）对 Louvain 算法进行了改进，在迭代过程中增加了"完善"步骤对划分结果进行改善，提出了 Leiden 算法，有效防止了不良连接的出现。Leiden 算法的基本步骤如图 4-5 所示。

第一步：Leiden 算法将每个节点视作一个单独的社区。

第二步：通过"移动节点"步骤将单个节点从一个社区移动至另外一个社区，使得模块度增加，得到初始社区划分结果。

第三步：基于"完善"步骤，对初始社区划分结果进行改善，得到改善后新的社区划分凝聚网络，此时节点所属的社区并没有改变。

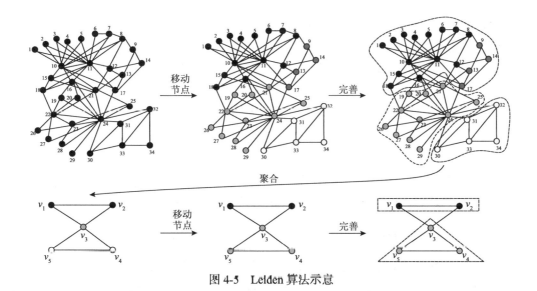

图 4-5 Leiden 算法示意

第四步：通过"聚合"步骤，对上一步生成的新的社区划分网络进行凝聚，得到 v_1、v_2、v_3、v_4、v_5 五个新节点，并重复以上步骤，直至模块度不再增加。

Louvain 算法通过不断访问网络中的所有节点，直到没有更多的节点的移动来增加模块度从而获得最优的社区发现结果，在这一个过程中，Louvain 算法是在不断访问那些不能移动到其他社区的节点，而与 Louvain 算法不同的是，在 Leiden 算法中只访问被移动到其他社区的那些节点，在 Leiden 算法的迭代过程中既可以保证已无可以合并的社区，又可以有效解决社区不良连接的问题。

3. 基于标签传播的社区发现算法

基于标签传播的社区发现算法基本思想是通过标记节点的标签信息来更新未标记节点的标签信息，在整个网络中进行传播，直至收敛，其中最具代表性的就是标签传播算法（label propagation algorithm，LPA）。

LPA 是一种基于标签传播的社区发现算法。在第一阶段，LPA 为网络中的每个节点初始化一个唯一的标签，在每次迭代中，节点会根据与自己相连的节点所属的标签来更新自己的标签，选择与其相连节点中所属标签最多的社区标签作为自己的社区标签。这种标签的传播过程会不断进行，直到连接紧密的节点拥有了共同的标签。

LPA 给每个节点添加标签以代表它所属的社区，并通过标签的"传播"形成同一个"社区"内部拥有同一个"标签"，因此 LPA 的具体步骤如下所示。

第一步：为所有节点指定一个唯一的标签。

第二步：逐轮刷新所有节点的标签，直到达到收敛要求为止。

对于每一轮刷新，节点标签刷新的规则是：针对某一个节点，考察其所有邻居节点的标签，并进行统计，将出现个数最多的那个标签赋给当前节点。当个数最多的标签不唯一时，随机选一个。

图 4-6 展示了 LPA 在一个简单案例中的标签传播过程。在第一轮标签传播时，一开

始节点 c 选择了节点 a，因为大家的社区标签都是不一样的，所以随机选择了一个。第二轮标签传播时，节点 d 也根据自己周围的邻居节点来确定标签数，最多的标签是 a，因此节点 d 的标签也为 a，以此类推，最后所有节点标签均是 a。

图 4-6　LPA 进行标签传播

LPA 标签传播又分为两种传播方式：同步更新与异步更新。同步更新，即对于节点 x，在第 t 轮迭代时，根据其所在节点在第 $t-1$ 代的标签进行更新，如式（4-17）所示。

$$C_x(t) = f(C_x(t-1), C_{x1}(t-1), C_{x2}(t-1), C_{x3}(t-1), \cdots, C_{xk}(t-1)) \qquad （4-17）$$

其中，$C_x(t)$ 为节点 x 在第 t 轮迭代时的社区标签；函数 f 为取参数节点中社区标签最多的。需要注意的是，这种同步更新的方法会存在一个问题，当遇到二分图的时候，可能会出现标签震荡，解决的方法就是需要设置最大迭代次数，提前停止迭代。

异步更新是指节点 x 在第 t 轮迭代的标签，依据在第 $t-1$ 轮迭代时该节点 x 的邻居节点的标签所确立，如式（4-18）所示。

$$C_x(t) = f(C_{xi1}(t), \cdots, C_{xim}(t), C_{xi(m+1)}(t-1), \cdots, C_{xik}(t-1)) \qquad （4-18）$$

LPA 最大的优点就是算法的逻辑非常简单。相对于优化模块度算法，LPA 的运算速度较快，这是因为算法利用自身的网络结构指导标签传播，而该过程无须任何优化函数且算法初始化之前无须预估社区个数。然而，LPA 的缺点是随机性强、社区划分结果不够稳定，具体体现在：①每个节点在初始的时候被赋予唯一标签，即节点的"重要性"相同，迭代过程又采用随机序列，节点标签更新顺序随机，这会导致同一初始形态产生不同结果，甚至出现巨型社区；②当一个节点的出现次数最大的邻居标签不止一个时，会随机选择一个邻居标签作为自己的标签，这种随机性可能会带来一个"雪崩效应"，即刚开始一个小小的聚类错误会不断被放大。

4.3　重叠社区发现算法

网络结构中存在的重叠性特点增加了对网络社区结构研究工作的复杂度，如何快速有效地挖掘网络中重叠社区结构引起了很多专家学者的关注，本节将重点介绍重叠社区的概念以及经典重叠社区发现算法。

4.3.1　重叠社区的概念

在传统社区发现问题的研究中，普遍认为每一个节点只能归属唯一一个社区，但随着对社区发现问题研究的日趋深入，人们意识到网络中存在着节点同时属于多个社区的情况，即网络中社区结构具有一个重要性质——重叠性。比如，一位大学生，他属于所学专业的班级社区，也属于由家人和亲戚构成的亲人社区，可能还属于有共同课余爱好的人的好友社区。

在现实世界中社区结构通常是以重叠的方式存在，即社区间有交叉，如图 4-7 所示。这是一个典型的重叠社区示例图，其中节点 3、节点 8、节点 9 同时属于多个社区，是连接多个社区的重要节点，又被称作重叠节点。传统方法识别网络社区结构时，总要求单个节点只属于若干社区中的某一个，必须从其余的社区中移除，这会导致另外的社区丢失一个关键成员，使社区的意义难以解释，对重叠社区进行研究可以挖掘到大量潜在价值信息，对深入了解网络与社区以及社区与社区之间的关系具有重要的意义。

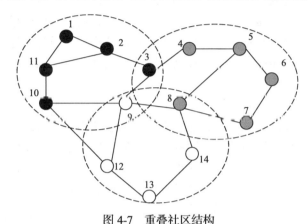

图 4-7　重叠社区结构

4.3.2　经典重叠社区发现算法

经典重叠社区算法是一种常用于社会网络、生物信息学和其他复杂网络分析领域的算法，其核心思想是将网络中的节点划分为多个重叠的群体，即一个节点可以属于多个不同的群体。本节将介绍几种常见的重叠社区算法，并探讨它们的优缺点以及适用场景。

1. CPM

CPM 是一种基于派系进行重叠社区发现的算法，其中，k-派系是指由 k 个节点构成的完全连通了图。该算法首先利用迭代算法找到网络中极大的完全于图，其次从中找出所有的 k-派系，并进行 k-派系融合，如果两个 k-派系存在 $k-1$ 个节点重叠，那么就认为这两个派系属于同一个社区。

然而，CPM 的效果非常依赖参数 k，与此同时现实生活中的网络社区未必是由若干个 k-派系组成的，因此，该算法的前提条件过于严苛。为解决这个问题，Palla 等（2005）将 CPM 拓展至有权图上，引入子图密度概念来对 k-派系进行搜索。对于一个 k-派系 C 而言，C 中的节点 i 和节点 j 对应的权重为 w_{ij}，此时 C 的子图密度公式如式（4-19）所示。只有 k-派系的子图密度超过阈值时，才会被加入社区，子图密度的阈值和 k 均作为参数，需要事先人为指定。

$$I(C) = \left(\prod_{\substack{i<j \\ i,j \in C}} w_{ij} \right)^{\frac{2}{k(k-1)}} \tag{4-19}$$

2. LFM 算法

传统的社区发现算法绝大部分都是基于全局的信息，而随着网络规模的不断增大，获得全局信息困难重重，且获取过程中的计算量也很大，因此传统的社区发现算法在大规模复杂网络环境下的效率较低。与此同时，许多复杂网络又表现出一定的稀疏性特征，即大部分节点与外界的直接联系较少。基于这些考虑，局部社区的概念被提出，局部社区发现算法可以从网络中获得自然合理的重叠社区结构。这类算法通常不去获取网络中的全局信息，仅获取初始研究节点所在网络区域的局部信息，因而此类算法能快速有效地发现网络中的社区结构。

LFM（latent factor model，隐语义模型）算法是基于局部优化的典型算法，与 CPM 相比，该算法不仅能发现重叠社区，还能发现其分层结构。具有层次结构的重叠社区在生活中很常见，人们可以同时属于不同的社交群体，如家庭、朋友圈、同事、校友等，这些社交群体之间通常会有交集，形成重叠社区。此外，这些社区通常具有明确的层次结构，包括高层级的大社区和低层级的子社区。以社会网络为例，整个网络可以看作最高层级的社区，而在网络中的不同群体可以视为低层级的子社区。

LFM 算法基于适应度函数局部最优化的思想对网络进行社区重叠划分，适应度的计算如式（4-20）所示。LFM 算法从一个任意种子节点开始扩展形成一个社区，当社区适应度值不再增加时停止扩展，然后随机地从另一个未被划分的节点开始扩展以构建新的社区结构，当所有节点都被划分后算法终止。

$$f_G = \frac{k_{\text{in}}^{G}}{\left(k_{\text{in}}^{G} + k_{\text{out}}^{G} \right)^{a}} \tag{4-20}$$

其中，k_{in}^{G} 与 k_{out}^{G} 分别为社区总的内部度与外部度。社区的内部度等于社区内部链接数的两倍，外部度是社区的每个成员与图的其余部分的链接数。该算法可通过调整参数 a 的值来发现社区的层次性结构，大的 a 值产生非常小的社区，小的 a 值反而产生大的社区。经过研究发现，大多数情况下，对于 a 值小于 0.5，只存在一个社区，对于 a 值大于 2，恢复到最小的社区，自然的选择是 a 值为 1，因为它是内部度与社区总度的比值。

利用 LFM 算法发现节点 A 的自然社区的具体步骤如下。

第一步：将节点 A 看作一个社区 G，此时 G 的内部度为 0，对社区 G 中所有节点的邻居节点（不在 G 内）进行遍历计算适应度，其计算如式（4-21）所示，表示为社区 G 的适应度在有节点 A 和无节点 A 时的变化量。

$$f_G^A = f_{G+\{A\}} - f_{G-\{A\}} \tag{4-21}$$

第二步：将适应度最大的邻居节点添加至社区 G 中，得到一个更大的社区 G'。

第三步：重新计算 G' 中的每个节点的适应度。

第四步：如果一个节点的适应度为负，则将其从社区 G' 中删除，形成新的子图 G''。

第五步：如果出现了第四步则从第三步开始重复，否则从第一步开始重复。

但上述算法只针对一个社区，要使网络中所有点都找到自己所属的社区，还需要做以下处理。

第一步：随机选取节点 A。

第二步：检测 A 的自然群落，即上述 LFM 算法。

第三步：随机选取一个尚未分配到任何社区的节点 B。

第四步：检测节点 B 的自然群落，探测所有节点，不考虑它们可能属于其他社区。

第五步：重复第三步，直到所有节点都至少被分配至一个组。

4.4 社区特征及其动态演化

在 4.1~4.3 节中，对社区的定义进行了介绍，并从重叠社区与非重叠社区两个角度出发，对经典的社区发现算法进行了详细阐述。本节将重点讨论社区特征、社区动态演化过程以及其在社区管理的作用，从而揭示社区组织的一般性原理。

4.4.1 社区特征

社区作为社会网络中具有紧密联系的群体，分析其特征属性提供了深入了解群体行为和网络结构的机会。社区规模和密度反映了社会网络中形成的群体的大小与联系紧密程度，通过识别不同规模和密度的社区，我们可以研究群体之间的关系、信息传播的路径以及成员之间的相互作用方式。除此之外，研究个体在社会网络中的重要性和影响力，有助于进一步分析它们对观点形成、消费行为和意见领袖等方面的影响。

（1）社区规模。许多研究表明，社区大小服从重尾分布，即同时存在着大量的小社区和少数的超大社区。为验证该现象是否普遍存在，研究人员对多种社会网络用不同的社区发现算法计算社区的大小，根据结果可知社区大小的重尾分布并不是某一种算法的副产品，而是社会网络的固有属性。

（2）社区密度。社区密度反映了成员之间彼此连接的紧密程度，社区密度越高，代表成员间互动越频繁，信息交流越密切。在密集的社区网络结构中，具有较宽的信息传播渠道，较短的连通距离，可以进行直接的知识交流和信息传递，减少了信息传递的阻力，而在低密度的社区网络结构中，成员之间关系单薄，缺乏彼此之间的沟通，增加了信息传递的难度。

（3）强弱连接。社区内部的强弱连接对信息的传递和创造的作用是不同的，强连接代表成员间互动频率高，弱连接则相反。但强连接代表着成员之间关系非常紧密，随着交流的深入，它们之间的知识信息结构变得相似，创新信息产生的可能性就逐渐降低。

（4）节点影响力。节点影响力反映了个体成员在社区中的重要性，该个体成员影响力越高，代表其掌握的资源越多，与其他成员联系越多。处于网络中的关键节点，具有高影响力的成员提出的想法或观点，往往更容易得到其他成员的认同和响应。

4.4.2　社区动态演化

根据 4.2 节和 4.3 节的介绍，我们了解了经典的社区发现算法，但大多数社区发现算法只适用于静态社会网络，随着网络规模的不断增长及日益复杂化，静态网络的研究已无法满足实际需求。一个社会性舆论事件是如何在多媒体网络中快速传播的？外界环境的改变会对一个具有一定影响力的团体规模和成员造成什么样的影响？电商客户群体网络中用户兴趣的变化以及客户的流失对社区大小会带来什么样的改变？这些问题都需要通过对动态网络展开研究才能找到答案。

社会网络中的社区是一个具有共同兴趣或利益的节点成员组成的群体，个体节点的动态变化和节点与节点之间的连接变化导致了社会网络社区结构的不断演变。由此研究者提出了网络级的行为演化和节点级的行为演化两种概念。

网络级的行为演化是指在社区范围内定义社区的变化行为，可能促使新社区出现，或者导致已有社区的增大或缩小，社区有可能合并或分裂成几个小社区，甚至可能导致社区的消亡。基于社区的以上行为，社区生命周期模型应运而生，其包括社区形成（birth）、社区扩展（expanding）、社区缩减（contraction）、社区合并（merging）、社区分裂（splitting）、社区消亡（death）。

（1）社区形成。在特定的时间形成一个新的社区，即 0 到 1 的过程（图 4-8）。这通常发生在社交网络、在线论坛或其他共享平台上，当一群人开始相互交流和建立联系时，形成了一个新的社区。社区的形成可能受到共同兴趣、目标或地理位置等因素的影响。

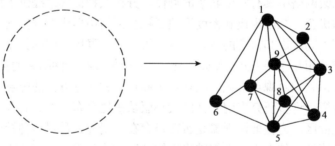

图 4-8　社区形成

（2）社区扩展。社区有一些新成员（节点）加入（图 4-9）。当一个节点与某个社区的成员建立了越来越多的联系时，该节点加入该社区的可能性也越大。社区扩展可以带来新的观点、资源和技能，同时也促进社区的多样性和创新。

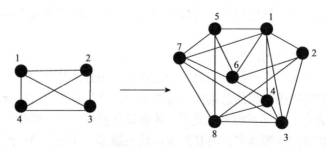

图 4-9　社区扩展

（3）社区缩减。一个社区失去一些成员（节点）（图 4-10）。这可能是成员流失、兴趣减退或其他因素导致的。当一个节点与社区内部的联系减少，而与社区外部的联系增加时，该节点离开社区的可能性就会增加。

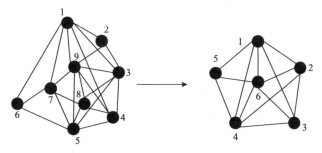

图 4-10　社区缩减

（4）社区合并。几个社区合并成为一个新的社区（图 4-11）。社区合并发生在不同的社区之间，当它们认识到彼此的相似性或互补性时，决定合并成为一个更大、更强的社区。社区合并可能为成员提供更广泛的资源、机会和互动，同时也可能促进更深入的合作和协作。

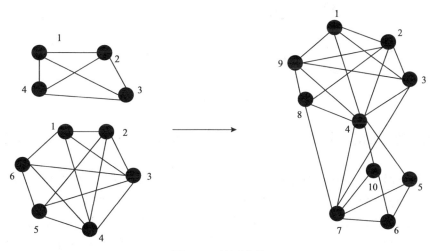

图 4-11　社区合并

（5）社区分裂。将一个社区划分为几个新社区（图 4-12）。社区分裂通常发生在一个社区内部存在不同子群体或派系，它们渐渐形成独立的实体，发展出不同的兴趣、价值观或目标。社区分裂的概率可能与指向社区外部的链接权重之和相关。

（6）社区消亡。一个社区逐渐失去活力，并最终消失的过程，即 1 到 0 的过程（图 4-13）。社区消亡可能是成员流失、兴趣减退、管理不善或其他因素导致的。当社区无法吸引新成员或维持现有成员的参与时，社区消亡的风险就会增加。

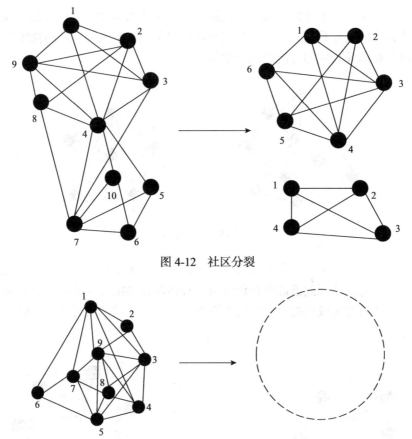

图 4-12 社区分裂

图 4-13 社区消亡

节点级的行为演化主要是从节点变化的角度来探索社区的动态变化，包括以下四种情况。

（1）节点增加。当新的节点加入社会网络时，会引起社区结构的变化。例如，一个社交媒体平台上的社区，在某个时刻可能会吸引到大量新用户加入，这些新用户的加入将导致社区内部人际关系的调整，形成新的子社区或者改变现有社区的结构。

（2）节点减少。一些现有的节点离开网络，例如，一个线上游戏社区中，因为某种原因，一些老玩家可能选择离开游戏，这会导致社区内部人数的减少。节点的减少可能会导致原本紧密联系的社区分散、人际关系的断裂，甚至导致社区的消亡。

（3）边增加。一些节点之间建立新的链接，这可能是由于成员之间建立了新的关系或者两个独立社区之间建立了合作关系。譬如，两个独立的公司决定合作开展某项业务，它们之间建立了新的联系，这种边增加的情况可能会导致原本独立的社区之间产生交集，形成重叠社区，同时也提供了更多的信息流动和资源共享的机会。

（4）边减少。一些节点之间断开现有链接，可能是由于成员之间的关系疏远或合作关系解除。例如，一个线上社交平台上的两个用户可能由于某些矛盾或兴趣的改变而取消彼此的好友关系，这种边减少的情况可能导致社区内部的互动减少，分割社区结构，甚至可能引发社区的分裂。

在社会网络中，一个社区存在的时间越长，那么社区的人员变动就越大，其所包含的成员也就越多，在现实社会网络中，大社区往往对应着机关、公司或学校，会经常性接收新成员，产生人员更替，而小社区的稳定性要求维持人员稳定。

总而言之，通过综合社区特征及其演化过程，我们可以更好地理解社区的内涵，对于社区管理、决策制定、社会网络设计、社区参与和合作以及社区研究和理论发展都具有重要作用。这种综合性的视角有助于我们更全面地认识社区的本质和特点，并为实践和理论提供支持。

4.5 案 例 分 析

在 4.1～4.4 节中介绍了社区的基本概念以及常用的社区测度指标，并从非重叠社区与重叠社区两个角度入手，阐述了经典的社区发现算法，如 FN 算法、Louvain 算法、CPM 等。为了进一步理解各算法的内涵，比较不同算法之间的异同，本节将利用海豚社群这一个实际案例来详细说明。

4.5.1 案例背景

萨拉索塔(Sarasota)海湾的大西洋斑海豚社群是一个相对稳定且可追踪的海豚社群。它由约 200～300 只海豚组成，包括成年雄性、雌性和幼仔。海豚社群的成员之间有着密切的互动行为，它们经常共同觅食和合作捕鱼，使用集体战术来捕捉鱼类。海豚还表现出亲密的肢体接触、抚摸和相互游戏的行为，这些互动有助于建立社会联系和加强群体凝聚力。这些海豚以密切的联系和协作方式生活，形成了复杂的社会结构。Lusseau 等(2003)经过长达七年的时间观察这个海豚群体社交状况，得到了一个海豚社群网络，该网络具有 62 个节点，159 条边。图 4-14 是该网络 Pajek 的输入形式，以 "Vertices" 和 "Edges" 的形式保存于 net 文件中。如图 4-15 所示，点击 "Networks" 最左侧图标，选中 "海豚" 社群网络输入文件，输出的海豚社群网络如图 4-16 所示。

*Vertices 62				*Edges		
1 "0"	0.3609	0.4364	0.5000	1	11	1
2 "1"	0.5469	0.5400	0.5000	1	48	1
3 "2"	0.1355	0.4768	0.5000	1	43	1
4 "3"	0.5781	0.2433	0.5000	1	29	1
5 "4"	0.5785	0.0526	0.5000	1	3	1
6 "5"	0.8936	0.6639	0.5000	1	31	1
7 "6"	0.7578	0.7111	0.5000	2	37	1
8 "7"	0.4695	0.5824	0.5000	2	42	1
9 "8"	0.4930	0.3375	0.5000	2	18	1
10 "9"	0.8070	0.7630	0.5000	2	20	1
11 "10"	0.2632	0.3872	0.5000	2	55	1
12 "11"	0.6581	0.0900	0.5000	2	27	1
13 "12"	0.2840	0.1128	0.5000	2	28	1
14 "13"	0.7234	0.7865	0.5000	2	29	1
15 "14"	0.3735	0.2895	0.5000	3	11	1
16 "15"	0.5664	0.3438	0.5000	3	45	1
17 "16"	0.2766	0.3359	0.5000	3	43	1
18 "17"	0.6410	0.7159	0.5000	3	62	1

（a） （b）

图 4-14 海豚社群网络输入文档

图中 Vertices 表示节点；Edges 表示无向边

图 4-15　Pajek 输入海豚社群网络步骤

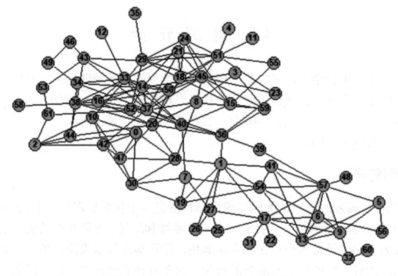

图 4-16　Pajek 输出海豚社群网络图

4.5.2　非重叠社区发现算法运行结果

本节主要展示利用 KL 算法、FN 算法、Louvain 算法、Leiden 算法以及 LPA 等经典非重叠社区发现算法得到的海豚社群划分结果。

1. KL 算法

如前所述，KL 算法是一种将一个网络划分成两个社区的经典社区发现算法。我们利用 Python 完成 KL 算法的计算过程。根据计算结果可知，海豚网络中共存在两个社区，各社群成员如下所示，其可视化结果如图 4-17 所示。

社区 1：1、4、5、6、7、9、11、13、15、17、18、19、21、22、23、24、25、26、27、29、31、32、41、45、48、51、54、55、56、57、60。

社区 2：0、2、3、8、10、12、14、16、20、28、30、33、34、35、36、37、38、39、40、42、43、44、46、47、49、50、52、53、58、59、61。

KL 算法是进行非重叠社区发现的经典算法之一，其计算逻辑简单清晰，但其非常依赖先验知识，如果初始化的两个社区大小不合理，那么得到的实验结果必定不够理想，且最终结果只将网络划分为两个社区，与生活中的复杂网络情况不相符，在实际中的应用价值较小。

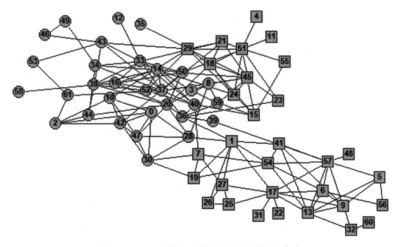

图 4-17 KL 算法下的海豚社群社区分布

2. FN 算法

FN 算法通过不断合并具有最大边界值的社区节点，来划分出相对独立的社区结构，该算法能够有效地发现社区内部的紧密联系和社区之间的边界。我们通过 Python 实现 FN 算法，根据计算结果，在 FN 算法下该社会网络中共存在四个社区，其社区划分结果如图 4-18 所示。

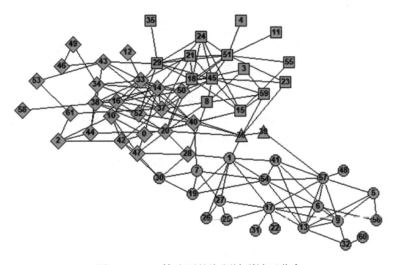

图 4-18 FN 算法下的海豚社群社区分布

社区 1：0、2、10、12、14、16、20、28、33、34、37、38、40、42、43、44、46、47、49、50、52、53、58、61。

社区 2：1、5、6、7、9、13、17、19、22、25、26、27、30、31、32、41、48、54、56、57、60。

社区 3：3、4、8、11、15、18、21、23、24、29、35、45、51、55、59。

社区 4：36、39。

　　FN 算法在社区发现中具有高效性和准确性，但其也存在一些潜在的问题。例如，在算法执行过程中，某些不紧密联系的节点也可能被误判为同一社区内的节点。这种误差可能会导致模块度等性能指标的下降，使得算法的实际应用受到一定限制。因此，在学者对 FN 算法的基础上进行深入研究之后，发展出了一些更加优化和精确的社区发现算法，这些算法通过引入更复杂的构建规则、适应性调整和迭代优化等方法，能够更好地处理分辨率限制、噪声和异常情况，进一步提高社区发现的准确性和可靠性。

3. Louvain 算法

　　Louvain 算法是建立在贪心思想基础上的模块度最大化算法，可看作一种两阶段的社区模块度增益算法，该算法在 Pajek 软件上可以直接调用，具体步骤如下所示。

　　第一步：将海豚社群的 net 文件输入至 Pajek 软件后，如图 4-19 所示。

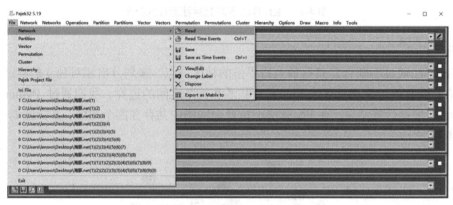

图 4-19　输入海豚社群 net 文件

　　第二步：点击 "Network" → "Create Partition" → "Communities" → "Louvain Method" → "Multi-Level Coarsening + Multi-Level Refinement"（多级粗化+多级细化）。在 Pajek 软件中，Louvian 算法有"多级粗化+单级细化"和"多级粗化+多级细化"两种选择，前者运行速度更快，而后者所得到的结果更加稳定，在一般情况下，我们只在网络非常大时才使用 Single-Refinement（单次细化）。对于海豚社群网络，我们选择使用第一种方法，如图 4-20 所示。

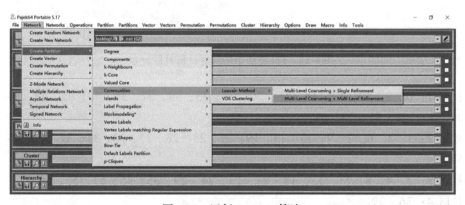

图 4-20　运行 Louvain 算法

第三步：参数调整。选择 Multi-Level Coarsening +Multi-Level Refinement 后，会弹出一个输入框，如图 4-21 所示，可以对一些参数进行调整，一般情况下，我们使用默认值。点击“OK”按键后，Pajek 会输出发现的社区数以及模块度等信息，如图 4-22 所示。

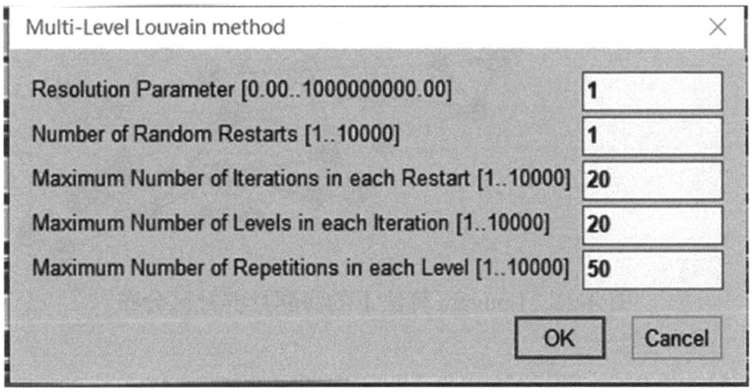

图 4-21 Louvain 算法参数修改

```
==============================================================================
 Final partition after additional refinement
==============================================================================
 Number of Clusters: 4
 Modularity: 0.548851

 Maximum Number of Iterations in each Restart reached:   1
 Maximum Number of Levels in each Iteration reached:     3
 Maximum Number of Repetitions in each Level reached:    6
```

图 4-22 Louvain 算法输出报告

第四步：回到 Pajek 最初界面，点击 Partitions 模块中的可视化按钮可查看各节点的社区划分情况。

利用 Louvain 算法对海豚群体社会网络进行社区发现，共发现四个社区，如下所示。

社区 1：0、2、10、28、30、42、47。

社区 2：1、5、6、7、9、13、17、19、22、25、26、27、31、32、39、41、48、54、56、57、60。

社区 3：3、4、8、11、15、18、21、23、24、29、35、45、51、55、59。

社区 4：12、14、16、20、33、34、36、37、38、40、43、44、46、49、50、52、53、58、61。

使用 Louvain 算法计算所得的模块度为 0.548 851，其社区划分如图 4-23 所示。相比 FN 算法，Louvain 算法只需少数的几次迭代就可使算法快速收敛，且节点只在相邻的社区间进行移动，故在时间效率上要优于之前的许多算法，因此该算法的应用范围更加广泛。

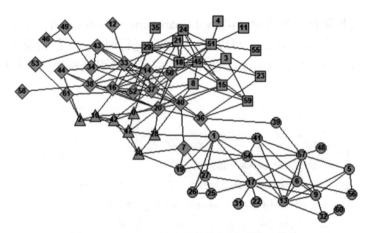

图 4-23　Louvain 算法下的海豚社群社区分布

4. Leiden 算法

Leiden 算法是在 Louvain 算法的基础上，进一步优化社群划分结果，其能有效避免不良链接的产生，我们通过 Python 实现 Leiden 算法，根据计算结果，海豚社群被划分为五个社区，具体社区构成结果如下所示。

社区 1：1、5、6、7、9、13、17、19、22、25、26、27、31、32、41、48、54、56、57、60。

社区 2：12、14、16、20、33、34、37、38、40、43、44、46、49、50、52、53、58、61。

社区 3：4、11、15、18、21、23、24、29、35、45、51、55。

社区 4：0、2、10、28、30、42、47。

社区 5：3、8、36、39、59。

Leiden 算法通过引入 Refine 步骤，在计算过程中有效避免了不良链接的产生，解决了 Louvain 算法存在的漏洞。与此同时，Leiden 算法的模块度达到了 0.5277，这进一步显示了其在社区划分方面的良好表现，社区划分结果如图 4-24 所示。

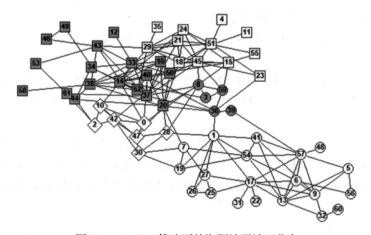

图 4-24　Leiden 算法下的海豚社群社区分布

5. LPA

LPA 通过迭代更新节点的标签，直到收敛为止，最终将具有相同标签的节点划分为一个社区。我们基于 Python 实现 LPA，在 LPA 下，海豚社群被划分为五个社区，如下所示。

社区 1：0、2、10、28、30、42、47。

社区 2：12、14、16、20、33、34、36、37、38、40、43、44、50、52、53、58、61。

社区 3：3、4、8、11、15、18、21、23、24、29、35、45、51、55、59。

社区 4：1、5、6、7、9、13、17、19、22、25、26、27、31、32、39、41、48、54、56、57、60。

社区 5：46、49。

LPA 的最大的优点就是算法的逻辑非常简单，相对于优化模块度算法，LPA 的运算过程是非常快的，但其划分结果较为不稳定、随机性强，这种随机性还很有可能会带来一个"雪崩效应"，即刚开始一个小小的聚类错误会不断被放大，容易导致同一初始状态产生不同社区聚类结果，甚至出现巨型社区，社区分布如图 4-25 所示。

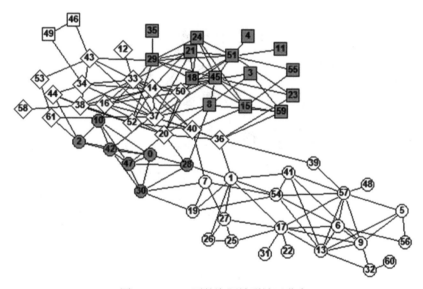

图 4-25　LPA 下的海豚社群社区分布

4.5.3　重叠社区发现算法运行结果

本节主要展示利用基于派系过滤的 CPM 和基于局部扩张优化的 LFM 算法得到的海豚重叠社群划分结果。

1. CPM

CPM 作为一种基于团簇的方法，通过寻找网络中的团簇结构来识别社区并揭示网络中的组织关系，我们使用 Python 实现 CPM，其社区划分结果如下所示。

社区 1：1、17、25、26、27。

社区 2：1、5、6、9、13、17、32、41、54、57。

社区 3：1、7、19、30、54。

社区 4：2、10、42。

社区 5：0、8、10、20、28、30、42、47。

社区 6：3、8、59。

社区 7：8、15、18、21、23、24、29、45、50、51、59。

社区 8：8、14、16、20、21、33、34、36、37、38、40、43、44、45、50、52。

社区 9：0、14、15、40。

相比于前面介绍的社区发现算法，CPM 能够处理节点同时属于多个社区的情况，因此适用于描述重叠社区结构。在 CPM 下，一个节点不再只属于一个社区，如节点 1，它同时属于社区 1、社区 2 与社区 3，此算法的求解结果更符合实际的社区构成，但同时在此算法下也存在一些边缘节点未被归类于任何一个社区，此类节点用白色圆形表示，该算法下的社区分布如图 4-26 所示。

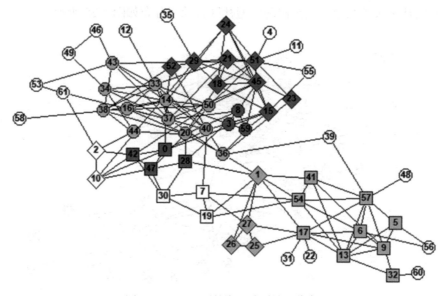

图 4-26　CPM 下的海豚社群社区分布

2. LFM 算法

LFM 算法是一种基于局部优化的社区发现算法，它主要通过最大化社区内部连接和最小化社区外部连接来划分社区。我们通过 Python 实现 LFM 算法，根据计算结果，利用 LFM 算法对海豚社会网络进行社区发现，共划分出五个社区，具体社区构成如下所示。

社区 1：2、12、14、16、20、33、34、36、37、38、39、40、43、44、46、49、50、52、53、58、61。

社区 2：1、5、6、7、9、13、17、19、22、25、26、27、31、32、39、41、48、54、56、57、60。

社区 3：4、11、15、18、21、23、24、29、35、45、51、55、59。

社区 4：0、2、10、28、30、42、47、53、61。

社区 5：0、2、3、8、10、20、28、30、42、44、47、53、59、61。

在此算法下的海豚社区分布如图 4-27 所示，相比于 CPM，LFM 算法确保将每个节点都归入社区中，避免了孤单节点的存在，且该种方法属于基于局部的扩展优化算法，一般只用关注节点所在的社区，忽略网络其他的部分，所以无须网络的全局信息，在实际应用中更适合求解复杂的大型网络。

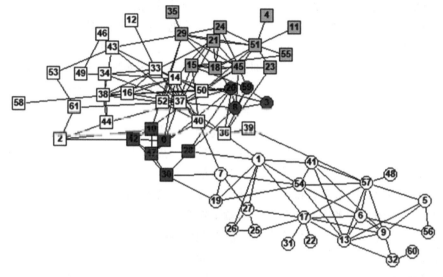

图 4-27　LFM 算法下的海豚社群社区分布

通过上述结果分析可以发现，人们通过挖掘和识别社区结构可以了解网络中含有的丰富内容，理解网络社团组织结构的发展规律以及它们之间拓扑结构的相互关系等。以社交网络为基础的好友推荐为例，社区结构是客观存在的，但某个社区内的某个用户只和那些与其有直接连边的用户产生互动。但事实上，在这个社区内，该用户与那些未直接相连的用户可能也并不陌生。因此，在进行好友推荐时，属于同一社区的用户之间应该优先进行推荐。此外，"物以类聚，人以群分"，对一个大型网络调用社区发现算法，其实是对其按照某种标准进行了划分，在此基础上可对每个社区做进一步的发掘，降低计算度的同时，更便于为每个社区成员提供个性化的服务。

4.6　本 章 小 结

作为社会活动的主体，人的社会性是其本质属性，该属性对人类社会的进化和发展具有决定性的促进与能动作用，社会个体成员之间因为互动而形成的相对稳定的关系体系，则构成了一个基于群体活动的社会网络。社区在不同网络中普遍存在，这使得社区发现成了网络科学领域的一个热门话题，社区发现直接关系到网络系统的中观度量与对应的共性规律，在过去十多年内吸引了很多研究者的关注，也逐渐成为一个具有普遍意义的问题，社区发现在计算机科学、数学、物理、生物以及社会学等领域都有着广泛的应用。

本章从社区的概念出发，介绍了常用的社区测度指标，将经典的社区发现算法划分为非重叠社区发现算法与重叠社区发现算法两大类，以此为基础介绍了经典社区发现算法的起源和背后的假设，并利用海豚社群网络这一实际案例对比各算法间的异同。与此同时，本章还简单介绍了社区的特征与动态演化过程，揭示社区组织的一般性原理。尽管本章详尽地介绍了社区的概念、常用指标和经典算法，但除了本书介绍的算法外，还存在很多社区发现算法，跟踪学术界关于社区发现领域的最新研究对于网络分析在实际中应用具有重要意义。此外，当前的社区发现领域仍存在一些局限性。

（1）社区是否真的存在。本章回避了一个基础问题——如何判断一个网络中真的存在社区，换句话来说，我们能否在识别社区之前判断一个网络有没有社区？这个问题暂时还没有标准答案，或许也是社区识别领域最明显的空白。本章所介绍的社区发现算法是建立在网络中存在着社区结构的前提假设上。

（2）面向大规模网络的重叠社区发现研究仍有较大探索空间。与非重叠社区相比，重叠社区具有节点角色多元性、社区高度重叠性、节点自主性及群体协作性、网络局部聚集性与全局稀疏性以及社区结构层次性等特征，且现实复杂网络规模，特别是社会网络规模庞大，所以在高效且精确的重叠社区发现算法方面仍存在研究空缺。

（3）对社区演化的考虑有所欠缺。本章虽然介绍了社区动态演化的一些相关内容，但关于社区发现算法的介绍仍然主要基于静态网络数据展开，很难精确反映诸如社区形成、社区扩展、社区缩减、社区合并、社区分裂、社区消亡等社区动态演变过程，因此针对社区演化的动态社区发现算法探究也是社区发现领域的另一个研究重点。

参 考 文 献

Blondel V D, Guillaume J L, Lambiotte R, et al. 2008. Fast unfolding of communities in large networks. Journal of Statistical Mechanics: Theory and Experiment, (10): P10008.

Fortunato S. 2010. Community detection in graphs. Physics Reports, 486(3/5): 75-174.

Lusseau D, Schneider K, Boisseau O J, et al. 2003. The bottlenose dolphin community of Doubtful Sound features a large proportion of long-lasting associations. Behavioral Ecology and Sociobiology, 54: 396-405.

Newman M E J, Girvan M. 2004. Finding and evaluating community structure in networks. Physical Review E, 69(2): 026113.

Palla G, Derényi I, Farkas I, et al. 2005. Uncovering the overlapping community structure of complex networks in nature and society. Nature, 435: 814-818.

Radicchi F, Castellano C, Cecconi F, et al. 2004. Defining and identifying communities in networks. Proceedings of the National Academy of Sciences of the United States of America, 101: 2658-2663.

Traag V A, Waltman L, van Eck N J. 2019. From Louvain to Leiden: guaranteeing well-connected communities. Scientific Reports, 9: 5233.

第5章 观点演化分析

章 首 语

万事万物是相互联系、相互依存的。只有用普遍联系的、全面系统的、发展变化的观点观察事物，才能把握事物发展规律。网络是一种刻画系统内元素之间复杂关系的有效手段。近年来，随着社交媒体的普及和发展，人们在网络上表达观点和看法的机会越来越多，促进了信息的交流和传播。考虑到个体观点差异及交互影响程度的不同，开展网络观点演化分析对于揭示观点传播模式和规律以及理清观点演变机制具有重要意义。作为社会动力学和社会物理学的重要子领域，观点动力学利用数学和物理模型，来研究观点在人类社会中的传播，探索观点传播和演变的动力学过程。观点动力学的研究涵盖了广泛的社会现象，如食品安全舆论与网络谣言传播、公共卫生突发应急事件公众决策意见的形成以及产品口碑营销宣传等。

第2章～第4章主要侧重介绍社会网络分析的基本概念和相关算法，为本章网络观点演化分析内容提供了相关的理论基础。为了进一步分析社会网络中个体观点交互机制，需要先明确社会网络系统的结构特征。复杂网络源自现实世界中错综复杂关系的抽象概念，如今成了自然科学、社会科学和信息技术等众多领域的重要研究对象。在过去的几十年里，学者逐渐认识到，许多现实世界中的网络结构，无论是生物体内的蛋白质相互作用网，还是人类社会的社交网络，都体现了复杂网络的特征。随着复杂网络理论的深入研究、网络规模的不断扩大，人们对复杂网络的结构特性表现出强烈的兴趣，利用复杂网络这个工具研究现实世界的复杂问题以及进一步探讨和分析在不同复杂网络结构上节点之间的观点演化规律显得越来越重要。

本章首先介绍了网络传播的概念和特征，并通过对复杂网络的认识以及经典复杂网络模型（包括规则网络模型、随机网络模型、小世界网络模型和无标度网络模型）构建机制的了解，进一步详细介绍了 DeGroot（德格鲁特）模型（DeGroot，1974）、FJ（Friedkin-Johnsen，弗莱德金-约翰森）模型（Friedkin and Johnsen，1990）、有界置信度 DW（Deffuant-Weisbuch，德格鲁特-韦斯布赫）模型（Deffuant et al.，2000；Weisbuch et al.，2002）和 HK（Hegselmann-Krause，赫塞尔曼-克劳斯）模型（Hegselmann and Krause，2002）等连续观点动力学模型，以及选民模型（Clifford and Sudbury，1973）、Sznajd 模型（Sznajd-Weron and Sznajd，2000）、多数规则模型（Galam，2002）等离散观点动力学模型。最后，结合案例分析研究不同经典复杂网络结构下系统的观点演化规律，运用 Pajek 软件绘制网络结构图，并基于 Matlab 软件进行仿真求解及可视化观点演化过程。

通过本章的学习，读者可以了解网络传播的概念及特征，充分认识复杂网络并掌握经典的复杂网络模型，熟悉并掌握网络传播中的离散和连续观点动力学模型，学会灵活运用观点动力学模型处理不同网络结构上的观点演化问题，掌握如何使用软件绘制复杂网络并对网络上的观点演化现象进行仿真求解。读者可以进一步运用本章所学知识分析网络媒介的交互作用对舆情信息传播和观点演化的影响，准确把握舆情传播和演化规律及其形成与发展的动力学机制，从而采取具有针对性的控制方法和管理策略。

5.1　网络传播简介

网络传播是伴随互联网应用的发展而逐步兴起的传播形态。在网络传播中，互联网不仅是重要的传播介质，而且还改变了信息符号的特征，改变了传播系统和扩散方式，对人类传播活动产生了重要影响。随着信息的快速传播和大规模传播，观点动力学成了重要的研究领域。观点动力学研究人们对信息和观点的认知、接受与传播过程，在网络传播中扮演着关键角色。通过观点动力学的分析，可以揭示网络上观点的形成和演化规律，探讨信息在网络中的传播路径，从而更深入地理解网络观点演化的机制和影响。关于网络传播的概念和特征介绍如下。

5.1.1　网络传播的概念

关于网络传播的概念，不同学者和机构给出了不同的定义。随着研究的深入，网络传播的定义越来越明确，它是一种以计算机网络为媒介的传播，并体现出以下特征。

（1）以计算机和互联网技术为基础。

（2）信息传播速度快、范围广、容量大。

（3）信息表现为数字化、多媒体等形式。

（4）开放性、互动性和去中心化的传播模式。

5.1.2　网络传播的特征

网络传播的路径和结构发生重大变化，表现出新的特征。网络传播是一种双向互动式的传播，传播过程中融合了一对一、一对多、多对多的传播模式，兼具了同步传播和异步传播的功能。进入社交媒体时代以后，信息的自我扩散、借助社交网络的多级扩散逐渐形成，同时也形成了圈层结构，具体特征如下。

1. 互动传播

传播不仅仅是为了实现信息扩散，而且是为了交换信息，达到交流、沟通的目的。网络传播反映了节点与节点的关系，强调节点双方身份的互换和信息流动的网状结构。网络结构提供了信息扩散的多重路径方案，信息之间的交互变得简单易行，受众之间的联系变得丰富起来。

2. 复合传播

随着互联网的发展，一些平台媒体开始崛起，一对多、多对多等多种传播需求得以满足，可以被广泛应用于人际传播、组织传播、群体传播和大众传播，且多种传播类型可以以不同的应用形态嵌入网络应用中。例如，微信平台，有一对一的实时聊天功能，有面向大众的朋友圈广告宣传功能，有实现群体传播的微信公众号功能，以及实现多对多的微信群聊功能等。

3. 同步传播与异步传播

同步与异步的这两个概念来源于计算机网络通信过程中的同步传输和异步传输。网络传播中的同步传播是指受众实时接收传播者传达的信息，异步传播是指受众可以选择时间查看传播者传达的信息。例如，微信平台，实时语音通话属于同步传播，聊天双方必须同时打开插件才能接收彼此的信息；微信朋友圈的评论留言属于异步传播，对方在线与否不影响用户在朋友圈留言，且对方查看朋友圈评论信息时间可任意选择。

4. 社会化媒体传播

随着社交网络发展，用户参与贡献和分享内容成为社会化媒体时代的典型特征。社会化媒体是开放性平台，用户贡献内容并参与传播，用户的参与使信息出现了自我扩散的特征，且信息的自我扩散通常基于社交关系形成多级和圈层的网络结构。处在不同网络连接处的节点在网络传播中往往发挥着意见领袖作用。

5.2　复杂网络模型

随着信息技术的迅猛发展，各式各样的复杂系统充斥着自然界和人类社会。例如，生物网络系统、交通网络系统、电力网络系统以及社交网络系统等。这些复杂系统都可以通过一个个由节点和连边构成的网络抽象而成。网络中的节点由实际系统中的个体抽象而成，网络中两节点间的连边表征实际系统中个体之间的相互作用关系。现实生活中许多复杂系统都可以通过复杂网络建模进行分析。例如，在研究社会网络上的网络传播动力学模型时，就需要一个相应特征的网络模型作为研究背景。我们可以收集这个网络的实际信息，然后对这个实际网络进行分析，从而构建复杂网络模型。本节在对复杂网络认识的基础上，介绍四种经典复杂网络模型，便于进一步开展复杂网络的观点动力学研究。

5.2.1　认识复杂网络

复杂网络源于现实世界中错综复杂关系的抽象概念，如今成了自然科学、社会科学和信息技术等众多领域的重要研究对象。在过去的几十年里，学者逐渐认识到，许多现实世界中的网络结构，无论是生物体内的蛋白质相互作用网，还是人类社会的社交网络，都体现了复杂网络的特征。到底什么是复杂网络？复杂网络具有哪些特征？本节将对此进行介绍。

1. 复杂网络的基本概念

复杂网络是由一组节点和连接它们的边构成，节点和边之间的关系可以是多种多样的，包括有向边、无向边、赋权边等。节点可以表示各种实体或个体，如人、物体、基因等。复杂网络的拓扑结构可以是随机的、小世界的、无标度等。复杂网络是一种抽象的数学模型，可以用来描述各种现实生活中的常见网络，如社交网络、互联网、生物网络等。

复杂网络分析是一门研究网络结构和行为的学科。在复杂网络分析中，可以使用各种方法和技术来描述、量化与分析网络。这些方法包括图论、统计学、信息论、动力学等。图论是研究网络结构和特性的数学工具，通过节点和连接的表示和计算，揭示了网络的拓扑结构和性质。统计学和信息论提供了对网络中的节点及连接进行统计分析与信息量度量的方法。动力学研究网络中节点的演化和行为，探究网络中的动态过程和稳定状态。

复杂网络分析的一个重要应用领域是复杂系统建模和仿真。通过构建复杂网络模型，可以模拟和研究真实世界中的复杂系统。例如，对社会网络进行分析，可以帮助我们研究人际关系、社交网络和信息传播等社会现象。又如在信息技术领域，网络分析可以帮助我们设计高效的通信网络、互联网搜索算法和社交媒体推荐系统等。例如，共建"一带一路"，从倡议提出以来，硕果累累，从"一条线"变成"一张网"。基于构建的"一带一路"贸易网络结构，可以对"一带一路"板块进行细分，分析网络中的国家贸易关系特征及演化，紧抓核心国家贸易，带动周边国家经济联动，从而更有效地实施战略。

2. 复杂网络的主要特征

1）网络规模庞大

复杂网络的节点数量可以有成百上千个，甚至更多，但大规模性的网络行为具有统计特性。

2）结构的复杂性

网络可以呈现出多种不同的拓扑结构，如随机网络、小世界网络和无标度网络等。这些网络结构都具有复杂性的特征，例如，随机网络中节点度分布呈现泊松分布，小世界网络中存在短路径长度和高集聚系数，无标度网络中少数节点具有极高的度数。这些特征使得网络的结构具有复杂的全局特性，不能简单地由局部规则或节点行为来解释。

3）结构的演变性

网络往往是动态变化的，节点的添加和删除、边的建立和断裂都会导致网络结构的演化，表现在节点或连接的产生与消失。例如，万维网网页或链接随时可能出现或断开。网络结构的演化可能是随机的，也可能受到节点之间的相互作用和适应性机制的影响。

4）节点的复杂性

在网络中，节点之间的关联性可以是静态的，也可以是动态的，它们的复杂性在于不同节点之间的连接方式和权重分布会对网络的功能与行为产生重要影响。例如，在社交网络中，节点之间的关联性决定了信息传播的路径和速度，关键节点的存在会影响信息的扩散。

当网络中的节点代表人时，这些节点则是信息的传播者或接收者，它们之间通过连接进行信息的传递。在复杂网络中，信息传播往往呈现非线性的、不可预测的行为。有些节点可能具有重要的影响力，能够迅速传播信息到整个网络，而有些节点可能对信息传播的影响较小。此外，信息传播还受到其他因素的影响，如节点的激活阈值、传播速度和网络拓扑结构等，这些因素相互作用，使得信息在网络中的传播过程具有复杂性。

5.2.2　经典复杂网络模型

在认识复杂网络的基础上，为了能更好地反映实际系统中个体间的相互关系，许多复杂网络模型被提出以更好地理解实际网络以及网络上的演化动力学。其中较为经典且较完善的网络模型有：规则网络模型、随机网络模型、小世界网络模型以及无标度网络模型，这些模型是网络上观点动力学模型研究的基础。人们通过网络实证研究发现，尽管现实世界中不同类型的网络之间存在着差异，但是它们展现出的特征却拥有许多相似之处。实证研究的结果引发了国内外学者对复杂网络模型的研究热潮，其中最受学者关注的内容则是对各种现实网络结构特征的产生机理和生成方法的理解。下面将分别对上述四类经典网络模型及其生成机理进行简单介绍。基于 Pajek 软件绘制相关复杂网络结构图的具体步骤详见 5.4 节。

1. 规则网络模型

规则网络模型是最简单的网络模型。规则网络定义为每个节点度都相等并且结构上具有某种对称性（如轴对称、空间平移对称以及旋转对称等）或是以确定的方式进行连接的网络。规则网络模型有以下三个特征：①每个节点的连接度基本一致；②网络的平均路径长度与网络的规模成正比；③整个网络可以看成由结构相同的许多子网络组合而成。其中，最常见的规则网络模型有全局耦合（全连接）网络模型和最近邻耦合网络模型。下面介绍这两种经典的规则网络模型。

1）全局耦合网络模型

在全局耦合网络模型中，任意两个节点之间均存在一条边相连，也称完全图。对于无向网络而言，节点数量为 N 的全局耦合网络模型含有 $\dfrac{N(N-1)}{2}$ 条边；对于有向网络而言，节点数量为 N 的全局耦合网络模型含有 $N(N-1)$ 条弧。全局耦合网络模型的所有节点具有相同的连接关系，所以各节点的度均为 $k=N-1$。由于每个节点均和其余所有节点相连，因此每个节点 v_i 的集聚系数 C_i 均为 1，所以整个网络的集聚系数为 $\bar{C}=1$。网络中的任意一个节点到另外一个节点的最短路径长度均为 1，所以整个网络的平均长度 $L=1$。

例 5-1　图 5-1 是节点数量为 10 的全局耦合网络模型图。其无向网络的全局耦合网络模型含有 45 条边；其有向网络的全局耦合网络模型含有 90 条弧。各节点的度均为 9，整个网络的集聚系数和平均长度均为 1。

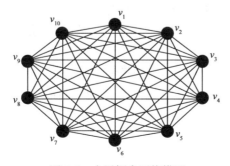

图 5-1　全局耦合网络模型

2）最近邻耦合网络模型

在最近邻耦合网络模型中，每个节点仅与其最近的 K 个邻点之间存在一条边，其中 K 为小于等于 $N-1$ 的正整数。一般地，若网络中的每个节点只与它最近的两个邻点之间存在边，则称这种网络是由一维链或环构成的最近邻耦合网络模型，如图 5-2（a）所示。如图 5-2（b）所示的二维晶格也是一种最近邻耦合网络模型。如图 5-2（c）所示，该网络包含了 N 个围成一个环的节点，其中每个节点均与它的左右各 $K/2$ 个邻点之间存在边，其中 K 为一个偶数，该网络是一个具有周期边界条件的最近邻耦合网络模型。

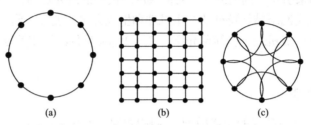

(a)　　　　　　　　(b)　　　　　　　　(c)

图 5-2　最近邻耦合网络模型

例 5-2　图 5-2（c）为节点数量为 8 的最近邻耦合网络模型图。这里 $K=4$，表示每个节点与其最近的 4 个邻点之间存在一条边，考虑无向网络图，每个节点的度均为 4。

2. 随机网络模型

鉴于真实的网络系统并非严格规则，随机网络模型被提出以更好地描述真实系统。事实上，随机网络与规则网络是网络形式中的两个极端。当网络中的各节点之间边的产生具有确定的规则时，该网络即规则网络。而当网络中的各节点之间边的产生不具有确定的规则，是随机产生时，则该网络为随机网络。所以随机网络是由一些节点通过随机连接而形成的一种复杂网络。ER（Erdős-Rényi，尼尔多斯-雷尼）随机网络模型作为最为经典的随机网络模型，由著名数学家 Erdős 和 Rényi（1960）提出。该模型描述了多个随机分布的点，通过相同概率随机相连，从而形成网络的过程。具体生成方式有两种。

（1）给定 N 个互不相连的节点，任意两个节点之间都以一个概率 p 建立一条连边，则实际的边数是一个随机变量，其期望值为 $\dfrac{pN(N-1)}{2}$，即网络中最终会形成 $\dfrac{pN(N-1)}{2}$ 条连边。该方法下生成的 ER 网络示意图如图 5-3 所示，节点数 $N=20$，概率 p 分别为 $p=0$，$p=0.1$，$p=0.2$，$p=0.3$，按照不同概率将会得到不同连边数的 ER 随机网络图。

（2）假设网络 G 是一个由 N 个节点规模和 M 条总连边数构成的网络。随机选择系统中的两个节点，如果两节点之间没有直接连边，则可在它们之间生成一条连边；如果所选取两节点之间有连边，则重新在系统中选择两个节点，重复上述过程，直到在网络中构建起 M 条连边。

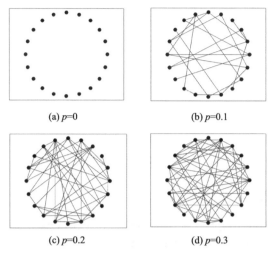

(a) $p=0$　　　　　　　　　　　　(b) $p=0.1$

(c) $p=0.2$　　　　　　　　　　　　(d) $p=0.3$

图 5-3　不同概率 p 下的 ER 随机网络

3. 小世界网络模型

随着人们对真实复杂系统网络结构特征认识的不断深入，现实世界的复杂网络往往具有小的平均路径长度和大的拓扑集聚性。规则网络模型和 ER 随机网络模型均无法体现大多数真实网络同时具备的短平均路径长度和高集聚系数，所以在刻画真实网络上存在明显的缺陷。受到"六度分割"实验结果的启发，即任何两个地球上的人都可以通过不超过六个中间人联系到一起。为了更好地体现真实网络所表现出来短平均路径长度和高集聚系数的特点，邓肯·沃茨和斯特罗加茨（Strogatz）于 1998 年在期刊 *Nature* 上发表开创性论文，提出了 WS（Watts-Strogatz）小世界网络模型（Watts and Strogatz，1998）。它是一种介于规则网络和随机网络之间的网络结构，通过引入重连边的随机性，使得网络在保持较高的局部集聚性的同时具有较短的平均路径长度，表现出"小世界"特性。WS 小世界网络模型的构造过程如下。

第一步：从规则图开始。创建一个由 N 个节点构成的最邻近耦合网络，每个节点与其 $K/2$ 个最近邻节点相连，K 是一个偶数。这样的网络具有较高的局部集聚性，但平均路径长度较长。

第二步：随机化重连。对每条边以概率 p 进行重连。对于每个节点，以概率 p 随机选择另一个节点，并将其替换为原来的邻点，从而将网络中的某些边重新连接到其他节点。整个过程中要保证网络中任意两个不同节点之间至多存在一条边，且每个节点都不能有边与自身相连接。最终，形成的网络中含有 $KN/2$ 条边。

在 WS 小世界网络模型中，概率 $p=0$ 对应于最邻近耦合网络，概率 $p=1$ 对应于随机网络，通过调节概率 p 的值可以控制从最邻近耦合网络到随机网络的过渡，具体如图 5-4 所示。

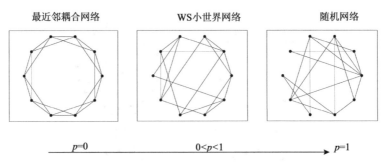

图 5-4　WS 小世界网络模型的随机重连机制（以 $N=10$，$K=4$ 为例）

4. 无标度网络模型

前面所介绍的规则网络模型、随机网络模型和小世界网络模型的度分布均服从泊松分布，度分布呈现某种"匀质性"，网络中节点的度基本集中在平均度附近。然而在大多数真实网络中，往往存在少数节点具有大量连接，而多数节点却只有少量连接的情况，即网络的度分布呈现幂律分布。Barabási 和 Albert（1999）指出现实中的网络有两个特征在规则网络模型、随机网络模型和小世界网络模型中未被考虑进去。首先，现实网络具有增长特性，即网络的规模是在不断扩大的。例如，演员网络随着不断有新演员加入到系统中而逐渐扩大。其次，现实网络具有优先连接的特性，即新加入的节点更倾向与那些度较高的节点相连接。例如，一篇新稿件有更大的可能引用那些期刊知名度高的、已被大量引用过的论文，这种现象也称为"富者更富"或"马太效应"。因此，Barabási 和 Albert（1999）提出了一种无标度网络模型，又称 BA（Barabási-Albert，巴拉巴西-阿尔伯特）无标度网络模型。

BA 无标度网络模型的构造过程如下。

第一步：设置初始状态。时点 $t=0$，网络由 m_0 个孤立节点构成。

第二步：增长。在每一个时点 t 上，增加一个新的节点进入网络，该节点带有 m 条边，即新的节点将会与 m 个已存在的节点相连，其中 $m \leqslant m_0$。

第三步：优先连接。一个新的节点与一个已经存在的节点 v_i 相连接的概率 σ_i 与节点 v_i 的度 k_i 成正比，即

$$\sigma_i = \frac{k_i}{\sum_{i=1}^{N_0} k_i} \tag{5-1}$$

其中，N_0 为当前网络系统中存在的节点总个数。经过 t 个时点后，网络中共产生 $N = m_0 + t$ 个节点和 mt 条边。

现以如下的例子说明 BA 无标度网络模型的演化过程。

例 5-3　假设网络未增长前的节点数量 $n=2$，每次引入新的节点时新生成的边数 $m=2$，最终的网络中含有的节点数量 $N=10$。该网络的演化示意图如图 5-5 所示。通过该算法可知经历的时间步骤 $t=8$，最后生成的节点数 $N=2+8=10$，连边数为 $mt=2 \times 8=16$。

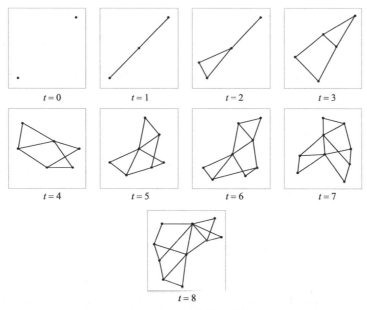

图 5-5　BA 无标度网络模型的演化过程

在现实生活中，有很多现象可以用无标度网络来描述。例如，在微博、Twitter 等社交平台上，流量明星和网红的粉丝数量增长速度要明显快于普通用户。这种少数用户拥有大量的粉丝，而大多数用户只有相对较少粉丝的现象也表现出了现实网络的增长特性和优先连接特性。

5.3　观点动力学模型

观点动力学也称舆论动力学、观念动力学或意见动力学，是社会群体动力学研究的一个重要研究方向。观点动力学是通过一群个体之间的社会互动来研究观点演变的过程。在过去的几十年里，人们提出了一系列具有不同观点演化规则的观点动力学模型。根据连续和离散的观点形式将其分为两类：①连续观点动力学模型，这类模型是在数学上建立的，如 DeGroot 模型、FJ 模型、DW 模型、HK 模型、连续观点-离散行为（coutinuous opinions and discrete actions）模型（Martins，2008）；②离散观点动力学模型，这类模型是基于物理学的，如 Sznajd 模型、选民模型及多数规则模型。随着对观点动力学的深入研究，一些其他经典模型也被应用于这一领域，如伊辛模型（Ising，1925）等。在观点动力学中，观点演变的最终状态倾向于三种稳定状态：共识、两极分化和碎片化。本节我们主要选取连续观点动力学模型中的 DeGroot 模型、FJ 模型以及有界置信度模型（DW 模型、HK 模型）和离散观点动力学模型中选民模型、Sznajd 模型以及多数规则模型进行介绍。

5.3.1　连续观点动力学模型

1. DeGroot 模型

DeGroot 模型是观点动力学研究中最基本的模型，由 DeGroot 在 1974 年提出。该模型描述了在社会群体中，每个个体通过与邻居交换观点从而更新各自观点值的过程。令 $V = \{v_1, v_2, \cdots, v_m\}$ 为 m 个智能体的集合，$o_i^t \in R$ 是个体 v_i 在第 t 轮的观点。假设 w_{ij} 是个体 v_i 分配给个体 v_j 的权重，其中 $w_{ij} > 0$ 且 $\sum_{j=1}^{m} w_{ij} = 1$，则个体 v_i 的观点演化规则为

$$o_i^{t+1} = \sum_{j=1}^{m} w_{ij} o_j^t = w_{i1} o_1^t + w_{i2} o_2^t + \cdots + w_{im} o_m^t, \ t = 0, 1, 2, \cdots, n \tag{5-2}$$

模型（5-2）表示，在由 m 个个体组成的社会网络中，个体 v_i 在 $t+1$ 时刻的观点值 o_i^{t+1} 是个体 v_i 以及其邻居个体在 t 时刻观点的加权平均值。

将式（5-2）表示成矩阵形式为

$$O^{t+1} = W \times O^t, \ t = 0, 1, 2, \cdots, n \tag{5-3}$$

其中，$O^t = (o_1^t, o_2^t, \cdots, o_m^t)^T \in R^m$，表示所有个体在 t 时刻的观点值组成的向量，且权值矩阵 $W = (w_{ij})_{m \times m}$ 为行随机矩阵，即行和为 1 的非负矩阵。当 $O^{t+1} = O^t$ 或者演化后的观点偏差小于给定的阈值时，演化结束。该模型描述了社会网络观点演化的基本模型。

例 5-4　假设某企业研发了一款新产品，计划投入生产，需要采购产品所需原材料，考虑原材料需求的动态性和不确定性，为提高生产与研发效率，拟确定一家原材料供应商，与其建立战略合作伙伴关系。企业邀请行业领域专家四名，对某一拟合作的供应商进行在线评价，已知四名专家给定初始的评价值分别为 0.7、0.6、0.8 和 0.4。专家之间存在信息共享，所以彼此间会建立相互信任关系，假定四名专家之间（包括专家对自身的自信度）的信任矩阵为

$$W = \begin{bmatrix} 0.3 & 0.2 & 0.1 & 0.4 \\ 0.2 & 0.2 & 0.3 & 0.3 \\ 0.1 & 0.3 & 0.4 & 0.2 \\ 0.4 & 0.3 & 0.2 & 0.1 \end{bmatrix}$$

请计算当 t 为多少时，满足 $O^{t+1} = O^t$，并输出演化后的专家评价值。

解　根据题意，已知初始评价值为 $O^0 = (o_1^0, o_2^0, o_3^0, o_4^0)^T = (0.7, 0.6, 0.8, 0.4)^T$，结合式（5-2）和式（5-3），可计算得到第 1 轮的观点演化值为

$$O^1 = (o_1^1, o_2^1, o_3^1, o_4^1)^T = W \times O^0 = \begin{bmatrix} 0.3 & 0.2 & 0.1 & 0.4 \\ 0.2 & 0.2 & 0.3 & 0.3 \\ 0.1 & 0.3 & 0.4 & 0.2 \\ 0.4 & 0.3 & 0.2 & 0.1 \end{bmatrix} \times \begin{bmatrix} 0.7 \\ 0.6 \\ 0.8 \\ 0.4 \end{bmatrix} = (0.57, 0.62, 0.65, 0.66)^T$$

第 2 轮的观点演化值为 $O^2 = (o_1^2, o_2^2, o_3^2, o_4^2)^T = W \times O^1 = (0.62, 0.63, 0.64, 0.61)^T$。

第 3 轮的观点演化值 $O^3 = (o_1^3, o_2^3, o_3^3, o_4^3)^T = W \times O^2 = (0.62, 0.63, 0.63, 0.63)^T$。

第 4 轮的观点演化值为 $O^4 = (o_1^4, o_2^4, o_3^4, o_4^4)^T = W \times O^3 = (0.63, 0.63, 0.63, 0.63)^T$。

第 5 轮的观点演化值为 $O^5 = (o_1^5, o_2^5, o_3^5, o_4^5)^T = W \times O^4 = (0.63, 0.63, 0.63, 0.63)^T$。

经过第 5 轮迭代之后，满足 $O^5 = O^4$，演化结束，且演化后的专家评价值达成一致，该供应商最终的评分为 0.63。

2. FJ 模型

DeGroot 模型将社会网络中的个体简化成了简单的同质个体，在现实生活中，由于每个个体具有不同的成长环境，因而个体的观点决策方式存在差异。考虑到个体存在的差异，Friedkin 和 Johnsen（1990）提出了 FJ 模型，该模型在 DeGroot 模型的基础上引入了个体对自身初始观念的固执性的概念，即每个个体的观点都会或多或少受到最初时刻自身观点值的影响，即

$$o_i^{t+1} = \sum_{i=1}^m w_{ij} \varsigma_i o_j^t + (1-\varsigma_i) o_i^0, \quad t = 0, 1, 2, \cdots, n \qquad （5-4）$$

其中，$\varsigma_i \in [0,1]$ 为个体 v_i 对其他个体观点的接受程度；而 $1-\varsigma_i$ 为个体 v_i 对自身初始观点值的固执程度。若个体 v_i 的固执程度为 1，即 $\varsigma_i = 0$，则其为完全固执个体；若 $0 < \varsigma_i < 1$，则个体 v_i 为部分固执个体；若 $\varsigma_i = 1$，则个体 v_i 为非固执个体，此时 FJ 模型会退化成 DeGroot 模型，式（5-4）的矩阵形式为

$$O^{t+1} = \mathrm{diag}(\varsigma) \times W \times O^t + (I - \mathrm{diag}(\varsigma)) O^0, \quad t = 0, 1, 2, \cdots, n \qquad （5-5）$$

其中，$\varsigma = (\varsigma_1, \varsigma_2, \cdots, \varsigma_m)^T \in R^m$，表示所有个体对于其他个体观点的接受程度组成的向量；I 为单位矩阵。当 $\varsigma = I_{m \times 1}$ 时，FJ 模型可以改写为

$$O^{t+1} = W \times O^t, \quad t = 0, 1, 2, \cdots, n \qquad （5-6）$$

显然这是 DeGroot 模型的矩阵形式，因而 DeGroot 模型是 FJ 模型的一种特殊形式。

例 5-5 在例 5-4 中，进一步考虑观点演化过程中，各专家对自身初始观点值的固执程度。假定四名专家的固执程度分别为：0.2、0.1、0.3、0.2。

请计算当 t 为多少时，满足 $O^{t+1} = O^t$，并输出演化后的专家评价值。

解 根据题意，考虑固执程度，则 $\varsigma = (\varsigma_1, \varsigma_2, \varsigma_3, \varsigma_4)^T = (0.8, 0.9, 0.7, 0.8)^T$，结合式（5-4）和式（5-5），可计算得到第 1 轮的观点演化值为

$$O^1 = (o_1^1, o_2^1, o_3^1, o_4^1)^T = \mathrm{diag}(\varsigma) \times W \times O^0 + (I - \mathrm{diag}(\varsigma)) O^0$$

$$= \begin{bmatrix} 0.8 & 0 & 0 & 0 \\ 0 & 0.9 & 0 & 0 \\ 0 & 0 & 0.7 & 0 \\ 0 & 0 & 0 & 0.8 \end{bmatrix} \times \begin{bmatrix} 0.3 & 0.2 & 0.1 & 0.4 \\ 0.2 & 0.2 & 0.3 & 0.3 \\ 0.1 & 0.3 & 0.4 & 0.2 \\ 0.4 & 0.3 & 0.2 & 0.1 \end{bmatrix} \times \begin{bmatrix} 0.7 \\ 0.6 \\ 0.8 \\ 0.4 \end{bmatrix} + \begin{bmatrix} 0.2 & 0 & 0 & 0 \\ 0 & 0.1 & 0 & 0 \\ 0 & 0 & 0.3 & 0 \\ 0 & 0 & 0 & 0.2 \end{bmatrix} \times \begin{bmatrix} 0.7 \\ 0.6 \\ 0.8 \\ 0.4 \end{bmatrix}$$

$$= (0.6, 0.62, 0.7, 0.61)^T$$

同理，第 2 轮的观点演化值为

$$O^2 = (o_1^2, o_2^2, o_3^2, o_4^2)^T = \mathrm{diag}(\varsigma) \times W \times O^1 + (I - \mathrm{diag}(\varsigma))O^0 = (0.63, 0.63, 0.69, 0.58)^T$$

第 3 轮的观点演化值为

$$O^3 = (o_1^3, o_2^3, o_3^3, o_4^3)^T = \mathrm{diag}(\varsigma) \times W \times O^2 + (I - \mathrm{diag}(\varsigma))O^0 = (0.63, 0.63, 0.69, 0.59)^T$$

第 4 轮的观点演化值为

$$O^4 = (o_1^4, o_2^4, o_3^4, o_4^4)^T = \mathrm{diag}(\varsigma) \times W \times O^3 + (I - \mathrm{diag}(\varsigma))O^0 = (0.63, 0.63, 0.69, 0.59)^T$$

经过第 4 轮迭代之后，满足 $O^4 = O^3$，演化结束，输出的专家评价值分别为 0.63、0.63、0.69、0.59。

3. 有界置信度模型

有界置信度模型是对 DeGroot 模型的扩展研究，方程中的权重随着时间或意见的变化而变化。有界置信度模型是典型的连续观点动力学模型，在这个模型中，个体的观点取决于它们的社会互动。特别是，观点的绝对差异小于给定阈值的两个个体可以相互作用并影响彼此的观点。该阈值称为有界置信水平，这里以 ε 来表示。基于重复平均的一般思想，在有界置信度下建立了两个基本模型：DW 模型和 HK 模型。

1）DW 模型

已知 $V = \{v_1, v_2, \cdots, v_m\}$ 为个体的集合，$o_i^t \in R$ 是个体 v_i 在第 t 轮的观点。从集合 V 中随机选择两个个体 v_i 和 v_j，它们将根据有界置信度来确定是否进行交互。如果 $|o_i^t - o_j^t| > \varepsilon$，个体 v_i 和 v_j 会认为观点相距太远，无法相互作用；如果 $|o_i^t - o_j^t| \leqslant \varepsilon$，观点演化规则为

$$\begin{cases} o_i^{t+1} = o_i^t + \mu(o_j^t - o_i^t) \\ o_j^{t+1} = o_j^t + \mu(o_i^t - o_j^t) \end{cases} \tag{5-7}$$

其中，μ 为收敛参数，取值范围是 [0, 0.5]。根据参数 ε 和 μ，将在 DW 模型中获得共识、两极分化或碎片化的观点分布。

2）HK 模型

在现实生活中，人们往往更加愿意相信与自身观点相近的人。考虑到这个现象，有学者提出了 HK 模型。与 DW 模型不同的是，个体 v_i 并不是仅和与其观点相近的一个个体相互作用，而是与邻居中所有观点相近的个体进行相互作用。该模型假设在社会网络中每个个体都有信任边界，而每个个体只受到在自身信任边界内的其他个体的影响。

设 w_{ij}^t 是个体 v_i 在第 t 轮给予个体 v_j 的权重，其表示为

$$w_{ij}^t = \begin{cases} 1/|S_i^t|, & v_j \in S_i^t \\ 0, & v_j \notin S_i^t \end{cases} \tag{5-8}$$

其中，$S_i^t = \{v_j \mid\mid o_i^t - o_j^t \mid\leqslant \varepsilon\}$，是个体 v_i 的置信集，表示个体 v_i 在 t 时刻所有邻居的合集；ε 为信任边界；$|\cdot|$ 为实数的绝对值和有限集的元素数。

观点演化规则如下：

$$o_i^{t+1} = \sum_{v_j \in S_i^t} w_{ij}^t o_j^t \tag{5-9}$$

在这种规则的作用下，群体的观点最终可能只有一种（一致）、两种（极化）、多种（分裂）。信任水平 ε 的大小决定了最终群体观点的状态，如果信任水平 ε 越小，那么最终出现的观点簇数量就会越多。随着置信范围的增加，最终观点簇的数量减少。在 HK 模型中，每个个体都会朝着有界信任区间内个体的平均观点移动，即在 HK 模型中，个体将会与有界信任 ε 的所有邻居（包括其自己）相互作用，下一时刻的观点为上一时刻所有邻居的平均值。值得注意的是 HK 模型是基于无向图的模型，即个体与个体之间是相互信任的。

例 5-6　假设某企业邀请 10 位专家对某一新研发的产品进行评价，目的在于确定该产品生产以后投入市场所带来的效益如何。在进行评价的过程中，专家之间的观点会产生交互，但由于这 10 位专家来自企业不同部门，有着不同的教育背景和经验，并非所有专家之间都会产生交互。这里已知 10 位专家给定初始的评价值分别为 0.8、0.6、0.75、0.73、0.5、0.7、0.4、0.9、0.65 和 0.85。假定这 10 位专家之间的关系网如图 5-6 所示。请以专家 v_3 为例，分析其基于 HK 模型的观点演化过程，只需求解第 1 轮演化结果（假定信任边界 ε 值为 0.05）。

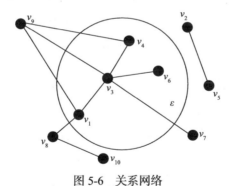

图 5-6　关系网络

解　根据题意，结合图 5-6 可知，与专家 v_3 之间存在连边的专家有 v_1、v_4、v_6、v_7 和 v_9，已知信任水平 $\varepsilon = 0.05$，结合这几位专家的初始评价值，可计算得到专家 v_3 初始阶段的置信集 $S_3^0 = \{v_1, v_3, v_4, v_6\}$，在其给定的信任水平范围内的个体被圈在半径为 ε 的圆形中，个体 v_3 仅与 v_1、v_4 和 v_6 以及其自身之间观点的差异在阈值内产生交互，与其他个体观点无关。

结合式（5-8）可计算得到专家 v_3 在第 0 时刻给予其余专家的权重值为 $w_{31}^0 = \dfrac{1}{4}$，$w_{33}^0 = \dfrac{1}{4}$，$w_{34}^0 = \dfrac{1}{4}$，$w_{36}^0 = \dfrac{1}{4}$，$w_{3j}^0 = 0$，$j = 2,5,7,8,9,10$。

结合式（5-9）可计算得到专家 v_3 在第 1 轮的观点演化值为

$$o_3^1 = \sum_{v_j \in S_3^0 = \{v_1, v_3, v_4, v_6\}} w_{3j}^0 o_j^0$$

$$= w_{31}^0 o_1^0 + w_{33}^0 o_3^0 + w_{34}^0 o_4^0 + w_{36}^0 o_6^0 = \frac{1}{4} \times 0.8 + \frac{1}{4} \times 0.75 + \frac{1}{4} \times 0.73 + \frac{1}{4} \times 0.7 = 0.745$$

同理，也可以计算出其他专家的置信集和观点演化值，并在下一轮重新计算所有关联专家观点的偏差，再进一步确定专家 v_3 在第 2 轮的置信集，进行后续的观点融合。这类似于现实生活中的这种情形：人们一般会跟与自己观点相近的人交流观点。

5.3.2 离散观点动力学模型

在离散观点动力学模型中，个体的观点只能取离散值，如果观点是二元状态（binary-state）的，即只有两个选项，例如，非 0 即 1，网络中的每个节点表示一个个体，数字 0 和 1 代表他们的意见，节点之间的线则代表社交（邻居）关系。下面将介绍一些基本模型。

1. 选民模型

选民模型是一个离散的观点动力学模型，借用了其在选举竞争中的应用，可以被称为最简单的观点动力学模型之一。设 $G = \{V, E\}$ 表示社会网络的有向图，其中 $V = \{v_1, v_2, \cdots, v_m\}$ 为个体的集合，E 表示个体之间关系的边的集合。$(v_i, v_j) \in E$ 是从个体 v_i 到个体 v_j 的边，并且集合 $S_i = \{v_j \mid (v_i, v_j) \in E\}$ 被定义为个体 v_i 的邻居集。o_i^t 是个体 v_i 在第 t 轮的二元观点，假设 $o_i^t \in \{0,1\}$ 是个体 v_i 在第 t 轮的投票状态，代表个体 v_i 在选举中的两个候选人中的选择。某一个体将从邻居中随机选择另一个个体，并遵循他/她的意见。那么，演变规律如下。

（1）随机且一致地选择个体 v_i 的邻居之一，即个体 v_j。

（2）个体 v_i 在第 $t+1$ 轮的投票状态为 $o_i^{t+1} = o_j^t$。

例 5-7 班级投票选举班长，如果同意甲同学担任班长，观点值为 1，不同意则为 0。已知第一轮投票时同学 $v_乙$ 的观点为 1，即 $o_乙^1 = 1$。随机且一致地选择了同学 $v_丙$ 作为同学 $v_乙$ 的邻居个体。已知同学 $v_丙$ 第一轮的投票观点为反对甲同学担任班长，即 $o_丙^1 = 0$，则同学 $v_乙$ 在第 2 轮投票时，其投票状态为 $o_乙^2 = o_丙^1 = 0$，即演变为反对甲同学担任班长。

2. Sznajd 模型

Sznajd 模型是一维情况下的离散观点动力学模型。观点 $o_i^t = \pm 1$ 是个体 v_i 在第 t 轮的二元观点。观点根据以下规则演变。

（1）在每一轮中，选择一对个体 v_i 和 v_{i+1} 来影响其最近的邻居，即个体 v_{i-1} 和 v_{i+2}。

（2）如果 $o_i^t = o_{i+1}^t$，则 $o_{i-1}^{t+1} = o_{i+2}^{t+1} = o_i^t$。

（3）如果 $o_i^t = -o_{i+1}^t$，则 $o_{i-1}^{t+1} = o_{i+1}^t$ 和 $o_{i+2}^{t+1} = o_i^t$。

因此，如果一对个体具有相同的观点状态，则它们可以成功地影响到他们的邻居，如果他们的观点不同，则个体的观点将采取其邻居的观点。

例 5-8　某企业推广了一批新产品，邀请了部分消费者来现场体验，共品尝三轮。评判标准为新产品口感优于旧产品，则评价值为 1，新产品口感劣于旧产品，则评价值为-1。假设一共有 10 位消费者（按序号进场），在第一轮品尝之后每一位消费者都给出了评价值。销售人员首先随机邀请了一对消费者 v_3 和 v_4，请他们陈述品尝后的感受，并给出评分。消费者 v_2 和 v_5 在第二轮品尝后的评价值会受到第一轮消费者 v_3 与 v_4 观点值的影响。已知消费者 v_3 和 v_4 的第一轮评价值均为 1，即 $o_3^1 = o_4^1 = 1$，则消费者 v_2 和 v_5 在第二轮品尝后的评价值演变为 $o_2^2 = o_5^2 = 1$。经过第二轮品尝以后，销售人员还是邀请了消费者 v_3 和 v_4，请他们陈述第二轮品尝后的评分值，此时受上一轮的影响，假设消费者 v_3 和 v_4 的评价值分别为 1 和-1，即 $o_3^2 = -o_4^2$，则消费者 v_2 和 v_5 在第三轮品尝后的评价值将演变为 $o_2^3 = o_4^2 = -1$ 和 $o_5^3 = o_3^2 = 1$。

3. 多数规则模型

在多数规则模型中，观点空间中有两种意见。已知 $V = \{v_1, v_2, \cdots, v_m\}$ 为个体的集合，o_i^t 是个体 v_i 在第 t 轮的二元观点，$o_i^t \in \{0,1\}$，则演变规则如下。

（1）随机选择 r 个个体组成一个小组。

（2）在每个小组中，个体 v_k 在第 $t+1$ 轮的投票状态为

$$o_k^{t+1} = \begin{cases} 1, & \sum_{i=1}^{r} o_i^t / r > 0.5 \\ o_k^t, & \sum_{i=1}^{r} o_i^t / r = 0.5 \\ 0, & \text{其他} \end{cases} \tag{5-10}$$

例 5-9　对于多数人选举模型，假设系统中有两种策略或观点 O 和 S（O 和 S 观点比例相同），这些观点随机赋予每个个体，然后假设选择 4 个个体作为一组进行演化，如果 S 策略多，少数策略 O 立即改变，即有以下关系式成立：OSSS 在下一轮将会演变为 SSSS；OOOS 在下一轮将会演变为 OOOO。

5.4　案例分析——基于复杂网络的观点演化分析

作为社会动力学研究的一个重要方向，复杂网络上的观点动力学主要研究社会群体中个体之间不同观点的相互影响、舆论的演化以及意见达成共识的过程。5.2 节详细介绍了经典的复杂网络模型，5.3 节介绍了观点动力学相关模型，作为研究社会系统中舆论演化、意见传播的理论模型，研究复杂网络上的观点演化意义深远，也引起越来越多不同学科领域研究学者的研究热情。为了充分理解不同复杂网络模型下的观点演化机制，本节选取观点动力学研究中最基本的模型 DeGroot 模型，来扩展分析和阐述复杂网络模型（规则网络模型、随机网络模型、小世界网络模型和无标度网络模型）中观点演化机制。

具体案例分析应用背景如下。

　　某企业的人事部门开展招聘工作，该招聘小组由公司领导层及部分中层管理者组成，一共有 12 人，表示为 $V = \{v_1, v_2, \cdots, v_{12}\}$，同时考察某一位应聘者。考核内容主要包括笔试、面试与综合考察三个环节（不代表交互时间，在不同环节，招聘人员可能会进行多次交互）。在初始阶段，各招聘人员会根据提供的简历信息给定自己对于该应聘者的初始评分 $O^0 = \{o_1^0, o_2^0, \cdots, o_{12}^0\}$，这里假定每个招聘人员对自己的初始自信度分别为 0.2、0.2、0.3、0.4、0.1、0.4、0.2、0.3、0.1、0.2、0.7、0.5，而每位招聘人员根据应聘者简历信息，给定其初始评价值为 $O^0 = \{o_1^0, o_2^0, \cdots, o_{12}^0\} = \{0.8, 0.5, 0.6, 0.4, 0.8, 0.4, 0.9, 0.3, 0.6, 0.7, 0.8, 0.6\}$（评价标准：满分 1 分）。随着考核过程的不断进行，以及小组成员之间的信息交互，会出现观点演化的过程，直到最后小组内所有成员对招聘对象的评分与上一轮评分一致或者高共识状态，演化结束，得出最后的招聘结果。在不同的网络结构下，招聘人员的社会关系会发生变化，随着连边的减少，招聘人员的自信度会增加。为了分析在不同复杂网络模型上，12 位招聘人员对该应聘者的最后演化结果，本节将会针对不同网络模型分别构建对应的网络结构图，并在各个网络结构图基础上，分析 DeGroot 模型的具体演化过程，以详细阐述复杂网络上的观点动力学模型。

5.4.1　规则网络模型上的观点演化

　　5.2 节中提到规则网络模型是最简单的网络模型，且包含两种经典网络结构：全局耦合网络模型和最近邻耦合网络模型。这里选取全局耦合网络模型作为规则网络模型上观点动力学中个体观点演化的网络结构。为了详细阐述具体的演化过程，我们假定 12 个人之间彼此关联，因而可构建出一个全局耦合网络模型，假设 $W^G = [w_{ij}]_{12 \times 12}$ 是规则网络模型的信任矩阵，其中 w_{ij} 是个体 v_i 分配给个体 v_j 的权重，且 $w_{ij} \geqslant 0$，$\sum_{j=1}^{m} w_{ij} = 1$。具体网络构建及观点演化过程如下。

　　1. 基于 Pajek 软件的规则网络模型构建

　　Pajek 是用于研究各种复杂非线性网络的大型复杂网络分析软件，不仅为用户提供了一整套快速有效网络分析算法，而且还提供了一个可视化的界面，让用户可以更加直观地了解网络的结构特性。通过第 1 章内容在对 Pajek 初始界面有所了解后，便可以进行网络数据的录入以及网络图的绘制，具体操作如下。

　　（1）网络数据的录入。网络是 Pajek 最基本也是最重要的数据类型，它包括了整个复杂网络中最基本的信息，如节点数、各节点的名称以及节点间各条边的连接情况及其权重等。这里节点数较多，选择以矩阵形式输入。矩阵形式表示复杂网络用后缀名为 mat 的文件来存储。这里根据问题情境，一共 12 个节点，结合 Matlab 软件随机生成 12 个节点之间的关联信任权重，已知生成的矩阵表达形式见图 5-7，其中矩阵主对角线的元素代表各个节点的自信度。矩阵第一行"0.20　0.08　0.14　0.07　0.07　0.05　0.05　0.08　0.14　0.07　0.04　0.01"对应节点 v_1 的自信度和连边特征，表明其与节点 $v_2, v_3, v_4, v_5, v_6, v_7, v_8, v_9, v_{10}, v_{11}, v_{12}$ 相连，自信度及连边权重分别为 0.20、0.08、0.14、0.07、

0.07、0.05、0.05、0.08、0.14、0.07、0.04、0.01，以此类推，根据节点和信任值列出矩阵形式，并将其保存为后缀名为 mat 文件。

*Vertices 12	*Matrix										
1 "v1"	0.20	0.08	0.14	0.07	0.07	0.05	0.05	0.08	0.14	0.07	0.04	0.01
2 "v2"	0.13	0.20	0.01	0.03	0.06	0.08	0.02	0.09	0.11	0.09	0.12	0.06
3 "v3"	0.01	0.07	0.30	0.08	0.09	0.09	0.04	0.09	0.03	0.03	0.10	0.07
4 "v4"	0.11	0.06	0.10	0.40	0.06	0.01	0.02	0.01	0.09	0.02	0.04	0.08
5 "v5"	0.10	0.12	0.04	0.04	0.10	0.01	0.14	0.05	0.15	0.07	0.12	0.06
6 "v6"	0.08	0.04	0.02	0.07	0.09	0.40	0.01	0.01	0.07	0.03	0.09	0.09
7 "v7"	0.05	0.07	0.10	0.02	0.01	0.09	0.20	0.03	0.12	0.11	0.08	0.12
8 "v8"	0.07	0.07	0.06	0.08	0.09	0.02	0.04	0.30	0.50	0.07	0.08	0.08
9 "v9"	0.13	0.15	0.09	0.02	0.03	0.06	0.01	0.11	0.10	0.10	0.14	0.06
10 "v10"	0.05	0.05	0.09	0.08	0.10	0.02	0.05	0.12	0.08	0.20	0.08	0.08
11 "v11"	0.03	0.05	0.01	0.02	0.03	0.02	0.04	0.03	0.01	0.01	0.70	0.05
12 "v12"	0.07	0.06	0.03	0.06	0.05	0.02	0.06	0.01	0.06	0.04	0.04	0.50

图 5-7 规则网络横型图的数据输入

*Vertices 表示节点；*Matrix 表示矩阵

（2）网络图的绘制。根据保存的矩阵文件，首先通过"File"→"Network"→"Read"读取输入的文件，见图 5-8（a），之后点击图案，进行网络图的绘制。用户既可以根据个人的需求偏好将节点移动到想要的位置，也可以在"Layout"里选择软件预设的特定布局。这里进行观点演化分析时，还涉及节点个体之间的信任权重，所以通过"Options"→"Lines"→"Mark Lines with Values"标出各边的边权，见图 5-8（b），具体绘制的网络图见图 5-8（c）。

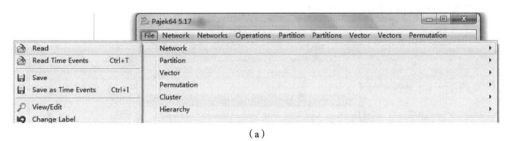

（a）

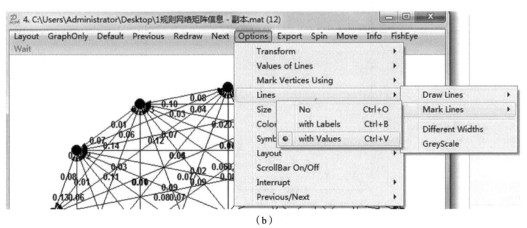

（b）

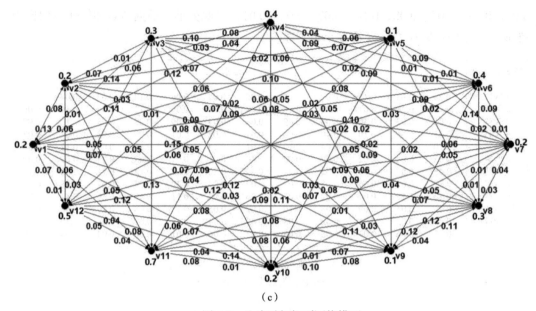

（c）

图 5-8　生成赋权规则网络模型

2. 基于 Matlab 软件的 DeGroot 模型求解

　　Matlab 中内置了丰富的功能函数以及科学计算工具箱，可用于求解过程可视化以及对求解结果的分析，该软件的 2016b 版本主界面及代码编辑器界面如图 5-9 所示。

（a）Matlab 2016b 软件主界面

（b）Matlab 代码编辑器界面

图 5-9　Matlab 软件界面

考虑求解规则网络模型上 DeGroot 模型的观点演化问题，求解程序设计如下。

```
clear
clc
%观点演化信任矩阵
W=[0.20,0.08,0.14,0.07,0.07,0.05,0.05,0.08,0.14,0.07,0.04,0.01
    0.13,0.20,0.01,0.03,0.06,0.08,0.02,0.09,0.11,0.09,0.12,0.06
    0.01,0.07,0.30,0.08,0.09,0.09,0.04,0.09,0.03,0.03,0.10,0.07
    0.11,0.06,0.10,0.40,0.06,0.01,0.02,0.01,0.09,0.02,0.04,0.08
    0.10,0.12,0.04,0.04,0.10,0.01,0.14,0.05,0.15,0.07,0.12,0.06
    0.08,0.04,0.02,0.07,0.09,0.40,0.01,0.01,0.07,0.03,0.09,0.09
    0.05,0.07,0.10,0.02,0.01,0.09,0.20,0.03,0.12,0.11,0.08,0.12
    0.07,0.07,0.06,0.08,0.09,0.02,0.04,0.30,0.04,0.07,0.08,0.08
    0.13,0.15,0.09,0.02,0.03,0.06,0.01,0.11,0.10,0.10,0.14,0.06
    0.05,0.05,0.09,0.08,0.10,0.02,0.05,0.12,0.08,0.20,0.08,0.08
    0.03,0.05,0.01,0.02,0.03,0.02,0.04,0.03,0.01,0.01,0.70,0.05
    0.07,0.06,0.03,0.06,0.05,0.02,0.06,0.01,0.06,0.04,0.04,0.50];
O=[0.8,0.5,0.6,0.4,0.8,0.4,0.9,0.3,0.6,0.7,0.8,0.6];
%定义观点演化规则
```

```
num_agents = numel(O);
num_steps = 1000;
figure;
hold on;
box on;%显示出来的图形有四周的边框
title('观点演化过程');
xlabel('t');
ylabel('观点值');
for step = 1:num_steps
    new_O= O*W';
    for   k=1:numel(O)
            line([step-1,step],[O(k),new_O(k)]);% 在 两 点 之 间 画 一 条 直 线
（line([1,2],[3,4]将画出(1,3)到(2,4)的直线）
     end
     if
new_O==O|max(abs((sum(new_O)/numel(O))-new_O))<=0.01;%设置迭代停止条件
        disp('达到结束条件，迭代提前结束');
        O=new_O;
        break;
    end
    O=new_O;
end
```

对上述程序按照如下步骤进行编程计算。

第一步：打开 Matlab，得到如图 5-9（a）的界面。

第二步：点击新建脚本，得到如图 5-9（b）所示的代码编辑器界面。

第三步：将上述程序代码写入程序编辑器，这里结合 DeGroot 模型演化特征，设置了迭代停止的两个条件：①第 t 轮迭代后的观点与上一轮观点一致，迭代结束；②第 t 轮迭代后的个体观点与集体观点（个人观点平均值）差值的绝对值小于等于给定的阈值（本章假定阈值为 0.01），迭代结束。满足其中一个条件，则迭代停止，演化结束。

第四步：点击图 5-9（b）中的运行，并在图 5-9（a）中的主界面查看结果。

本章后面部分的程序运行也按照上述步骤执行，对此不再赘述。

运行上述程序，得到求解结果如下。

个体观点在规则网络中交互，一共迭代了 7 次，观点演化最后的评价值为

$$O^7 = \{o_1^7, o_2^7, \cdots, o_{12}^7\}$$
$$= \{0.6342, 0.6353, 0.6349, 0.6334, 0.6353, 0.6347,$$
$$0.6346, 0.6345, 0.6355, 0.6346, 0.6425, 0.6332\}$$

具体的演化过程见图 5-10。

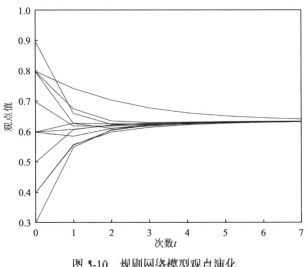

图 5-10 规则网络模型观点演化

基于 DeGroot 模型思想，可为复杂网络的观点演化问题设计出简洁的求解程序，并可视化观点演化的具体过程。

5.4.2 随机网络模型上的观点演化

随机网络是指网络中的各节点之间的边是随机产生的，它是由一些节点随机连接而形成的一种复杂网络。根据 5.4.1 节，已知有 12 个节点，完全图共有 132 条弧，假定从中随机选择 20 条弧构成一个随机网络模型。可根据随机网络模型特征，重新修正信任矩阵信息。这里需要注意的是，随着网络中节点连边的减少，各节点的自信度将会增加，这里为了保持统一，在规则网络模型的信任矩阵基础上，将没有连边的节点之间的信任值定为 0，然后重新对行进行归一化处理，从而得到随机网络模型上的信任矩阵。本章后面部分信任矩阵的更新处理也按照此述执行，对此不再赘述。随机网络模型构建及观点演化过程如下。

1. 基于 Pajek 软件的随机网络模型构建

（1）已知节点数为 12，随机连接的弧数为 20，在 Pajek 界面主菜单中选择 "Network" → "Create Random Network" → "Total No. of Arcs"，见图 5-11（a），点击后会出现 "Erdos-Renyi Random Network" 的界面，这里需要输入 "Number of Vertices" 和 "Number of Arcs"，分别输入 "12" 和 "20"，见图 5-11（b）。点击 "OK" 之后会出现 "Network without Multiple Lines?"（无重复边的网络?）的界面，如果选择 "Yes"，此时网络图中没有重复的边，选择 "No"，此时网络图中存在重复的边，这里选择 "Yes"，见图 5-11（c）。

（2）点击主菜单中 "Draw" → "Network" 或者点击图案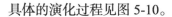，可以得到所绘制的随机网络模型图，见图 5-11（d）。

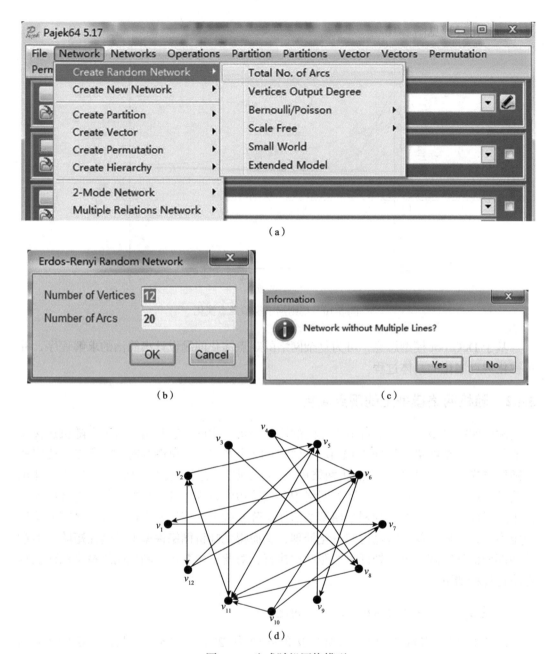

图 5-11　生成随机网络模型

（3）根据所生成的随机网络模型图将网络数据录入。参照 5.4.1 节中的矩阵数据以及生成的随机网络模型图，重新修正矩阵中的信任值，将无关联的节点之间的信任值定为 0，并重新对每一行进行归一化处理，得到信任矩阵 W^R。然后新建记事本，在记事本内输入修正后的信息，用后缀名为 mat 的文件来存储，如图 5-12 所示。

*Vertices 12	*Matrix											
1 "v1"	0.80	0.00	0.00	0.00	0.00	0.00	0.20	0.00	0.00	0.00	0.00	0.00
2 "v2"	0.00	0.62	0.00	0.00	0.19	0.00	0.00	0.00	0.00	0.00	0.00	0.19
3 "v3"	0.00	0.00	0.61	0.00	0.00	0.00	0.00	0.18	0.00	0.00	0.21	0.00
4 "v4"	0.00	0.00	0.00	0.96	0.00	0.02	0.00	0.02	0.00	0.00	0.00	0.00
5 "v5"	0.00	0.00	0.00	0.00	0.45	0.00	0.00	0.00	0.00	0.00	0.55	0.00
6 "v6"	0.14	0.00	0.00	0.00	0.00	0.73	0.00	0.00	0.13	0.00	0.00	0.00
7 "v7"	0.00	0.00	0.00	0.00	0.00	0.00	0.71	0.00	0.00	0.00	0.29	0.00
8 "v8"	0.00	0.00	0.00	0.00	0.00	0.00	0.00	0.79	0.00	0.00	0.21	0.00
9 "v9"	0.00	0.00	0.00	0.00	0.23	0.00	0.00	0.00	0.77	0.00	0.00	0.00
10 "v10"	0.00	0.00	0.00	0.00	0.00	0.06	0.14	0.00	0.00	0.57	0.23	0.00
11 "v11"	0.00	0.07	0.00	0.00	0.00	0.00	0.00	0.00	0.00	0.00	0.93	0.00
12 "v12"	0.00	0.10	0.00	0.00	0.08	0.03	0.00	0.00	0.00	0.00	0.00	0.79

图 5-12　随机网络模型图的数据输入

（4）根据保存的矩阵文件，在主菜单中选择"File" → "Network" → "Read" 读取输入的文件，之后点击图案⬚，进行网络图的绘制。经过矩阵信息修正后，这里通过"Options" → "Lines" → "Mark Lines with Values"标出各边的边权，具体绘制的赋权随机网络模型见图 5-13。

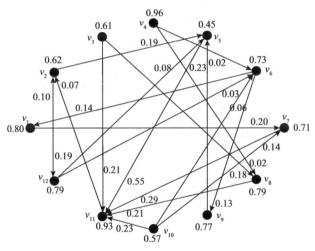

图 5-13　赋权随机网络模型

2. 基于 Matlab 软件的 DeGroot 模型求解

考虑求解随机网络模型上 DeGroot 模型的观点演化问题。将图 5-12 中的信任矩阵替换 5.4.1 节求解程序中的原观点演化信任矩阵，重新运行程序，得到求解结果如下。

个体观点在随机网络模型中交互，一共迭代了 88 次，观点演化最后的评价值为

$$O^{88} = \{o_1^{88}, o_2^{88}, \cdots, o_{12}^{88}\}$$
$$= \{0.7174, 0.7174, 0.7174, 0.7066, 0.7174, 0.7174,$$
$$0.7174, 0.7174, 0.7174, 0.7174, 0.7174, 0.7174\}$$

具体的演化过程见图 5-14。

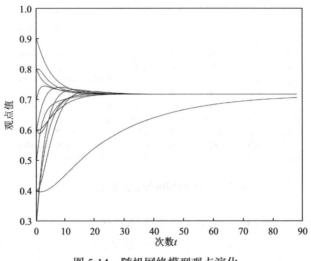

图 5-14　随机网络模型观点演化

与规则网络模型上的观点演化结果对比可知，随机网络模型上部分个体之间没有关联，而是通过其他个体之间间接地与其产生交互，所以迭代的次数较多，观点收敛速度较慢。从图 5-14 中可以看出，最下方的一条线表示初始观点值为 0.4 的 v_4 点，结合赋权随机网络模型图可以看出，v_4 仅信任 v_6 和 v_8，且其自信度高达 0.96，所以极大程度地影响了融合速度。另外从观点演化最后的评价值中可以看出，除 v_4 节点的评价值外，其余观点均已完全一致，所以针对此种情况，为了提高收敛速度，可以考虑对节点 v_4 进行干预，降低自信度或者调整连边。因而，如果能确切知道网络结构对观点动力学的影响，就能够在网络中去除或添加某一关键节点，使得系统尽早达到稳态。

5.4.3　小世界网络模型上的观点演化

小世界网络模型对应于规则网络模型和随机网络模型之间的中间状态。本节同样在原问题背景下，借助于 Pajek 软件绘制小世界网络模型图，并根据所生成的小世界网络模型图重新修正原信任矩阵信息，从而得到小世界网络模型上的信任矩阵 W^s。具体网络构建及观点演化过程如下。

1. 基于 Pajek 软件的小世界网络模型构建

（1）在 Pajek 界面主菜单中选择"Network" → "Create Random Network" → "Small World"，见图 5-15（a），点击后会出现 "Small World Random Network" 的界面，这里需要输入 "Number of Vertices" "Number of Linked Neighbors on each Side of a Vertex"（顶点每侧的链接邻居数）"Replacement Probability（0…1）"（重连概率），假设目的是生成 12 个节点的小世界网络模型，每个节点有两个邻居，且每条连边以 0.2 的概率随机重置链接，所以在此分别输入 "12" "2" "0.2"，见图 5-15（b）。

（2）点击主菜单中 "Draw" → "Network" 或者点击图案✐，可以得到所绘制的小世界网络模型图，见图 5-15（c）。

（3）根据所生成的小世界网络模型图将网络数据录入。参照 5.4.1 节中的矩阵数据以及生成的小世界网络模型图，重新修正矩阵中的信任值。从所生成的小世界网络模型图发现，只展示了节点之间连线的边，而非弧。这里为了分析得到信任矩阵，先将小世界网络模型图中的边转为弧，具体操作如下：在 Pajek 界面主菜单中选择"Network"　→　"Create New Network"　→　"Transform"　→　"Edges->Arcs"，见图 5-15（d）。点击后出现"Create a new Network as a result?"（创建一个新的网络？），见图 5-15（e）。然后点击"Yes"，即可得到新生成的小世界网络模型图，见图 5-15（f）。

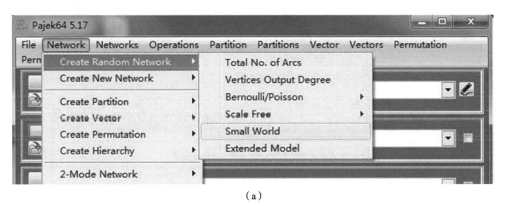

（a）

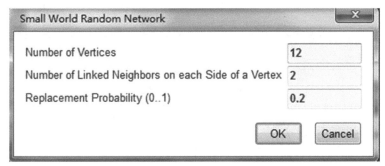

（b）

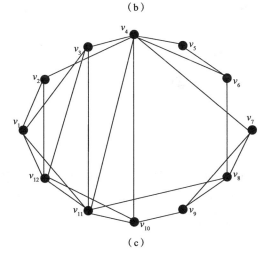

（c）

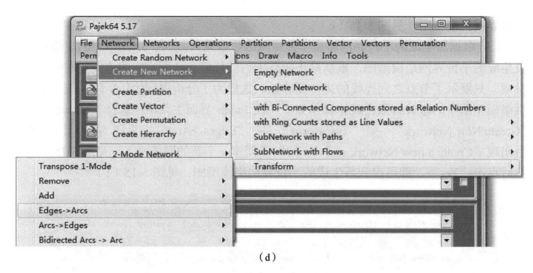

（d）

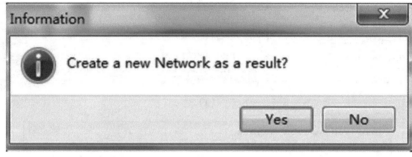

（e）

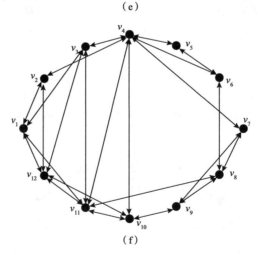

（f）

图 5-15　生成小世界网络模型

（4）根据新生成的小世界网络模型图修正信任矩阵，将无关联的节点之间的信任值定为 0，并重新对每一行进行归一化处理，得到信任矩阵 W^S。然后新建记事本，在记事本内输入修正后的信息，用后缀名为 mat 的文件来存储，如图 5-16 所示。

*Vertices 12	*Matrix										
1 "v1"	0.43	0.17	0.30	0.00	0.00	0.00	0.00	0.00	0.00	0.00	0.08	0.02
2 "v2"	0.31	0.48	0.00	0.07	0.00	0.00	0.00	0.00	0.00	0.00	0.00	0.14
3 "v3"	0.02	0.00	0.54	0.14	0.00	0.00	0.00	0.00	0.00	0.00	0.18	0.12
4 "v4"	0.00	0.09	0.14	0.56	0.08	0.01	0.03	0.00	0.00	0.03	0.06	0.00
5 "v5"	0.00	0.00	0.00	0.27	0.66	0.07	0.00	0.00	0.00	0.00	0.00	0.00
6 "v6"	0.00	0.00	0.00	0.12	0.16	0.70	0.00	0.02	0.00	0.00	0.00	0.00
7 "v7"	0.00	0.00	0.00	0.06	0.00	0.00	0.54	0.08	0.32	0.00	0.00	0.00
8 "v8"	0.00	0.00	0.00	0.00	0.00	0.04	0.08	0.63	0.08	0.00	0.17	0.00
9 "v9"	0.00	0.00	0.00	0.00	0.00	0.00	0.03	0.35	0.31	0.31	0.00	0.00
10 "v10"	0.00	0.00	0.00	0.15	0.00	0.00	0.00	0.00	0.15	0.39	0.15	0.16
11 "v11"	0.04	0.00	0.01	0.02	0.00	0.00	0.00	0.04	0.00	0.01	0.82	0.06
12 "v12"	0.10	0.08	0.04	0.00	0.00	0.00	0.00	0.00	0.00	0.05	0.05	0.68

图 5-16　小世界网络模型图的数据输入

（5）根据保存的矩阵文件，在主菜单中选择 "File" → "Network" → "Read" 读取输入的文件，之后点击图案，进行网络图的绘制。经过矩阵信息修正后，这里通过 "Options" → "Lines" → "Mark Lines with Values" 标出各边的边权，具体绘制的赋权小世界网络模型图如图 5-17 所示。

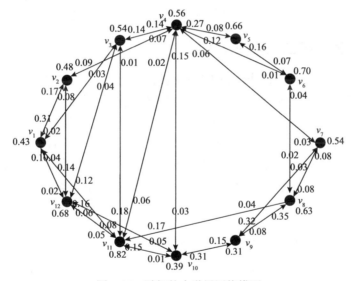

图 5-17　赋权的小世界网络模型

2. 基于 Matlab 软件的 DeGroot 模型求解

考虑求解小世界网络模型上 DeGroot 模型的观点演化问题。将图 5-16 中的信任矩阵替换 5.4.1 节求解程序中的原观点演化信任矩阵，重新运行程序，得到求解结果如下。

个体观点在小世界网络模型中交互，一共迭代了 14 次，观点演化最后的评价值为 $O^{14} = \{o_1^{14}, o_2^{14}, \cdots, o_{12}^{14}\} = \{0.6013, 0.5995, 0.6018, 0.5989, 0.5937, 0.5911, 0.6008, 0.6024, 0.6017, 0.6011, 0.6051, 0.5998\}$。

具体的演化过程见图 5-18。

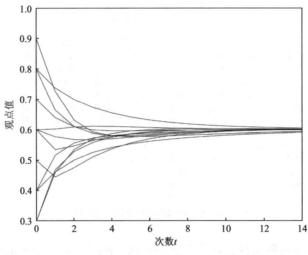

图 5-18　小世界网络模型观点演化

　　小世界网络模型是对应于规则网络模型和随机网络模型之间的中间状态。所以从小世界网络模型的迭代次数与观点演化图中可以得知，小世界网络模型的迭代次数位于规则网络模型和随机网络模型之间，且收敛速度也是介于二者之间。

5.4.4　无标度网络模型上的观点演化

　　无标度网络模型具有增长特性和优先连接特性，其中增长特性是指网络规模是在逐渐增大的，总有新节点加入网络中；优先连接特性是指不断加入网络中的新节点，与网络中已有的度比较大的节点相连的概率更大。这样会出现大多数"普通"的节点拥有很少的连接，而少数"热门"节点拥有极其多的连接。本节继续针对人事部门招聘案例背景，借助于 Pajek 软件绘制无标度网络模型图，并根据所生成的无标度网络模型图重新修正原信任矩阵信息，从而得到无标度网络模型上的信任矩阵 W^W。具体网络构建及观点演化过程如下。

　　1. 基于 Pajek 软件的无标度网络模型构建

　　（1）在 Pajek 界面主菜单中选择"Network"→"Create Random Network"→"Scale Free"→"Directed"，见图 5-19（a），点击后会出现"Scale Free Random Network"的界面，这里需要输入无标度网络模型的相关参数。考虑无标度网络模型的增长特性，为了保证无标度网络模型最后观点演化的节点数与前面三种复杂网络模型一致，这里设定无标度网络模型的"Number of Vertices"为 12，而"Number of Vertices in Initial Erdos-Renyi Network"（初始随机网络的节点数）设定为 2，其余相关参数包括"Number of Lines"（线束数）"Average Degree of Vertices"（节点平均度）等均设定为系统默认值，具体见图 5-19（b）。

　　（2）点击主菜单中"Draw"→"Network"或者点击图案⧄，可以得到所绘制的无标度网络模型图，见图 5-19（c）。

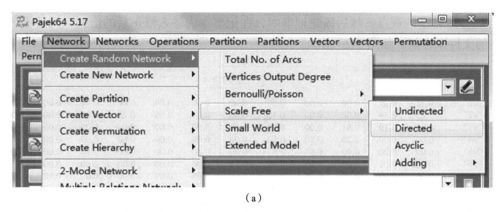

（a）

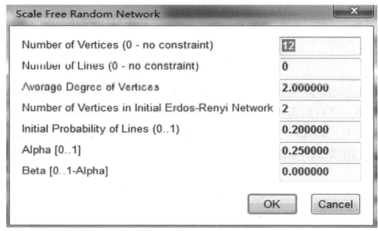

（b）

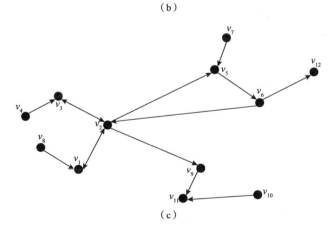

（c）

图 5-19　生成无标度网络模型

（3）根据所生成的无标度网络模型图将网络数据录入。参照 5.4.1 节中的矩阵数据以及生成的无标度网络模型图，重新修正矩阵中的信任值。将无关联的节点之间的信任值定为 0，并重新对每一行进行归一化处理，得到信任矩阵 W^W。考虑到无标度网络模型中部分节点不存在信任的其他个体，所以归一化后其自信度为 1。从图 5-19（c）中可以看出，节点 11 和节点 12 没有信任的其他个体，所以自信度为 1，不会因为其他个体的观点而修改自己的观点。然后新建记事本，在记事本内输入修正后的信息，用后缀名为 mat 的文件来存储，如图 5-20 所示。

*Vertices 12	*Matrix										
1 "v1"	0.71	0.29	0.00	0.00	0.00	0.00	0.00	0.00	0.00	0.00	0.00	0.00
2 "v2"	0.25	0.39	0.02	0.00	0.12	0.00	0.00	0.00	0.22	0.00	0.00	0.00
3 "v3"	0.00	0.19	0.81	0.00	0.00	0.00	0.00	0.00	0.00	0.00	0.00	0.00
4 "v4"	0.00	0.00	0.20	0.80	0.00	0.00	0.00	0.00	0.00	0.00	0.00	0.00
5 "v5"	0.00	0.00	0.00	0.00	0.91	0.09	0.00	0.00	0.00	0.00	0.00	0.00
6 "v6"	0.00	0.08	0.00	0.00	0.00	0.75	0.00	0.00	0.00	0.00	0.00	0.17
7 "v7"	0.00	0.00	0.00	0.00	0.05	0.00	0.95	0.00	0.00	0.00	0.00	0.00
8 "v8"	0.19	0.00	0.00	0.00	0.00	0.00	0.00	0.81	0.00	0.00	0.00	0.00
9 "v9"	0.00	0.00	0.00	0.00	0.00	0.00	0.00	0.00	0.42	0.00	0.58	0.00
10 "v10"	0.00	0.00	0.00	0.00	0.00	0.00	0.00	0.00	0.00	0.71	0.29	0.00
11 "v11"	0.00	0.00	0.00	0.00	0.00	0.00	0.00	0.00	0.00	0.00	1.00	0.00
12 "v12"	0.00	0.00	0.00	0.00	0.00	0.00	0.00	0.00	0.00	0.00	0.00	1.00

图 5-20　无标度网络模型图的数据输入

（4）根据保存的矩阵文件，在主菜单中选择"File"　→　"Network"　→　"Read"读取输入的文件，之后点击图案✐，进行网络图的绘制。经过矩阵信息修正后，这里通过"Options"　→　"Lines"　→　"Mark Lines with Values"标出各边的边权，具体绘制的赋权无标度网络模型图如图 5-21 所示。

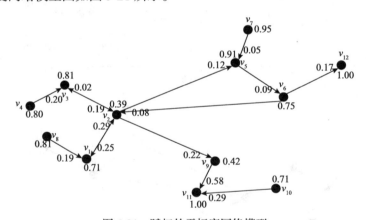

图 5-21　赋权的无标度网络模型

2. 基于 Matlab 软件的 DeGroot 模型求解

考虑求解无标度网络模型上 DeGroot 模型的观点演化问题。将图 5-20 中的信任矩阵替换 5.4.1 节求解程序中的原观点演化信任矩阵，重新运行程序，得到求解结果如下。

个体观点在无标度网络模型中交互，一共迭代了 614 次，观点演化最后的评价值为 $O^{614} = \{o_1^{614}, o_2^{614}, \cdots, o_{12}^{614}\} = \{0.7459, 0.7459, 0.7459, 0.7459, 0.6467, 0.6467, 0.6467, 0.7459, 0.8000, 0.8000, 0.8000, 0.6000\}$。

具体的演化过程见图 5-22。

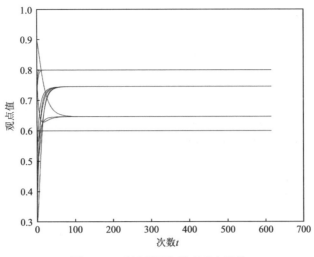

图 5-22 无标度网络模型观点演化

无标度网络模型的特征是大多数"普通"的节点拥有很少的连接，而少数"热门"节点拥有极其多的连接。从所构建的无标度网络模型图中可以看出，部分节点之间的关联性较大，而少部分节点不信任其他个体，在这种情况下，仿真的演化结果迭代次数较多，且与规则网络模型、随机网络模型和小世界网络模型的演化结果比较，无标度网络模型迭代最后的观点值满足的是条件一，而其余三个网络模型均满足条件二。所以无标度网络模型的迭代次数最高，且收敛速度最慢。从无标度网络模型图、迭代最后的评价值以及观点演化图可知，节点 v_1、v_2、v_3、v_4 和 v_8 关联较大，最后迭代的观点达成一致，节点 v_5、v_6 和 v_7 关联较大，迭代观点达成一致，节点 v_9、v_{10} 和 v_{11} 关联较大，迭代观点达成一致，其中 v_{11} 和 v_{12} 的观点不受其他个体影响，所以保持原先的评价值不变。考虑无标度网络模型的特性，基于 DeGroot 模型进行观点演化的收敛速度较慢，应更加侧重于先聚类，或者设置交互半径的阈值，只有在信任水平内才产生交互，不强迫所有关联节点都得产生交互。因而，近年来有许多学者基于不同的复杂网络模型提出了改进的观点动力学模型，以提高观点演化速度并实现高共识度。

5.5 本章小结

观点动力学作为研究社会系统中舆论演化、意见传播的理论模型，对网络观点演化分析研究具有重要意义，也引发越来越多不同学科领域学者的研究热情。本章主要介绍了网络传播的概念和特征，侧重介绍经典复杂网络模型和观点动力学模型。为了充分理解不同复杂网络模型下的观点演化机制，本章结合案例分析研究不同经典复杂网络结构下系统的观点演化规律。同时介绍了如何运用 Pajek 软件绘制不同的网络结构图，以及基于 Matlab 软件进行仿真求解并可视化观点演化过程。目前关于观点融合过程的大多数研究主要集中在观点的演变上，缺乏一定的真实数据。在未来的发展进程中，基于数据驱动的观点演化模型是值得攻克的难题，同时将进一步聚焦于发展观点融合过程中的一些干预策略，以实现对群体观点的有效引导和监督。

参 考 文 献

Barabási A L, Albert R. 1999. Emergence of scaling in random networks. Science, 286: 509-512.

Clifford P, Sudbury A. 1973. A model for spatial conflict. Biometrika, 60: 581-588.

Deffuant G, Neau D, Amblard F, et al. 2000. Mixing beliefs among interacting agents. Advances in Complex Systems, 3: 87-98.

DeGroot M H. 1974. Reaching a consensus. Journal of the American Statistical Association, 69(345): 118-121.

Erdős P, Rényi A. 1960. On the evolution of random graphs. Mathematical Institute of the Hungarian Academy of Science, 5: 17-61.

Friedkin N E, Johnsen E C. 1990. Social influence and opinions. The Journal of Mathematical Sociology, 15: 193-206.

Galam S. 2002. Minority opinion spreading in random geometry. The European Physical Journal B-Condensed Matter and Complex Systems, 25: 403-406.

Hegselmann R, Krause U. 2002. Opinion dynamics and bounded confidence models, analysis, and simulation. Journal of Artificial Societies and Social Simulation, 5(3): 1-33.

Ising E. 1925. Beitrag zur theorie des ferromagnetismus. Zeitschrift Für Physik, 31: 253-258.

Martins A C R. 2008. Continuous opinions and discrete actions in opinion dynamics problems. International Journal of Modern Physics C, 19: 617-624.

Sznajd-Weron K, Sznajd J. 2000. Opinion evolution in closed community. International Journal of Modern Physics C, 11(6): 1157-1165.

Watts D J, Strogatz S H. 1998. Collective dynamics of 'small-world' networks. Nature, 393: 440-442.

Weisbuch G, Deffuant G, Amblard F, et al. 2002. Meet, discuss, and segregate. Complexity, 7(3): 55-63.

第6章 网络舆情冲突分析

章 首 语

冲突是由决策各方利益差异引发的一种对立现象，普遍存在于水资源冲突、能源冲突、环境污染冲突以及社会冲突等领域。社会冲突治理一直是热门话题，其核心在于对现阶段各类社会冲突的正视和积极回应。在当前的社会冲突治理中，网络舆情是一个重要现象。网民借助信息网络快速传播的路径，在极短的时间内汇集意见而形成强大的网络舆情，对热点事件形成高倍聚焦和"集体俯视"，这种影响还持续到现实生活中，甚至引发或助推现实的社会冲突乃至群体性事件。近年来，随着移动互联网网络的快速发展，大量公共事件进入社会民众视野，网络舆情等社会冲突事件尤其频发，运用科学有效的方法解决网络舆情冲突问题对降低社会风险、促进社会稳定具有重要意义。

冲突分析图模型是解决各类冲突事件的有效方法。通过决策者提供相应的信息，为决策者或者政策制定者提供规避冲突的战略性建议。首先，它根据对冲突事件背景的分析，提炼出冲突问题的决策者；其次，根据可行状态的条件，甄选决策者的可行方案，判断决策者的状态转移情况和偏好等信息；再次，根据不同的稳定性解的逻辑定义，求得使各决策者满意的均衡解；最后，给出合理的冲突解决方案。因此，冲突分析图模型理论能为解决网络舆情等社会冲突事件提供新思路。

本章将系统地介绍冲突分析图模型在网络舆情冲突中的应用。首先介绍网络舆情冲突背景，以及舆情冲突背景下的四方关键主力：网民和舆论领袖、媒体、涉事企业以及政府机构。其次，详细阐述冲突分析图模型基本理论，包括图模型定义、冲突主体及其策略、偏好信息以及简单偏好下稳定性的逻辑定义等，并以"意大利新冠疫情防护冲突事件"为例详细介绍冲突分析相关软件的使用操作。最后，基于冲突分析图模型理论构建并求解网络舆情冲突模型，根据模型结果提出合理的舆情消解策略。

通过本章的学习，读者可以充分认识并掌握简单偏好下的冲突分析图模型方法，并结合前面掌握的社会网络分析的相关知识，有能力在社会冲突治理领域进行初步的尝试，提出合理的冲突解决方案。未来，读者可以进一步了解并学习冲突分析图模型的不确定偏好等更多理论知识，分析并解决多个领域的复杂冲突问题。

6.1 网络舆情冲突背景

随着信息技术和通信革命赋能普通人，网络媒体成为公众表达情感、态度、意见的最理想平台，人人表达、人人参与舆情传播的时代悄然到来。网络舆情指的是，公众受到公共事件的刺激，通过互联网传播的对于该事件的所有认知、态度、情感和行为倾向的集合。正面的网络舆情传播有利于推动社会进步，但负面舆情扩散引起的社会焦虑、恐慌，可能会威胁社会稳定和社会秩序正常运行，给政府公共治理带来挑战。因此，研究网络舆情传播，分析其冲突机制，帮助决策者达成各方都能接受的解决方案，将对政府舆情治理具有一定意义。

关于网络舆情主体冲突研究，目前主要集中于两方和三方主体博弈研究。两方主体博弈研究中，多数学者运用不同的研究方法讨论政府和网民博弈行为机制。例如，霍良安和邵洋洋（2016）运用秩依效用理论，研究了以网络大 V 为代表的舆情传播者和政府部门为代表的网络舆情管控者带有心理偏好时的博弈状态，依据不同的实际情况分析其纳什（Nash）均衡（Nash，1950）；王淑萍（2012）以政治权力的持有者（政府）和政治权利的诉求者（网民）讨论了权利与权力的非合作博弈，提出建立符合社会演进机制的准稳态制度是实现非合作博弈向合作博弈转化，解决网络舆情危机的根本目的指向；李勇建和王治莹（2014）运用结构化描述方法分析了突发事件中社会公众与政府部门舆情产生和传播动力学机制，建立了传播主体决策行为和博弈关系结构化描述框架。

以上学者牢牢抓住网络舆情博弈最核心的主体——政府和网民进行研究。但实际上，在大众传媒时代，媒体充当扩音器角色，起到推波助澜的作用不容忽视。张波（2013）运用经典博弈和演化博弈理论，静态、动态分析了政府与媒体的博弈关系，提出构建双方良性互动的合作关系是解决网络舆情危机的唯一途径，也是处理好政府与媒体关系的最佳选择；张立凡等（2022）针对媒体参与报道的网络舆情传播，建立了媒体与政府、网民与意见领袖的两类博弈模型，将考虑公平因素的收益函数引入博弈收益矩阵中，给出政府应对和管理网络舆情的最优策略。

两方博弈直观、简洁地揭示了博弈双方的利益互动导致舆情演化的过程。但随着网络推广和网络营销的兴起，企业、网络水军、网络推手等利益相关主体纷纷入局舆情博弈，使博弈主体日趋多元化，两方博弈模型在解决实际问题时往往鞭长莫及，因此多主体舆情博弈应时而生。多主体博弈围绕三方博弈展开，以陈福集研究团队为主要力量（林玲和陈福集，2023）。该团队运用演化博弈理论和复制动态分析方法，通过演化稳定性和均衡分析，提出解决舆情危机的最优策略，分别构建了网民、网媒和政府，政府、企业和公民，意见领袖、网民和政府，网络推手问题中的当事人、网络推手、政府等三方博弈，以及根据舆情主体分类与不同参与主体组合匹配，构建了网络媒体（有商业利益诉求的独立组织）、网络水军、网民和政府中的三方博弈模型。

三方博弈模型虽然丰富了博弈主体，关照到了网络舆情传播中的企业、网络水军、网络推手、意见领袖等力量，但也必须清晰认识到，三方博弈并非能够真实还原现实中的网络舆情博弈过程。任何一件喧嚣的网络舆情事件绝不仅仅是三方博弈过程，而是所有利益相关主体交互式决策的过程。因而，增加博弈主体有助于真实反映舆情博弈过程。

本章在网民、媒体和政府机构三方主体博弈基础上，引入舆论领袖（opinion leader，OL）和涉事企业，构建网络舆情四极意见形成模型（图 6-1）。为了建模方便，假设舆论领袖和网民目标基本一致，利益统一，将二者合二为一。公共事件是社交网络舆情产生的来源和导火索，舆情成为热点的前提是事件本身具有较强的争议性，触动网民神经，短时间内吸引网民、媒体、OL、涉事企业和政府机构等关键主体入局。这些力量因为目标的不相容性而产生冲突，在不断冲突和交互式决策中，舆情信息由一个节点逐渐向整个网络空间扩散的过程就形成了网络舆情的演化。

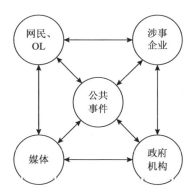

图 6-1　网络舆情四极意见形成模型

6.2　图模型冲突建模

博弈论的分类，按照冲突中决策者对数据信息的掌握情况，可以分为精确信息和相对信息两种情况。经典博弈论中的方法，在计算的过程中都需要精确的数据信息支持，因此属于博弈论中精确信息分支下的内容，主要包括正规形式、扩展形式和合作博弈等。但是，在现实的冲突问题中，由于社会环境的复杂性，我们很难获得精确的数据信息。因此，基于亚对策理论，根据数学和逻辑学的方法，以相对信息为基础的冲突分析图模型（graph model for conflict resolution，GMCR）应运而生（Kilgour et al.，1987）。与经典博弈论中的方法相比，GMCR 不会过多地依赖精确数据，这就使其应用范围更加广泛，更能简单、灵活地处理冲突问题，得出最终的均衡解。

6.2.1　GMCR 定义

与其他分析战略冲突的方法相比，GMCR 方法有以下三大优点。

（1）能够处理不可逆的移动。

（2）提供了一种灵活的定义、比较以及表征解的概念的框架。

（3）容易应用到实际中。

GMCR 可以通过 $V = \{N, S, P, G\}$ 来表示。其中 $N(N \geqslant 2)$ 是一个包括全部决策者在内的有限非空集合；S 为可行状态的集合，其中每个可行状态都是由所有决策者的某个方案组合构成；P 为偏好信息，表示决策者对每个可行状态的偏好程度；G 用来表示决策者的状态转移情况。GMCR 理论分析冲突问题的过程主要包括三步：建模、稳定性分析和稳定后分析。其中，建模是在对冲突事件背景分析的基础上识别冲突过程中涉及的决策者及其采取的行为，确定决策者、可行状态、状态转移情况和偏好信息；稳定性分析主要是根据稳定性的定义计算个体和全局的稳定性，得出稳定解；稳定后分析是指对决

策者进行结盟分析，同时获得从非均衡状态到达均衡状态的路径。图 6-2 显示了 GMCR
的全过程。

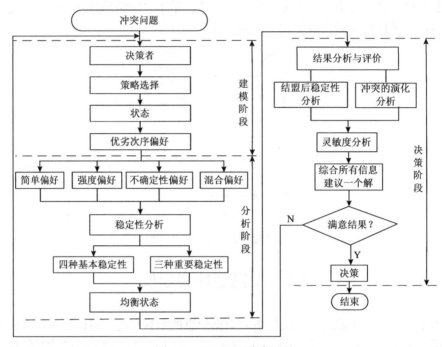

图 6-2　GMCR 理论全过程

现实的冲突问题，一般是以杂乱无章并且比较复杂的形态显现在决策者的面前，很
难找出合理的解决方案。因此，GMCR 理论是在详细分析冲突问题背景的基础上，将现
实中难以定量分析的冲突事件抽象为数学模型，采用定性分析与定量分析相结合的方法
加以研究。

6.2.2　冲突主体及其策略

在 GMCR 中，决策者是能够独立作出决策的个体或团体。同时，在一个冲突问题中，
要求决策者的数量至少有两个或两个以上，并且处在同一个冲突系统中，有着独立的利
益追求。在现实冲突中，为了便于建模，通常会把目标一致、利益统一的多个决策者合
并为一个决策者。

在实际冲突中，各决策者拥有着独立制定策略的权利，均有着自己的策略选择集合。
决策者在行动中会从其策略集合中选择一个或多个策略，然后根据冲突中其他决策者的
行为变动从而调整自己的策略选择。当决策者选择某策略时，用"Y"来表示，如果没
有使用该策略，则用"N"来表示。

新冠疫情是意大利历史上一次重大突发公共卫生事件。为了切断疫情传播，国家采
取果断措施，除了生活必需的相关经营活动外，暂停所有不必要的社交、经营活动。但
是，部分企业特别是中小企业，因停工停产，资金链断开，陷入困境。疫情好转后，迫
不及待地开工恢复生产。然而，疫情反复，部分企业超负荷生产，过度追求效益，放松

疫情防范警惕。在防控过程中，冲突主体包括中央政府（DM1）、地方政府（DM2）和企业（DM3）。

中央政府（DM1）的策略有一种。

（1）修改：适当修改政策，放宽监管，允许适度开展经济活动。

地方政府（DM2）的策略有一种。

（2）服从：坚决服从中央指挥，按期实施中央政府的防疫方案，主动向中央政府汇报方案实施情况。

企业（DM3）的策略有两种。

（3）实施：按期实施政府的防疫方案。

（4）放弃：放弃生产经营权，宣告破产。

6.2.3　冲突分析图模型

在冲突中，决策者能够自主选择策略，当所有的决策者均选择完成后，将各决策者的策略选择情况进行组合，构成一个冲突局势（状态）。例如，在"意大利新冠疫情防护冲突事件"中，中央政府不选择修改当前政策，表示为"N"，地方政府选择服从中央指导时，表示为"Y"，企业不选择实施防疫方案，且不选择放弃生产经营权，表示为"N N"，此时，组合三个决策者的策略选择为"N Y N N"，形成一个状态，该状态表示的含义为此次冲突事件发生后，中央政府不选择修改政策，继续执行当前防疫政策，地方政府选择服从中央指导，贯彻当前防疫方案，而企业选择不执行当前的防疫方案且继续在当地生产经营。

通过上述分析，我们可以看出，由于决策者对待某一策略的状态有两种：选择和不选择，即"Y"和"N"，因此，假设冲突中共含有 k 个策略，则从逻辑推理来看，一共有 2^k 种状态。但冲突中并不是所有的状态都是可以实际发生的，有些状态可能并不符合实际情况，也就是不可能发生的，这样的状态称为不可行状态，相应地，其他的状态称为可行状态。以下四种状态在逻辑上被称为不可行状态：①在逻辑推理上不可能形成；②在策略的优先选择上不可能产生的；③在合作可能上不可行；④在递阶要求上不可行（汪应洛，2008）。

状态转移表示冲突中某决策者在其他决策者的策略选择不发生变化的情况下，出于某些情况考虑，比如，为了自身利益或者冲突的有效解决等，而改变自己的策略选择，使得当前冲突局势发生变化，从当前状态转移到另一状态。在 GMCR 中，冲突的可行状态以及决策者的状态转移是用一个完整的有向图来表示的，称为冲突分析图模型。在冲突分析图模型中，各可行状态（s）用圆点表示，可行状态的编号（如 s_1）写在圆点旁。决策者 i 从某状态（初始状态）转移到另一状态（可达状态）用有向弧（A_i）表示。弧尾表示初始状态，箭头表示可达状态。比如，$(s_1, s_2) \in A_i$ 表示决策者从状态 s_1 转移到 s_2。因此，通过冲突分析图模型可以完整地描述冲突中含有的所有可行状态以及决策者的状态转移情况。

在"意大利新冠疫情防护冲突事件"中，从逻辑上看，三个决策者总共有 4 个策略可供选择，因此应该有 2^4 种状态，即 16 种状态。但事实上，如果企业选择直接放弃当地的生产经营权，宣告破产，无论其他两个决策者选择什么样的策略，都会解决当前的冲突问题。所以状态 s_9 实际上包含了 8 种状态。因此，最后此次冲突事件共包含 9 种状态，如表 6-1 所示。其中，"-"表示"Y"或者"N"。

表 6-1　"意大利新冠疫情防护冲突事件"的可行状态

决策者	策略	s_1	s_2	s_3	s_4	s_5	s_6	s_7	s_8	s_9
DM1	修改	N	Y	N	Y	N	Y	N	Y	-
DM2	服从	N	N	Y	Y	N	N	Y	Y	-
DM3	实施	N	N	N	N	Y	Y	Y	Y	-
	放弃	N	N	N	N	N	N	N	N	Y

图 6-3～图 6-5 分别为 DM1、DM2 和 DM3 的状态转移图模型。其中，双向的箭头表示状态之间可逆，单向的箭头表示状态之间不可逆。

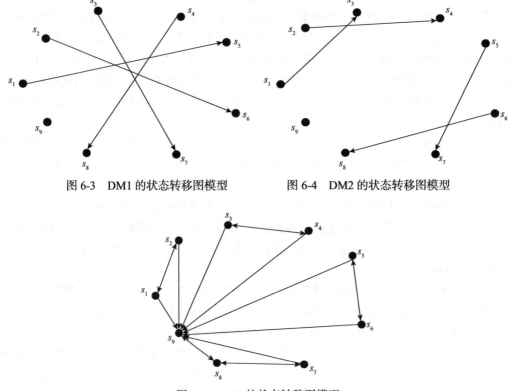

图 6-3　DM1 的状态转移图模型　　　　图 6-4　DM2 的状态转移图模型

图 6-5　DM3 的状态转移图模型

6.2.4　冲突主体偏好信息

在 GMCR 中，偏好是指决策者从自身期望出发对局势进行判断从而给出的可行状态间的优劣次序。我们将决策者 i 的简单偏好结构表示为 $P = \{\sim_i, \succ_i\}$，符号"$\succ$"和"$\sim$"分别表示一个决策者对待不同状态的偏好信息。比如，对于任意的两个可行状态 $s, q \in S$，

$s \succ_i q$ 表示对于决策者 i，状态 s 优于状态 q；$q \succ_i s$ 表示状态 q 优于状态 s；$s \sim_i q$ 表示对于决策者 i，状态 s 与状态 q 等价。$s, q \in S$ 满足下列三个性质。

性质一：$\succ_i$ 满足不对称性。对于 $s, q \in S$，$s \succ_i q$ 和 $q \succ_i s$ 两者不能同时成立。

性质二：$\sim_i$ 满足自反性和对称性。对于 $s, q \in S$，$s \sim_i s$ 成立，称为自反性。如果 $s \sim_i q$，那么 $q \sim_i s$，称为对称性。

性质三：$\{\sim_i, \succ_i\}$ 满足完备性。对于 $s, q \in S$，$s \succ_i q$，$s \sim_i q$，$q \succ_i s$ 必有一个满足。与此同时，对于 $s \succeq q$，其等价于 $s \succ_i q$ 或者 $s \sim_i q$，并且 $s \prec_i q$ 等价于 $q \succ_i s$。

策略优先权排序法（Fang et al., 2003）是由决策者根据自身的期望目标并通过对策略进行优先组合，提供能够表达自身偏好想法的几条语句，进而给出偏好序列的一种方法。对于每个决策者，决策者需要给出一个由一些声明（statements）所组成的次序集合，声明由一些策略编号和逻辑关系符号构成。在一个特定状态 $s \in S$ 处，每个声明 Ω 取一个值，T 或 F。如果 $\Omega(s) = T$，说明状态 s 满足该声明；否则 $\Omega(s) = F$，状态 s 不满足该声明。在这些声明中，在次序集合中出现越早的声明会被认为拥有越大的优先权。状态之间的偏好次序可以通过下述方式给予确定：令 $\{\Omega_1, \Omega_2, \cdots, \Omega_k\}$（按照从优到劣的顺序进行排序）为一些声明所组成的集合。状态 $s_1 \in S$ 优于状态 $s_2 \in S(s_1 \neq s_2)$ 当且仅当存在 j，$0 < j \leqslant k$，使得

$$\Omega_1(s_1) = \Omega_1(s_2)$$
$$\Omega_2(s_1) = \Omega_2(s_2)$$
$$\vdots$$
$$\Omega_{j-1}(s_1) = \Omega_{j-1}(s_2)$$
$$\Omega_j(s_1) = T, \; \Omega_j(s_2) = F$$

声明可以是非条件形式、条件形式或者双条件形式。非条件形式的声明由一些策略编号和逻辑关系符号构成，这些符号包含"非"关系符号（"not"或"-"），"与"关系符号（"and"或"&"）和"或"关系符号（"or"或"|"）。括号"（"和"）"被用来控制声明中的一些操作具有相同的优先权。在某个策略编号前加上"非"关系符号（"-"）说明相应决策者不喜欢这个策略。条件形式或者双条件形式的声明由两个非条件形式的声明和符号"IF"或"IFF"组成。

使用策略优先权排序法对状态进行排序有两种方式，分值形式和偏好树形式。下面重点介绍分值形式。对于决策者 i，通过给每个状态设定一个"分值"$\Psi(s)$ 来对这些状态按照分值从大到小的顺序进行排序。假设 k 为给出声明的数量，$\Psi_j(s)$ 为状态点基于声明 $\Omega_j(s)$ 的增分值，$0 < j \leqslant k$。定义：

$$\Psi_j(s) = \begin{cases} 2^{k-j}, & \Omega_j(s) = T \\ 0, & \text{其他} \end{cases}$$

则各状态的分值为 $\Psi(s) = \sum_{j=1}^{k} \Psi_j(s)$。

6.3 冲突分析图模型稳定性及相应软件介绍

6.3.1 简单偏好下稳定性的逻辑定义

GMCR 理论的重要作用不单是能为决策者提供一个灵活、实用的冲突分析图模型，更主要的是它能够为决策者提供一套合理的各个决策者都满意的冲突解决方案，而这个解决方案的确定主要是靠 GMCR 中的稳定性分析获得，因此对 GMCR 中的稳定性的深入研究是十分必要的。

GMCR 中稳定性的定义涉及可达集的概念，因此，定义稳定性之前首先介绍可达集及其相关性质。设 N 为决策者集，S 为状态集，决策者 $i \in N$，初始状态 $s \in S$，用 A_i 表示决策者 i 的所有弧集（Kilgour and Hipel，2010；Fang et al.，1993；Yu et al.，2015），对于可达集有以下表示。

（1）$R_i(s) = \{q \in S : R_i(s,q) \in A_i\}$，表示决策者 i 从初始状态 s 开始，经过转移可到达的状态集合。

（2）$R_i^+(s) = \{q \in S : R_i(s,q) \in A_i, \text{且} q \succ_i s\}$，表示决策者 i 从初始状态 s 开始，经过转移到达的单方面改进的可达状态的集合，常称为改良可达集。

（3）$R_i^=(s) = \{q \in S : R_i(s,q) \in A_i, \text{且} q \sim_i s\}$，表示对于决策者 i，与初始状态 s 等价的可达状态的集合。

对于多个决策者的情况，需要进一步研究结盟可达集。在结盟单方面移动的合理序列中，任意决策者都有可能移动数步，但是不会连续移动两步或以上。设 $H \subseteq N$ 是决策者集合中的任意子集，$R_H(s) \subseteq S$ 代表 H 中的多个或者所有决策者从初始状态 s 开始的任意单方面移动的合理序列可以到达的状态的集合。如果 $q \in R_H(s)$，则 $\Omega_H(s,q)$ 表示在合理序列中从初始状态 s 到状态 q 的所有最后的决策者集合。相同的，单方面改进的合理序列表示被结盟体中成员允许的单方面改进的序列，其中，任意决策者都有可能移动数步，但是不会连续移动两步或以上。$R_H^+(s) \subseteq S$ 代表 H 中的多个或者所有决策者从初始状态 s 开始的任意单方面改进的合理序列可以到达的状态的集合。如果 $q \in R_H^+(s)$，则 $\Omega_H^+(s,q)$ 表示在合理序列中从初始状态 s 到达状态 q 的所有最后的决策者的集合。

定义 6-1 设 $s \in S$，$H \subseteq N$，且 $H \neq \varnothing$。结盟 H 的单方面移动 $R_H(s) \subseteq S$，则有以下结论。

（1）如果 $j \in H$，$q \in R_j(s)$，那么 $q \in R_H(s)$ 并且 $j \in \Omega_H(s,q)$。

（2）如果 $s_1 \in R_H(s)$，$j \in H$，$s_2 \in R_j(s_1)$，则有 $\Omega_H(s,s_1) \neq \{j\}$，$s_2 \in R_H(s)$ 且 $j \in \Omega_H(s,s_2)$。

定义 6-2 设 $s \in S$，$H \subseteq N$，且 $H \neq \varnothing$。结盟 H 的单方面改进 $R_H^+(s) \subseteq S$，则有以下结论。

（1）如果 $j \in H$，$s_1 \in R_j^+(s)$，那么 $s_1 \in R_H^+(s)$ 并且 $j \in \Omega_H^+(s,s_1)$。

（2）如果 $s_1 \in R_H^+(s)$，$j \in H$，$s_2 \in R_j^+(s_1)$，则有 $\Omega_H^+(s,s_1) \neq \{j\}$，$s_2 \in R_H^+(s)$ 且

$j \in \Omega_H^+(s, s_2)$。

定义 6-3　设 $s \in S$，$H \subseteq N$，且 $H \neq \varnothing$，结盟 H 的单方面移动 $R_H(s) \subseteq S$，结盟 H 的单方面改进 $R_H^+(s) \subseteq S$，则有以下结论。

（1）$R_H = \bigcup_{s \in S} R_H(s)$ 为结盟的单方面移动。

（2）$R_H^+ = \bigcup_{s \in S} R_H^+(s)$ 为结盟的单方面改良。

相对偏好下的基本稳定性主要包含四种：Nash 稳定、一般超理性（general metarationality，GMR）稳定（Howard，1971）、对称超理性（symmetric metarationality，SMR）稳定（Howard，1971）和序列（sequential，SEQ）稳定（Fraser and Hipel，1984）。下面分别根据决策者的状态转移情况及其对手的反应情况对这四种基本稳定性进行逻辑定义。

定义 6-4　Nash 稳定：设 N 为决策者集，S 为状态集，对于决策者 $i \in N$，如果状态 $s \in S$ 满足 $R_i^+(s) = \varnothing$，则状态 s 是决策者 i 的纳什稳定状态，即 Nash 稳定。

如果状态 s 对于冲突问题中所有的决策者而言都是 Nash 稳定，那么状态 s 为 Nash 均衡状态。Nash 稳定的逻辑定义表明，如果对于一个决策者，在某个状态处不存在改良的可达集，即在该状态处，无论该决策者怎么转移，所到达的状态都不优于原状态，因此该决策者就不会有单方面移动的趋势，则该状态就是该决策者最终的状态。

定义 6-5　GMR 稳定：设 N 为决策者集，S 为状态集，决策者 $i \in N$，状态 $s \in S$，如果对于任一状态 $s_1 \in R_i^+(s)$，至少存在一个 $s_2 \in R_{N-\{i\}}(s_1)$，有 $s \succeq_i s_2$，则状态 s 是决策者 i 的一般超理性稳定状态，即 GMR 稳定。

如果状态 s 对于冲突问题中所有的决策者都是一般超理性稳定，那么状态 s 为一般超理性均衡状态。从 GMR 稳定的逻辑定中可以看出，决策者 i 作出的决策将受到对手的反击，且对手作出的反击不会考虑对自己的影响。当决策者 i 的任意单方面改进的移动都受到对手的回击，并且对于决策者 i，回击后到达的状态劣于原来的初始状态，此时决策者 i 就不再从状态 s 转移到其他状态，该状态就是决策者 i 的 GMR 稳定状态。

定义 6-6　SMR 稳定：设 N 为决策者集，S 为状态集，决策者 $i \in N$，状态 $s \in S$，如果对于任一状态 $s_1 \in R_i^+(s)$，存在一个状态 $s_2 \in R_{N-\{i\}}(s_1)$，有 $s \succeq_i s_2$，并且对于任一 $s_3 \in R_i(s_2)$，有 $s \succeq_i s_3$，则状态 s 是决策者 i 的对称超理性稳定，即 SMR 稳定。

如果状态 s 对于冲突问题中所有的决策者都是 SMR 稳定，那么 s 为全局 SMR 均衡状态。从定义 6-6 可以看出，SMR 稳定中，决策者 i 作出的决策不仅会受到对手的回击，同时决策者 i 自己也会对对手的回击作出相应的反击，直到自己反击后，博弈过程才会结束。对于决策者 i，如果回击后到达的状态中有劣于原来的初始状态的状态，同时决策者 i 反击后到达的状态都劣于原来的初始状态，则决策者 i 就不会从状态 s 发生移动，该状态就是决策者 i 的 SMR 稳定状态。

定义 6-7　SEQ 稳定：设 N 为决策者集，S 为状态集，决策者 $i \in N$，状态 $s \in S$，对任一状态 $s_1 \in R_i^+(s)$，至少存在一个 $s_2 \in R_{N-\{i\}}^+(s_1)$，使得 $s \succeq_i s_2$，则状态 s 是决策者 i 的序列稳定，即 SEQ 稳定。

如果 s 对于冲突问题中所有的决策者都是序列稳定状态，那么 s 为全局序列均衡状态。从 SEQ 稳定的定义可知，SEQ 稳定与 GMR 稳定类似，但是 SEQ 稳定中对手的回击会考虑自己的利益，选择的转移状态要对自己有利，而不是没有目的的回击。

当冲突问题中仅有两个决策者时，即 $N = \{i, j\}$，则上述定义中的 $R_{N-\{i\}}(s_1)$ 将退化为 $R_j(s_1)$，来反映两决策者情况下的相对偏好的稳定性。只有当某一状态在某个稳定性下，对所有的决策者都是稳定的，此时，该状态就是该稳定性的均衡状态，即稳定是对一个决策者而言的，而均衡是针对所有决策者而言的。

6.3.2 软件介绍

GMCR 决策支持系统的发展主要经历了三个阶段：GMCRII、基于矩阵形式的冲突分析（matrix representation of solution concept，MRSC）和 NUAAGMCR（GMCR by Nanjing University of Aeronautics and Astronautics，南京航空航天大学决策支持系统）。其中 GMCRII 是由加拿大滑铁卢大学基尔戈（Kilgour）和海珀（Hipel）团队开发设计的，该系统可以对简单偏好下的冲突问题进行建模和稳定性分析，功能相对简单。后两个系统是由南京航空航天大学徐海燕教授团队开发的，能实现简单偏好、不确定偏好、强度偏好及混合偏好的建模和稳定性分析功能，功能更加完备。

GMCR 理论最初是以逻辑表达形式进行描述，冲突分析决策支持系统 GMCRII 正是基于逻辑表达形式开发的，该系统在计算机上实现了简单偏好下冲突建模过程和稳定性分析，极大地推动了 GMCR 理论乃至整个冲突分析理论的发展。然而，逻辑形式的表述使得 GMCR 理论中的有些模型、算法很难开发，GMCRII 不能实现强度偏好、不确定偏好及混合偏好下的冲突求解，大大阻碍了 GMCR 的理论发展和应用范围。近年来，图模型的矩阵表达形式被提出和发展起来。这种矩阵表达形式更有利于理论的研究和算法的开发。而 MRSC 和 NUAAGMCR 两类决策支持系统是基于矩阵表达形式，使得相应的理论算法更易于编程实现，不仅能够处理简单偏好的情况，还能够对强度偏好、不确定偏好和混合偏好的情况进行建模及稳定性分析。下面以 GMCRII 冲突分析决策支持系统为例进行介绍，并通过具体案例应用展示系统使用流程。

1. 系统介绍

GMCRII 系统建模功能比较齐全，尤其是决策者偏好信息的输入比较方便，提供了简单偏好下的三种偏好排序的方法，即直接状态排序法、策略加权平均法和策略优先权排序法，只需要相关决策者提供一些能够表达其偏好想法的语句，输入到系统中，就可以得到相应决策者的偏好序列，使用起来比较方便。该系统也能够对冲突的稳定性进行分析，GMCRII 系统界面如图 6-6 所示。

2. 案例应用

表 6-1 和表 6-2 分别是"意大利新冠疫情防护冲突事件"的可行状态与各决策者的偏好信息。

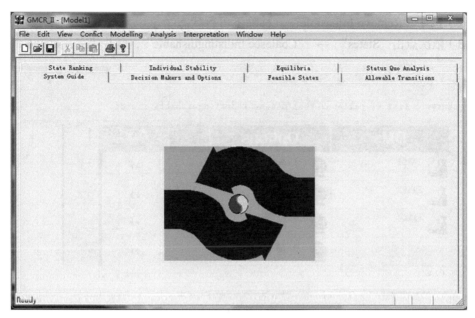

图 6-6 GMCRII 系统界面

表 6-2 各决策者偏好信息

决策者	偏好信息
DM1	$s_7 \succ s_8 \succ s_5 \succ s_6 \succ s_4 \succ s_3 \succ s_1 \succ s_2 \succ s_9$
DM2	$s_8 \succ s_6 \succ s_4 \succ s_2 \succ s_7 \succ s_5 \succ s_3 \succ s_1 \succ s_9$
DM3	$s_6 \succ s_8 \succ s_2 \succ s_4 \succ s_3 \succ s_1 \succ s_5 \succ s_7 \succ s_9$

第一步：生成可行状态。

（1）选中"Generate Possible"，输入决策者、策略信息，如图 6-7 所示。

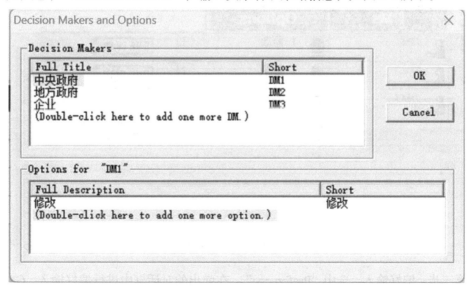

图 6-7 输入决策者、策略信息

（2）选中"Remove Infeasible"，移除不可行状态。

（3）依次点击"States" → "Coalesce Indistinguishable"，合并状态，如图6-8所示。

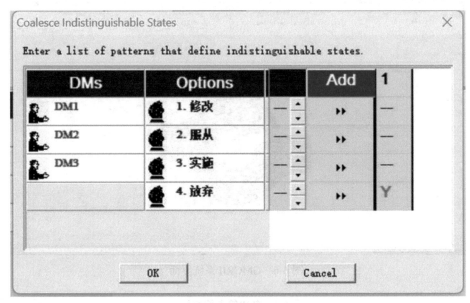

图6-8　合并状态

第二步：设置策略转移方向。选中"Transition"进行设置。此案例中，策略1与策略2和策略4只能从N转移到Y；策略3无限制，如图6-9所示。

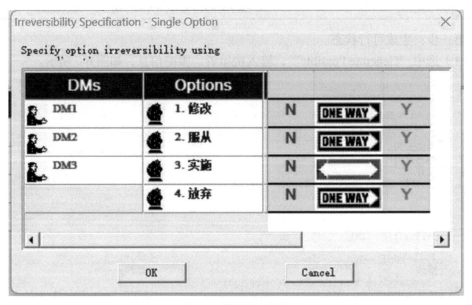

图6-9　设置状态转移

第三步：偏好输入。选中"Preference"，在弹出的对话框中进行偏好输入。GMCRII中决策者偏好信息的输入共有三种方法，即直接状态排序法、策略加权平均法和策略优先权排序法，分别如图 6-10～图 6-12 所示。

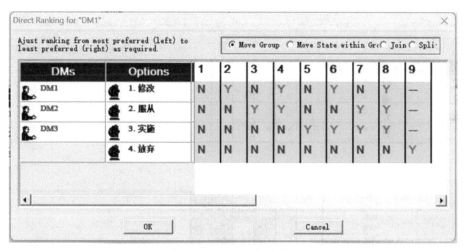

图 6-10 直接状态排序法

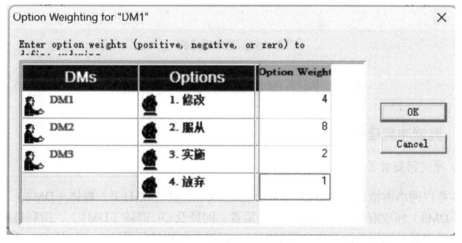

图 6-11 策略加权平均法

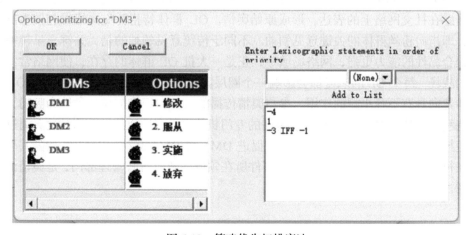

图 6-12 策略优先权排序法

第四步：稳定性分析结果，如图 6-13 所示。

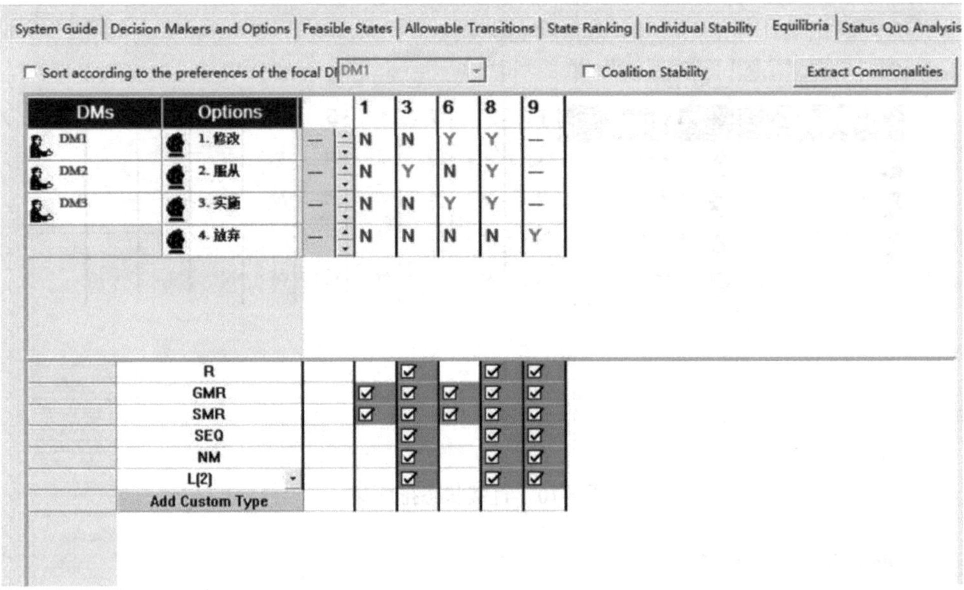

图 6-13　稳定性分析

6.4　网络舆情冲突及其消解策略

6.4.1　舆情冲突建模

1. 冲突问题背景描述

本章以网络舆情冲突的核心主体，网民及 OL 群体（DM1）、媒体（DM2）、涉事企业（DM3）和政府机构（DM4）为决策者。网民及 OL 群体（DM1），指利益相关的网民和基于某种原因关注事态发展的网民。网民参与舆情传播的主要目的是，通过舆论施压于 DM3 和 DM4，使公共事件得到关注和回应，捍卫自身利益。其信念、态度、意见和情感在社交网络上的表达，形成原始舆情。OL 群体特指社交网络崛起催生出的新群体，即指向粉丝群体的关键意见领袖。不同于传统意见领袖的是，关键意见领袖维持粉丝聚合黏性的能力更强，网络场域中，正是一大批 OL 群体的存在，使网络常常成为舆论的战场。每个 OL 的态度都会影响一个圈层舆论的倾向性。在舆情传播中，OL 群体对舆情走向具有不容小觑的作用。参与舆情传播的目的在于维护粉丝黏性和吸粉，和网民保持利益一致。DM2 指从事信息传播的专门机构，具有广泛的社会影响力，通过显著性报道放大或者掩盖公共事件关注度，促进 DM1 与 DM4 互动。DM3 特指公共事件发生所在行业的当事企业。DM4 即公共事件所在领域的政府行政管理部门，是舆情演化的调控者。

2. 策略的形成

在网络舆情冲突中，各方冲突主体可以选择的策略较多。DM1 在舆情传播中扮演曝光者和助推者角色；DM2 披露舆情的传播和发展；DM3 为了避免企业形象受损会采取一定的措施；DM4 为了治理舆情、避免社会矛盾会介入调查等。为了从海量的文本数据中精准提取各决策者的关键策略，可利用代码语言进行文本挖掘，其中包括文本数据采集、数据预处理和数据分析三个步骤。首先采集社会舆情相关的文本信息，其次对采集到的文本信息进行分析，提取并统计冲突方策略特征词的词频，整理合并后得到 DM1、DM2、DM3 和 DM4 各自的策略（表 6-3 和表 6-4）。

表 6-3　"网络舆情冲突事件"各主体的策略特征词及词频

主体	策略特征词	词频
DM1	传播	824
	交流	545
	扩散	414
	互动	155
	信息传播	35
	表达看法	28
	发表观点	19
	表达情感	4
DM2	采访	357
	报道	324
	不实报道	19
	袒护	8
DM3	内部调查	288
	道歉	154
	司法	83
	上诉	38
	委托	22
DM4	引导	157
	立法	114
	舆情监测	24
	舆论监管	17
	健全法律	11
	监测机制	9

表 6-4　"网络舆情冲突事件"各主体的策略

主体	策略	策略解释
DM1	传播	当公共事件爆发后，通过社交网络积极表达观点、想法、态度、意见、情感等
DM2	报道	基于社会属性，为避免舆情冲突进一步恶化，及时客观报道公共事件，消除公众疑虑，转移公众注意力
DM2	阻止	基于经营属性，为迎合网民关切，对事件进行片面报道，散布不实信息，以获得关注度和点击率
DM3	回应	回应网民关切，整改纠错企业内部问题，维护企业形象，减少客户流失，避免政府罚金带来的损失
DM3	上诉	针对网民及媒体的造谣生事的行为提起上诉，利用法律维护自身合法权益
DM4	监管	介入公共事件，对事件展开调查，监管企业的不当行为
DM4	监测	建立舆情监测机制，对网民及媒体的不当行为进行舆情监控和引导

3. 可行状态集

从逻辑上看，总共有 2^7 种状态，即 128 种状态。但事实上，可行状态只有 25 种，因为 DM2 只能在策略"报道"和"阻止"之间最多选一，如果选择策略"报道"就不能选择策略"阻止"，反之也是如此。当 DM2 选择策略"阻止"，DM3 肯定选择策略"上诉"，以维护自身权益。除此之外，如果 DM4 采取策略"监管"，DM3 受到 DM4 的施压，必须选择策略"回应"整改，则无论其他决策者选择什么策略，舆情事件都会解决。因此，舆情冲突中，最后共包含 25 种合理状态，如表 6-5 所示。其中，"Y"表示决策者选择该策略，"N"表示决策者放弃该策略，"-"表示既可以选择"Y"，又可以选择"N"。

表 6-5　"网络舆情冲突事件"的可行状态集

决策者	策略	s_1	s_2	s_3	s_4	s_5	s_6	s_7	s_8	s_9	s_{10}	s_{11}	s_{12}	s_{13}
DM1	传播	N	N	N	N	N	N	N	N	N	N	N	N	Y
DM2	报道	N	N	N	N	N	N	N	N	Y	Y	Y	Y	N
DM2	阻止	N	N	N	N	Y	Y	Y	Y	N	N	N	N	N
DM3	回应	N	N	Y	Y	Y	Y	Y	Y	Y	Y	Y	Y	Y
DM3	上诉	N	N	N	Y	Y	Y	Y	Y	Y	N	N	N	N
DM4	监管	N	N	N	N	N	N	N	N	N	N	N	N	N
DM4	监测	N	Y	N	N	N	N	N	N	N	Y	N	Y	N

决策者	策略	s_{14}	s_{15}	s_{16}	s_{17}	s_{18}	s_{19}	s_{20}	s_{21}	s_{22}	s_{23}	s_{24}	s_{25}
DM1	传播	Y	Y	Y	Y	Y	Y	Y	Y	Y	Y	Y	-
DM2	报道	N	N	N	N	N	N	N	Y	Y	Y	Y	-
DM2	阻止	N	N	N	Y	Y	Y	Y	N	N	N	N	-

续表

决策者	策略	s_{14}	s_{15}	s_{16}	s_{17}	s_{18}	s_{19}	s_{20}	s_{21}	s_{22}	s_{23}	s_{24}	s_{25}
DM3	回应	N	Y	Y	N	N	Y	Y	N	N	Y	Y	-
	上诉	N	N	N	Y	Y	Y	Y	N	N	N	N	-
DM4	监管	N	N	N	N	N	N	N	N	N	N	N	Y
	监测	Y	N	Y	N	Y	N	Y	N	Y	N	Y	-

4. 状态转移图模型

图 6-14～图 6-17 描述了决策者 DM1、DM2、DM3、DM4 的状态转移图模型。圆点表示 25 种可行状态, 箭头方向表示由初始状态转移到可达状态, 双箭头表示状态之间可逆, 单箭头表示状态之间不可逆。

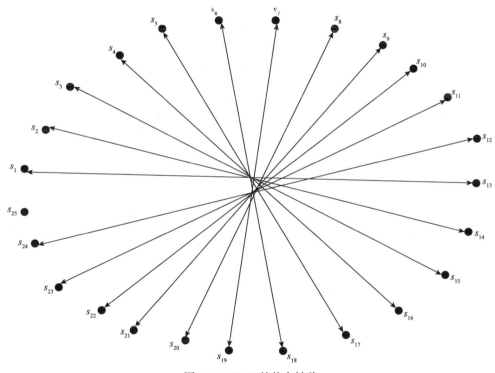

图 6-14　DM1 的状态转移

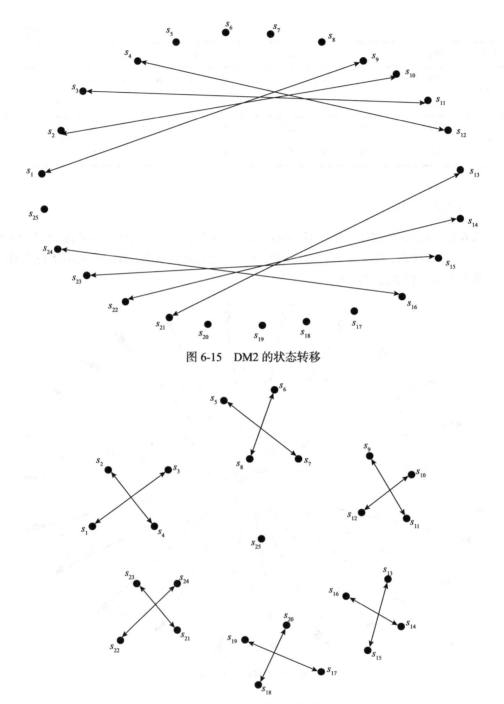

图 6-15　DM2 的状态转移

图 6-16　DM3 的状态转移

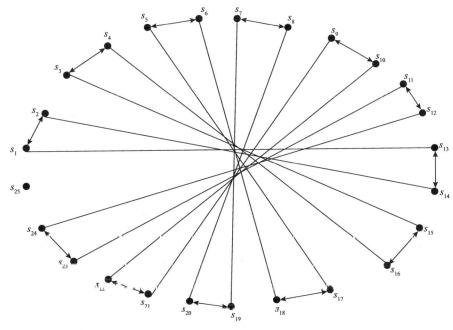

图 6-17　DM4 的状态转移

5. 偏好信息

根据社交网络舆情冲突，利用策略优先权排序法，分析得出四个决策者的具体偏好声明及解释说明，如表 6-6 所示。

表 6-6　DM1、DM2、DM3、DM4 偏好声明及解释说明

决策者	声明	解释说明
DM1	2	希望 DM2 对公共事件进行跟踪报道，公众享有知情权
	1	希望通过 DM2 助推舆情扩散，给 DM3、DM4 施加舆论压力，推动事件的解决
	6	希望 DM4 及时介入调查，给公众交代
	4	希望 DM3 对公共事件予以回应
	−1IFF6	当且仅当 DM4 对 DM3 实施监管策略并介入调查时，才不进行舆情传播
DM2 （经营属性 A 方案）	3	希望积极报道公共事件，推动事件成为舆情热点，为拿到独家新闻，取得知名度和流量收入，不惜对事件进行片面报道，散布不实消息
	1	希望 DM1 曝光事件，助推舆情，为自己提供新闻素材
	−3IFF5	当且仅当 DM3 选择上诉予以警告时才不会虚假报道
	−7	希望 DM4 不进行舆情监测，以免自身受到种种规范，不利于经营目标的实现
DM2 （社会属性 B 方案）	2	通过对公共事件的跟踪报道，让公众享有知情权，敦促涉事企业整改
	1	希望公众关注公共事件，推动事件顺利解决
	4	希望 DM3 积极回应整改

决策者	声明	解释说明
DM3	−3	不希望 DM2 对事件进行虚假报道，影响公司形象
	5IF3	当 DM2 虚假报道，对公司进行诽谤时，将利用法律武器维护权益
	−1&−2	不希望公众关注事件，同样不希望 DM2 报道事件，不希望关注度扩大
	7	希望 DM4 采取舆情监测策略，建立良好的互联网环境，以免谣言对 DM3 自身产生负面影响
	4IFF6	当且仅当 DM4 监管时才采取回应整改策略
DM4	4	希望 DM3 积极回应整改
	7IF3	如果 DM2 对事件虚假报道，引起舆论冲突，将建立舆情监测机制，避免舆情危机，造成社会动荡，损害政府形象和公信力
	6IF2	如果 DM2 对事件跟踪报道，引起社会反响，将介入调查，给 DM3 施压整改

采用策略优先权排序法分别得到决策者 DM2 在 A、B 两种方案下的偏好排序，如表 6-7 和表 6-8 所示。符号"≻"表示决策者对待不同状态"优于"的偏好信息。

表 6-7　A 方案下偏好排序

决策者	偏好排序
DM1	$s_{17} \succ s_{19} \succ s_{18} \succ s_{20} \succ s_5 \succ s_7 \succ s_6 \succ s_8 \succ s_{13} \succ s_{15} \succ s_{21} \succ s_{23} \succ$ $s_{14} \succ s_{16} \succ s_{22} \succ s_{24} \succ s_1 \succ s_3 \succ s_9 \succ s_{11} \succ s_{25} \succ s_2 \succ s_4 \succ s_{10} \succ s_{12}$
DM2	$s_{17} \succ s_{19} \succ s_{18} \succ s_{20} \succ s_5 \succ s_7 \succ s_6 \succ s_8 \succ s_{13} \succ s_{15} \succ s_{21} \succ s_{23} \succ$ $s_{14} \succ s_{16} \succ s_{22} \succ s_{24} \succ s_1 \succ s_3 \succ s_9 \succ s_{11} \succ s_{25} \succ s_2 \succ s_4 \succ s_{10} \succ s_{12}$
DM3	$s_2 \succ s_4 \succ s_{10} \succ s_{12} \succ s_{14} \succ s_{16} \succ s_{22} \succ s_{24} \succ s_1 \succ s_3 \succ s_9 \succ s_{11} \succ$ $s_{13} \succ s_{15} \succ s_{21} \succ s_{23} \succ s_{25} \succ s_6 \succ s_8 \succ s_{18} \succ s_{20} \succ s_5 \succ s_7 \succ s_{17} \succ s_{19}$
DM4	$s_3 \succ s_4 \succ s_8 \succ s_{15} \succ s_{16} \succ s_{20} \succ s_{11} \succ s_{12} \succ s_{23} \succ s_{24} \succ s_7 \succ s_{19} \succ$ $s_1 \succ s_2 \succ s_6 \succ s_{13} \succ s_{14} \succ s_{18} \succ s_{25} \succ s_9 \succ s_{10} \succ s_{21} \succ s_{22} \succ s_5 \succ s_{17}$

表 6-8　B 方案下偏好排序

决策者	偏好排序
DM1	$s_{17} \succ s_{19} \succ s_{18} \succ s_{20} \succ s_5 \succ s_7 \succ s_6 \succ s_8 \succ s_{13} \succ s_{15} \succ s_{21} \succ s_{23} \succ$ $s_{14} \succ s_{16} \succ s_{22} \succ s_{24} \succ s_1 \succ s_3 \succ s_9 \succ s_{11} \succ s_{25} \succ s_2 \succ s_4 \succ s_{10} \succ s_{12}$
DM2	$s_{23} \succ s_{24} \succ s_{21} \succ s_{22} \succ s_{11} \succ s_{12} \succ s_9 \succ s_{10} \succ s_{15} \succ s_{16} \succ s_{19} \succ s_{20} \succ$ $s_{13} \succ s_{14} \succ s_{17} \succ s_{18} \succ s_3 \succ s_4 \succ s_7 \succ s_8 \succ s_1 \succ s_2 \succ s_5 \succ s_6 \succ s_{25}$
DM3	$s_2 \succ s_4 \succ s_{10} \succ s_{12} \succ s_{14} \succ s_{16} \succ s_{22} \succ s_{24} \succ s_1 \succ s_3 \succ s_9 \succ s_{11} \succ$ $s_{13} \succ s_{15} \succ s_{21} \succ s_{23} \succ s_{25} \succ s_6 \succ s_8 \succ s_{18} \succ s_{20} \succ s_5 \succ s_7 \succ s_{17} \succ s_{19}$
DM4	$s_3 \succ s_4 \succ s_8 \succ s_{15} \succ s_{16} \succ s_{20} \succ s_{11} \succ s_{12} \succ s_{23} \succ s_{24} \succ s_7 \succ s_{19} \succ$ $s_1 \succ s_2 \succ s_6 \succ s_{13} \succ s_{14} \succ s_{18} \succ s_{25} \succ s_9 \succ s_{10} \succ s_{21} \succ s_{22} \succ s_5 \succ s_{17}$

6.4.2　舆情冲突稳定性分析

在 GMCR 中，如果状态 s 对于冲突问题中所有决策者都是 Nash（GMR/SMR/SEQ）稳定，那么状态 s 为 Nash（GMR/SMR/SEQ）均衡。在 Nash 稳定状态下，决策者认为该状态是最终的状态。在 GMR 稳定状态下，决策者认为自己作出的决策会引起对手的反击，且不会考虑对自己的影响。SMR 稳定与 GMR 稳定相似，但在 GMR 稳定下，决策者会对对手的反击作出相应的回击，并且直到反击后，博弈过程才结束。SEQ 稳定与 GMR 稳定相似，但 SEQ 稳定中对手的反击会考虑自己的利益，选择的转移状态要对自己有利并非无目的地回击，四种稳定性之间的逻辑关系如图 6-18 所示。其中 Nash 稳定最强，GMR 稳定包含范围最广，SMR 稳定和 SEQ 稳定之间没有明确的包含或者被包含的关系。

$$s^{\text{Nash}} \subseteq s^{\text{SMR}} \subseteq s^{\text{GMR}}$$

$$s^{\text{Nash}} \subseteq s^{\text{SEQ}} \subseteq s^{\text{GMR}}$$

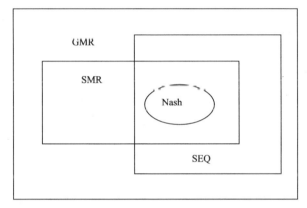

图 6-18 四种稳定性之间的逻辑关系

本书使用冲突分析决策支持系统，得到网络舆情冲突中决策者 DM2 在 A、B 两种方案下的均衡解，如表 6-9、表 6-10 所示，其中 E 是 equilibrium 的缩写，代表相应稳定性下的均衡点。

表 6-9 网络舆情冲突在 A 方案下的均衡解

状态	Nash 稳定					GMR 稳定					SMR 稳定					SEQ 稳定				
	DM1	DM2	DM3	DM4	E	DM1	DM2	DM3	DM4	E	DM1	DM2	DM3	DM4	E	DM1	DM2	DM3	DM4	E
s_1						√	√	√	√	*	√	√	√	√	*					
s_3						√	√	√	√	*	√	√	√	√	*					
s_6						√	√	√	√	*	√	√	√	√	*					
s_7						√	√	√	√	*	√	√	√	√	*					
s_8						√	√	√	√	*	√	√	√	√	*					
s_{11}						√	√	√	√	*	√	√	√	√	*					
s_{13}						√	√	√	√	*	√	√	√	√	*					
s_{14}						√	√	√	√	*	√	√	√	√	*					
s_{15}						√	√	√	√	*	√	√	√	√	*					
s_{16}						√	√	√	√	*	√	√	√	√	*					

状态	Nash 稳定					GMR 稳定					SMR 稳定					SEQ 稳定				
	DM1	DM2	DM3	DM4	E	DM1	DM2	DM3	DM4	E	DM1	DM2	DM3	DM4	E	DM1	DM2	DM3	DM4	E
s_{18}						√	√	√	√	*	√	√	√	√	*					
s_{19}						√	√	√	√	*	√	√	√	√	*					
s_{20}	√	√	√	√	*	√	√	√	√	*	√	√	√	√	*	√	√	√	√	*
s_{23}						√	√	√	√	*	√	√	√	√	*					
s_{24}						√	√	√	√	*	√	√	√	√	*					
s_{25}	√	√	√	√	*	√	√	√	√	*	√	√	√	√	*	√	√	√	√	*

表 6-10　网络舆情冲突在 B 方案下的均衡解

状态	Nash 稳定					GMR 稳定					SMR 稳定					SEQ 稳定				
	DM1	DM2	DM3	DM4	E	DM1	DM2	DM3	DM4	E	DM1	DM2	DM3	DM4	E	DM1	DM2	DM3	DM4	E
s_1						√	√	√	√	*	√	√	√	√	*					
s_3						√	√	√	√	*	√	√	√	√	*					
s_6						√	√	√	√	*	√	√	√	√	*					
s_7						√	√	√	√	*	√	√	√	√	*					
s_8						√	√	√	√	*	√	√	√	√	*					
s_{11}						√	√	√	√	*	√	√	√	√	*					
s_{13}						√	√	√	√	*	√	√	√	√	*	√	√	√	√	*
s_{14}						√	√	√	√	*	√	√	√	√	*	√	√	√	√	*
s_{15}						√	√	√	√	*	√	√	√	√	*					
s_{16}						√	√	√	√	*	√	√	√	√	*					
s_{18}	√	√	√	√	*	√	√	√	√	*	√	√	√	√	*	√	√	√	√	*
s_{19}						√	√	√	√	*	√	√	√	√	*					
s_{20}	√	√	√	√	*	√	√	√	√	*	√	√	√	√	*	√	√	√	√	*
s_{23}	√	√	√	√	*	√	√	√	√	*	√	√	√	√	*	√	√	√	√	*
s_{24}	√	√	√	√	*	√	√	√	√	*	√	√	√	√	*	√	√	√	√	*
s_{25}	√	√	√	√	*	√	√	√	√	*	√	√	√	√	*	√	√	√	√	*

在 A 方案下，DM2 基于经营属性，s_{20}、s_{25} 为 Nash 稳定、GMR 稳定、SMR 稳定、

SEQ 稳定定义下的均衡解，s_1、s_3、s_6、s_7、s_8、s_{11}、s_{13}、s_{14}、s_{15}、s_{16}、s_{18}、s_{19}、s_{23}、s_{24} 为 GMR 稳定、SMR 稳定下的均衡解，其他状态在任何稳定下都不是均衡解。

状态 s_{20}，DM1 传播舆情，形成原始舆情。DM2 为了博得公众眼球，对新闻进行片面报道、虚假报道，从而实现盈利目标，这是 DM2 最希望看到的局势。DM3 为了防止事态扩大、形象受损，积极回应整改，并对 DM2 造谣生事的行为进行上诉。DM4 为了避免舆情危机爆发，引起社会恐慌，损害政府形象和公信力，建立舆情监测机制，对舆情进行正向引导。然而，互联网的虚假新闻报道会误导社会舆论，造成不良的社会效果，也会影响所在媒介的社会公信力，因此并非最佳解。状态 s_{25}，DM4 介入事件调查，对 DM3 的不当行为进行监管，有利于舆情冲突的解决，但是政府会增加监管成本，同样并非最佳解。

在 B 方案下，DM2 基于社会属性，s_{18}、s_{20}、s_{23}、s_{24}、s_{25} 为 Nash 稳定、GMR 稳定、SMR 稳定、SEQ 稳定下的均衡解，s_1、s_3、s_6、s_7、s_8、s_{11}、s_{13}、s_{14}、s_{15}、s_{16}、s_{19} 为 GMR 稳定、SMR 稳定下的均衡解，其他状态在任何稳定下都不是均衡解。

状态 s_{18}，DM1 传播舆情，DM2 为获得流量关注，虚假报道新闻，DM3 针对虚假诽谤行为进行上诉，DM4 建立舆情监测机制。DM2 的影响力广泛，虚假报道的行为既不能让舆情平息于萌芽状态，又不利于健康互联网环境的建立。所以 s_{18} 并不是各方都能满意的解。

状态 s_{20}，DM1 传播舆情，形成原始舆情。DM2 为实现盈利目标，对新闻进行虚假报道，这是 DM2 最希望看到的局势。DM3 为了避免企业形象受损积极回应整改，同时对 DM2 造谣生事的行为进行上诉。DM4 建立舆情监测机制，对 DM2 或 DM1 的错误行为进行引导。然而，新闻失实不仅损害了 DM1 的知情权，而且威胁社会的良性发展。因此，并非最佳解。

状态 s_{23}，DM1 进行舆情传播，DM2 对新闻跟踪报道，DM3 回应整改，DM4 既不监管也不监测。这虽然是 DM3 最不愿意得到的局势，但对于提升企业形象却是有益的，也是政府最愿意得到的，不费一兵一卒就可以让事件得以平息。但 DM4 不作为，虽可以节约监控成本，却不利于提升政府形象和公信力。所以，对于政府来说，s_{23} 也不是最理想解。

状态 s_{24}，DM1 进行舆情传播，DM2 对时事新闻如实报道，DM3 回应整改，DM4 采取舆情监测策略。对于 DM1，公共事件得以真实解决，群众呼声得到回应。对于 DM2，对事件如实报道，既坚守职业道德底线，又有利于净化网络环境。对于 DM3，对事件积极回应，维护并提升了自身企业形象，又避免上诉导致的法律成本的增加。对于 DM4，建立舆情监测机制，对不当言论监控引导，对维护社会稳定和民族团结有重要意义。

综上，s_{24} 是可以很好解决网络舆情冲突，满足各方利益的均衡解。由初始状态 s_1 向均衡状态 s_{24} 的演化路径如表 6-11 所示。

表 6-11　网络舆情冲突演化路径

决策者	策略	初始状态	过渡状态			均衡状态
		s_1	s_{18}	s_{20}	s_{23}	s_{24}
DM1	传播	N ⟶	Y	Y	Y	Y
DM2	报道	N	N	N ⟶	Y	Y
	阻止	N ⟶	Y	Y ⟶	N	N
DM3	回应	N	N ⟶	Y	Y	Y
	上诉	N ⟶	Y	Y ⟶	N	N
DM4	监管	N	N	N	N	N
	监测	N ⟶	Y	Y ⟶	N ⟶	Y

6.4.3　敏感性分析

敏感性分析,主要分析的是冲突的稳定状态或均衡解对决策者偏好信息的敏感程度,即改变某一决策者的偏好信息,并求出该偏好信息下的均衡解,再与原偏好信息下的均衡解进行比较。首先假定 DM1、DM3 和 DM4 的决策偏好不变,改变 DM2 的决策偏好。DM2 在 A 方案下,偏好排序为 $s_{17} \succ s_{19} \succ s_{18} \succ s_{20} \succ s_5 \succ s_7 \succ s_6 \succ s_8 \succ s_{13} \succ s_{15} \succ s_{21} \succ s_{23} \succ s_{14} \succ s_{16} \succ s_{22} \succ s_{24} \succ s_1 \succ s_3 \succ s_9 \succ s_{11} \succ s_{25} \succ s_2 \succ s_4 \succ s_{10} \succ s_{12}$,Nash 稳定、GMR 稳定、SMR 稳定、SEQ 稳定下 DM1、DM2、DM3 和 DM4 的均衡解为 s_{20}、s_{25}。DM2 在 B 方案下,偏好排序为 $s_{23} \succ s_{24} \succ s_{21} \succ s_{22} \succ s_{11} \succ s_{12} \succ s_9 \succ s_{10} \succ s_{15} \succ s_{16} \succ s_{19} \succ s_{20} \succ s_{13} \succ s_{14} \succ s_{17} \succ s_{18} \succ s_3 \succ s_4 \succ s_7 \succ s_8 \succ s_1 \succ s_2 \succ s_5 \succ s_6 \succ s_{25}$。Nash 稳定、GMR 稳定、SMR 稳定、SEQ 稳定下 DM1、DM2、DM3 和 DM4 的均衡解分别为状态 s_{18}、s_{20}、s_{23}、s_{24}、s_{25}。由此可知,在其他决策者策略偏好不变的情况下,均衡解对于 DM2 的偏好信息非常敏感,会随着 DM2 偏好的变化而改变,说明 DM2 的决策对于网络舆情冲突的解决至关重要。

6.4.4　舆情消解策略

任何一件喧嚣的网络舆情事件,绝不仅仅是两方或者三方主体的博弈过程,而是所有利益相关主体交互式决策的过程,增加博弈主体有助于真实反映舆情演化过程。本章运用 GMCR 理论,在网民、媒体和政府机构三方博弈基础之上,引入 OL 群体和涉事企业,构建了网络舆情四极意见形成模型。该模型尽可能全面关注了舆情冲突相关利益主体,更加真实反映舆情演化过程。借助冲突分析决策支持系统,进行稳定性和均衡分析。研究结果表明,Nash 稳定、GMR 稳定、SMR 稳定、SEQ 稳定下 DM1、DM2、DM3 和 DM4 的均衡解分别为状态为 s_{18}、s_{20}、s_{23}、s_{24}、s_{25},其中 s_{20} 为 DM2 在以经营目标导向偏好下的均衡解。通过稳定性分析发现,相对于其他均衡解来说,状态 s_{24} 具备其他均衡解的优势,又能弥补其他均衡解的不足,是解决舆情冲突的最满意解。

状态 s_{24}：DM1 因 DM3 回应整改，DM4 主流意见引导，焦灼情绪得到安抚，利益得以捍卫；DM2 履行社会责任的同时，也发挥了"耳目喉舌"功能，其发展也必然得到 DM4 扶持；DM3 通过积极主动回应整改，避免了事态扩大和政府罚金带来的损失，也维护了企业形象；DM4 通过建立舆情监测机制，监控、预警和研判舆情，避免舆情危机爆发，维护了社会稳定和政府形象。同时，也因 DM3 积极回应的策略，降低了政府介入调查的成本，也反映了政府监管权力形成的威慑力，维护了政府公信力。通过敏感性分析发现，均衡解对于 DM2 偏好非常敏感，会随着 DM2 偏好的改变而变化，所以 DM2 的决策对于网络舆情的消解至关重要。

网络舆情演化是多方主体，交互式决策达到利益均衡的过程，仅靠单方主体努力不是解决事件的最优策略。作为政府，联合媒体，协同企业，或许是治理网络舆情的帕累托最优。第一，善与媒体合作。一方面，通过媒体正面积极公开事件全貌，降低事件模糊性，减少公众恐慌和焦虑；另一方面，发挥媒体议程设置功能，引导网民对周围大事的认知和判断，转移网民注意力。第二，避免网络舆情圈层云扩散和裂变，建立舆情监测机制，预警、研判舆情演变，疏导网民情绪，引导舆情走势。第三，运用目标免疫策略，对社交网络中度较大的 OL 群体进行目标免疫，干扰信息连通性。第四，加强政府公信力，增强政府权力威慑力，引导、协同企业主体觉醒，自觉恪守行业制度，维护公共领域广大人民群众利益安全。

6.5 本章小结

冲突分析基于经典对策理论和偏对策理论，形成了一种对冲突问题规范化处理的决策方法，通过提供相应的信息，可以为决策者提供规避冲突的战略性建议。舆论冲突是由一部分人与另一部分人、一个阶层与另一个阶层，一个国家与另一个国家间发生的舆论对撞，是一种舆论对抗的形态。在网络舆情背景下，随着信息技术和通信革命的发展，网络媒体成为公众表达情感、态度、意见的最理想平台。

在本章中，首先深入探讨了网络舆情冲突主体，主要集中于政府和网民之间的两方博弈行为机制，以及包括媒体影响在内的三方博弈机制。其次，提出了网络舆情四极意见形成模型，涵盖了 DM1、DM2、DM3 和 DM4 等关键主体，详细说明了公共事件是网络舆情产生的来源和导火索，这些力量因目标的不相容性而产生冲突，在不断冲突和交互式决策中，舆情信息由一个节点逐渐向整个网络空间扩散。再次，全面介绍了 GMCR 中的冲突主体、策略、偏好信息、稳定性等基本定义，通过引入"意大利新冠疫情防护冲突事件"作为案例，展示了运用 GMCR 理论进行冲突分析和稳定性分析的过程以及使用冲突分析决策支持系统 GMCRII 的操作方法。最后对网络舆情冲突进行建模求解，并从 DM1、DM2、DM3 和 DM4 四个方面为冲突的有效解决提供战略性建议。

网络舆情冲突分析为解决网络舆情冲突提供了一种科学有效的方法论。通过对网络舆情冲突的深入分析，可以帮助决策者达成各方都能接受的解决方案，对政府舆情治理具有重要的实际意义。

参 考 文 献

霍良安, 邵洋洋. 2016. 基于秩依效用理论的网络舆情传播博弈模型. 现代情报, 36: 45-49.

李勇建, 王治莹. 2014. 突发事件中舆情传播机制与演化博弈分析. 中国管理科学, 22: 87-96.

林玲, 陈福集. 2023. 网络推手参与的社交媒体舆情传播四方演化博弈. 系统科学与数学, 43: 379-398.

汪应洛. 2008. 系统工程. 北京: 机械工业出版社.

王淑萍. 2012. 权利与权力的博弈: 对舆情危机的深层透视. 求实, (7): 56-59.

张波. 2013. 网络舆情危机中政府与网络媒体关系的博弈论分析. 西安: 西安建筑科技大学.

张立凡, 唐露, 朱恒民, 等. 2022. 情绪博弈下舆情主体情绪与决策行为互动模型研究. 情报资料工作, 43: 56-65.

Fang L P, Hipel K W, Kilgour D M, et al. 2003. A decision support system for interactive decision making-part I: model formulation. IEEE Transactions on Systems, Man, and Cybernetics, Part C(Applications and Reviews), 33(1): 42-55.

Fang L P, Kilgour D M, Hipel K W. 1993. Interactive Decision Making: The Graph Model for Conflict Resolution. New York: Wiley.

Fraser N M, Hipel K W. 1984. Conflict Analysis: Models and Resolutions. New York: North-Holland: 243-246.

Howard N. 1971. Paradoxes of Rationality: Games, Metagames, and Political Behavior. Cambridge: MIT Press: 73-88.

Kilgour D M, Hipel K W. 2010. Conflict analysis methods: the graph model for conflict resolution//Kilgour D M. Handbook of Group Decision and Negotiation. Dordrecht: Springer Netherlands: 203-222.

Kilgour D M, Hipel K W, Fang L P. 1987. The graph model for conflicts. Automatica, 23: 41-55.

Nash J F. 1950. Equilibrium points in n-person games. Proceedings of the National Academy of Sciences of the United States of America, 36(1): 48-49.

Yu J, Kilgour D M, Hipel K W, et al. 2015. Power asymmetry in conflict resolution with application to a water pollution dispute in China. Water Resources Research, 51: 8627-8645.

第7章 在线社交网络用户行为分析

章 首 语

作为一种重要的信息技术，在线社交网络的发展最早可以追溯到互联网的普及。互联网是一款全球性的通信媒介，正在渐渐深入人们的日常生活中，并帮助用户寻找一种更快捷、更便利的方式与身处不同地方的人进行交流和联系。经调查发现，随着互联网信息技术的不断发展，我国网民数量和各大社交平台数量都呈现逐年增加的趋势。在线社交网络平台（如 Facebook、Twitter、Instagram、微信、微博等）成为当下人们社会交往新的平台。近年来，大量公共事件进入民众视野并受到公众关注，社交媒体平台上引发的舆情事件屡见不鲜，其中既有积极的，也有负面的。为了正确把控舆情风向、营造良好社会氛围、引导广大民众树立正确价值观，可以利用大数据分析、机器学习算法等技术充分挖掘社交平台的海量用户行为信息，并进行数据洞察与用户行为分析。

通过第1章～第6章的学习，初步了解了社会网络分析的基本分析指标、网络传播模型构建及其动态演化分析等内容，也为本章在线社交网络用户行为分析内容提供了理论基础。本章将在介绍在线社交网络和用户行为概念的基础上，对用户行为特征、用户影响力分析、用户偏好分析、用户属性预测与分类等进行探讨。通过本章的学习，读者可以了解到在线社交网络用户行为分析的概念及其发展历程，熟悉并掌握用户影响力和用户偏好分析的主要度量方法。

现有研究虽然在影响力分析、偏好研究、属性预测及分析等方面取得了丰硕的成果，但在线社交网络用户行为分析仍面临着较多的困难与挑战。例如，对于用户行为中影响力和偏好分析的研究仅关注单一维度的指标，未从多维度视角识别用户行为的影响因素，导致计算结果准确性下降。未来，可以从多维度视角细化研究或者利用先进技术改进文本分析方法，提高数据的准确性。此外，通过影响力的评估，可以精确识别具有影响力的用户群体，改善社区发现算法和模型，进而提高个性化推荐系统的准确性。

7.1 在线社交网络介绍

互联网技术的飞速进步为在线社交平台的发展奠定了坚实的基础，从刚开始的Web1.0被动接受网络信息逐步转变为 Web2.0 的互动体验和社交信息分享，Facebook、Twitter、Instagram、LinkedIn、微博等为代表的在线社交网络开始出现，并逐渐成为人们日常生活中重要的社交平台，极大地改变了人们的沟通方式。当下，人们利用各种新兴媒体和信息通道通过互联网及时传播思想并进行交流,也通过网络载体关注社会事务、参与公共决策。可见,网络舆论已经成为现实社会舆论的"晴雨表"和"风向标",正深刻地改变着社会舆论环境和舆论格局,其社会影响力也不断增强。但如果对其处理不当,极大可能会形成舆情热点或引发"舆情危机"。本节将从在线社交网络的发展背景、特点以及对人们行为的影响三方面展开相关介绍。

7.1.1　在线社交网络的发展背景

近年来,随着计算机科学技术的快速发展,互联网的使用愈发普及,在线社交网络已经成为人们日常生活中不可或缺的一部分,信息的传播也更依赖于在线社交网络。因此,对于在线社交网络进行分析显得格外迫切和必要。为了更全面地了解在线社交网络分析,我们需要追溯其起源,即社会网络。如第 1 章所述,社会网络是一种相对稳定的系统或网络结构。社交网络是社会网络的一部分,是社会生活在数字时代的延伸和补充。维基百科这样定义社交网络:"社交网络是由一组社会参与者(个人或组织)、一组二元关系以及参与者之间的其他社会互动组成的社会结构。"简单来说,早期的社交网络主要指通过合作关系建立起来的各种职业网络。随着互联网技术的不断发展,人们将早期的社交网络与互联网相互融合,逐步演变为我们所说的在线社交网络。凭借着互联网的优势,在线社交网络先后在政治、教育、经济、文化等各个领域取得了显著的成果。例如,在我国政务平台上,网民通过政务微博,利用社会化媒体进行公众决策,推动我国公民决策的进程;在美国总统大选中,曾成功当选总统的特朗普就曾把 Twitter 作为助选的宣传工具。此外,在关注在线社交网络给生活带来便利的同时,也需要关注它所带来的一些负面影响。

目前,人们对在线社交网络的概念尚未有统一的定义。当前被人们广泛接受的定义是人们用来与职业兴趣、活动、生活背景相近的他人,或具有现实关系的联系人构建社会关系的在线平台。此外,在线社交网络还是一种基于信息学、数学、社会学、管理学和心理学等科学领域逐步发展起来的一门交叉科学。方滨兴(2014)将在线社交网络的核心解释为三要素:网络结构、群体互动和信息传播。图 7-1 展示了该三要素之间的相互关联和依存关系,其中,网络结构是在线社交网络的载体,为网络群体互动行为提供

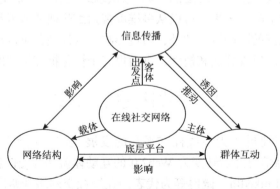

图 7-1　在线社交网络的关系

了底层平台；群体互动是在线社交网络的主体，直接推动网络信息传播，并反过来影响网络结构；信息传播是在线社交网络的出发点和客体，也是群体行为的诱因，影响网络结构的变化同时反作用于信息的传播。

7.1.2　在线社交网络的特点

在线社交网络是将社交网络大数据作为研究对象，以社会网络分析理论和算法为基础，从宏观到微观对社交网络的结构、行为以及信息传播规律进行描述，其应用范围包括社区发现、舆情预测、广告推送、信息扩散等。在互联网技术的加持下，与传统的Web 应用及信息媒体应用相比，在线社交网络有着不同于一般网络结构的特征，主要体现在以下四个方面。

（1）自主性。在线社交网络给予用户极大的自主权。在信息的发布和接收方面，在线社交网络不存在像传统媒体信息传播方式——自上而下，由近及远。现在的用户可以随时随地使用手机发布和接收信息，信息的传播变得十分便捷，凸显了在线社交网络信息生成与传递的时效性。

（2）迅捷性。社交网络是基于 Web2.0 的网络应用，它体现的是"核裂变"式传播，而不是传统的以每个传播点单向的传播形式。通过这样的传播方式，信息被推送到关注者手中，一旦被其转发，消息就会再传发到下一批关注者手里。此外，在线社交网络允许用户跨越广泛的地理区域建立社交关系，从而便于用户主体分享、传递信息资料，促进在线社交网站的发展。

（3）多元性。在线社交网络传播内容的本质特征是用户互动与用户生成内容。根据社会互赖理论，我们发现在现实社会中人与人之间为了维持关系，他们会积极地进行互赖，即个体之间在合作的情境中进行积极互动等。正因如此，具有多向互动、及时反馈特点的在线社交网络突破了传统媒体同步传播或异步传播的局限，最大限度地还原了现实中人们之间的交往方式与交流习惯，进而促进了人们的交流互动和信息的传播。

（4）开放性。在线社交网络的传播实则是主体间的交互传播，传收双方都是具有能动性的主体。然而，在线社交网络的主体是每个个体，即人人都可能成为意见领袖。在这个人人都能成为自媒体的时代，在线社交网络在应对突发信息的产生、发酵等环节起着至关重要的作用。

7.1.3　在线社交网络对人们行为的影响

在互联网时代，在线社交网络得到了前所未有的快速发展，对人们生活的方方面面带来了巨大的影响。人们作为在线社交网络的行为主体，其在线行为模式研究是一个值得探索的领域。纵观国内外研究现状，本书将在线社交网络对人们行为的影响分为正面影响和负面影响两大类别。

1. 在线社交网络对人们行为的正面影响

伴随着 Web2.0 的推进，在线社交网络逐渐渗透到我们行为之中。在社交空间方面，人们借助在线社交网络不再局限于狭窄的社交圈子中。在线社交网络可以根据人们的兴趣、偏好和行为习惯，为其推荐来自不同背景、地域和文化的用户，让人们有机会结识来自全国各地或者不同国家的朋友，拓宽了人们的社交领域，降低了社交成本，拉近了人与人之间的距离，也促进了社交关系的建立与维护。此外，每个人都可以选择使用在线社交网络来建立自己的社交圈子，让人们的行为变得更有自信。在获取信息渠道方面，在线社交网络中充斥着各式各样的信息，其中包括新闻、娱乐等领域，这些信息的传播速度极快，可以满足人们对于信息获取的需求，帮助企业进行精准的市场定位和产品设计，满足用户的需求。同时，在线社交网络也为人们提供了步入商业领域的机会和途径，可以轻松了解商业机会，促进商业交流。这样的在线社交网络与人们先前匮乏的信息获取渠道形成了鲜明的对比。

2. 在线社交网络对人们行为的负面影响

随着在线社交网络的不断发展，所带来的负面影响越来越明显。在情感方面，人们在在线社交网络发布的内容常常希望得到别人的点赞、转发以满足对自我的肯定，这样就很容易出现"谁比谁更受欢迎"的心理。一旦没有得到重视或者存在负面评价，人们的情感会受到影响，进而影响到人们的行为，最后会出现厌倦使用在线社交网络，甚至出现拒绝社交的行为。在时间方面，在线社交网络的出现把人们的时间碎片化，如微博、朋友圈等社交媒体，它们最重要的特点就是内容简单化、更新迅速化和时间碎片化。这样一来，大家更喜欢发简短的、无逻辑的描述性内容，而且这些内容很容易被其他人更新的内容快速替换掉，从而造成信息的转瞬即逝。对于受众而言，阅读并理解一篇文章需要花费较长时间来完成。在信息的真假性方面，由于在线社交网络承载了大量蕴含价值的数据，其开放性与及时性为不法分子提供了发布欺诈信息、谣言炒作、虚假新闻、虚假商评等内容的平台，给维护正理平治的网络环境与社会秩序造成了一些负面影响。例如，发表于 *Science* 杂志的研究发现：在 Twitter 社交平台上，虚假信息能吸引更多的人，传播速度也更快，最终三人成虎、自验成真。虚假信息容易给合规商家带来非公平竞争，造成较大经济损失。

7.2　在线社交网络用户行为特征

在线社交网络用户行为分析涉及信息学、心理学、社会学、管理学、数学等众多领域，也影响着人们生活的方方面面。主要表现为：首先通过收集、梳理、汇总人们在在线社交网络中所产生的数据进行分析，其次针对不同的数据类型反馈给相应的需求者，最后应用在改进人们的生产和生活中。当然，万物都具有两面性，在线社交网络用户行为分析也不例外。这就需要人们正确认识在线社交网络的本质，准确把握其发展规律。通过这种形式，更有助于人们分析、引导和监控网络事件，规范社交网络管理，保障国家政治、经济和社会安全。

7.2.1　用户行为的含义

在一般领域的用户行为分析中，人们通常将用户行为分析视作一种数据挖掘过程，该过程涉及从海量数据中收集和分析用户活动数据，并基于这些数据创建用户正常行为模式和偏好的基线。通过这些基线，人们能够发现异常行为，进而识别潜在的安全威胁。用户行为分析的应用范围广泛，涵盖电商平台购物行为、搜索引擎查询行为以及软件应用使用习惯等多个方面。深入分析这些数据有助于企业了解用户真实需求，优化产品功能和用户体验，从而提升用户满意度和忠诚度。

值得注意的是，在线社交网络作为互联网时代的重要产物，已成为人们日常生活的重要组成部分。研究在线社交网络用户行为动机和规律，对于分析、引导和监控网络事件，管理社交网络以及研究信息传播规律具有重要意义。在学术领域，*Science* 杂志上多篇论文已深入探讨社交网络中用户的互动行为、隐私行为特征、行为预测等方面，表明在线社交网络是用户行为分析的重要内容。随着研究的深入，在线社交网络用户行为分析的概念逐渐明确。这包括收集、梳理和汇总在线社交网络平台上的一系列基本活动数据，将其转化为能够表达网络或用户基本特征的信息，并针对不同应用目的进行挖掘操作。企业和平台通过分析这些数据，能更好地理解用户需求，提升服务质量，制定有效营销策略。例如，抖音平台利用统计软件分析用户好友数量，得到用户好友数量的基本情况分布图，从而挖掘用户潜在价值和提升自身竞争力。对于广告商而言，它们需要理解在线社交网络传播规律，以快速的方式实现广告传播，从而提高自身商业价值。

在线社交网络用户行为主导着网络的发展和演变。分析用户行为与特征，有助于对复杂社交网络的发展与演变进行宏观分析，进一步挖掘深层次的社交关系和演变规律。目前，用户行为分析可分为用户影响力分析和用户偏好分析两大方向，它们在在线社交网络演化、信息传播及推荐系统中发挥着重要作用。另外，大数据和人工智能技术快速发展，用户行为分析的方法和手段也在不断创新。其中数据挖掘、机器学习等技术使得用户行为预测和个性化推荐成为可能。未来，在线社交网络用户行为分析领域将不断涌现更多创新性的研究与应用。

7.2.2　用户行为特征

经过对在线社交网络用户行为分析相关文献的系统回顾，为确保叙述的逻辑性和连贯性，本节将采取分主题方式详细阐述在线社交网络用户行为的主要特征，旨在为受众提供一个清晰、有条理的框架，以便在阅读时能够更好地理解和把握该领域的发展脉络。

1. 在线社交网络用户采纳与忠诚

在线社交网络用户采纳是指用户在对自身需求、社会影响和在线社交网络技术进行综合评估的基础上作出的使用在线社交网络服务的意愿或行为。根据罗杰斯（Rogers）的创新扩散理论，作为一种新事物，在线社交网络在出现初期能否被尽可能多的用户所采纳和试用对于其后续的扩散至关重要。李康宏等（2019）从新制度理论与创新扩散理论的整合视角，对信息安全合法化采纳动机与模式进行研究，探讨了组织通过部署最佳实践获取信息安全合法性的动机，并据此对采纳模式进行了分类。目前，已有多种理论被用于揭示在线社交网络用户采纳行为机理。其中，技术接受模型和计划行为理论是研究者应用最多的两种理论。翟运开等（2023）结合改进计划行为理论与技术接受模型，探讨患者医疗数据共享意愿影响因素，结果显示感知行为控制是患者医疗数据共享意愿的直接影响因素，共享态度是患者医疗数据共享意愿的间接影响因素；主观规范和感知成本通过共享态度间接影响患者医疗数据共享意愿；感知风险和感知有用性不仅直接影响患者医疗数据共享意愿，还能通过共享态度间接影响患者医疗数据共享意愿。当用户接受并开始使用在线社交网络服务后，如何让他们持续使用和增强用户黏性就成了摆在在线社交网络服务提供商面前的一个新难题。杨根福（2015）以内容聚合类 APP（application，应用程序）为例，基于期望确认模型和信息系统成功模型探讨移动阅读用户满意度与持续使用意愿的影响因素。黄炜等（2022）基于探索用户持续使用行为原理，挖掘 Vlog 用户持续使用行为状态及影响因素，其使用的数据爬取于哔哩哔哩平台，使大规模用户行为数据研究成为可能。而各种层出不穷的新型网络服务所带来的竞争压力让保持在线社交网络用户忠诚度愈加困难。因此，研究在线社交网络用户忠诚机理具有十分重要的意义。目前为止，已经有多种理论被用于在线社交网络的用户忠诚研究。其中，期望确认理论和心流体验理论受到较多研究者的青睐。李欣等（2019）基于期望确认理论的四种整合途径，探索团购 APP 持续使用意愿及其影响因素，研究发现期望确认对用户的感知易用性、感知有用性和团购 APP 质量均有显著影响；感知有用性受到感知易用性的影响，感知易用性、感知有用性以及用户满意度共同促进了用户持续使用移动团购 APP。

2. 用户个体使用行为

用户个体使用行为包括一般使用行为、内容创建行为和内容消费行为。在一般使用行为中，人们在论坛、博客、微博等在线社交网络应用上展示不同以往的内容和形式，之前关于在线社交网络用户行为的研究通常以基于调查或者访谈的方式展开。现在在线社交网络应用和相关数据获取技术的发展，使利用大规模用户行为数据研究用户在线社交网络行为规律变成了可能。Lin 等（2009）基于博弈论构建视频社交网络用户行为模型，提出激励策略促进用户合作，通过仿真验证提出策略，有效地促进用户合作行为。王晓光（2010）首先对在线社交网络用户行为进行分析，针对微博用户分析其行为特征和关系特征，构建用户影响力模型。值得注意的是，这也是国内首次以微博为代表的在线社交网络用户行为分析，针对微博用户行为的研究高峰一直持续到 2015 年。Liu 等（2022）制定了最常见的十二种互联网用户行为影响个人隐私泄露的程度，并根据不同的影响权重为用户提供防止隐私泄露的对策。

在内容创建行为中，随着 Web2.0 的快速发展和社交类网络应用快速成长，互联网的交互性、自媒体属性愈加凸显。与 Web1.0 相比，Web2.0 时代的网民更具自主性、互动性，网民不再是被动接收信息的媒体受众，而是积极地参与到网络中，成为信息的制作者、发布者、传播者和分享者，因此产生了大量的用户创建内容。Lasén 和 Gómez-Cruz（2009）表明数码摄影挑战公共和私人的传统观念，促进公共和私人鸿沟的重新协商以及隐私和亲密关系的转变，此外数字图像的使用在人们作为陌生人的表现方式以及他们与陌生人的线上和线下交往方式中发挥着重要作用。周锦和曹鲁娜（2024）基于用户在"大众点评"平台上发布的有关评论内容，讨论在线社交网络如何助力博物馆成为"网红打卡地"；同时还以用户创建行为为导向，探索在线社交网络赋能文化旅游深度融合的发展特征、作用机制与推进路径。

在内容消费行为中，每天成千上万的用户通过社交网站（如快手、抖音和 Facebook）分享他们的照片、视频或者心情等，同时其他人则通过搜索、查看、评论这些信息来满足娱乐的需求。Benevenuto 等（2009）通过分析 Orkut 用户的点击流数据发现 92%的用户行为都是浏览行为，如浏览他人的 profile（简介）页面、观看他人分享的视频或者浏览他人的照片集。通过分析这些"安静的"用户行为可以更加精确和全面地了解整个在线社交网络的工作流情况。互联网中用户行为多数是被动的，即消费其他用户创造的内容，因此亟须研究用户内容消费行为规律。大批学者展开了正面和侧面的研究，并且取得了大量有意义的结论，例如，用户在在线社交网络中提问的问题类别，可以从侧面了解用户消费的内容偏好。Qin 等（2022）分析用户留下数字足迹的社会网站并提取用户的规则行为，从而预测用户行为。尽管大数据的出现为探究社会行为提供了前所未有的机遇，但在研究中依旧会遇到数据方面的相关问题，如数据代表性和抽样偏差。Hargittai（2020）分析调查数据中关于美国成年人样本的社会网络网站使用情况，并且在分析过程中考虑了数据的代表性和抽样偏差上的问题，最后得到了源自大数据社会的媒体往往过度关注更有特权的人的观点。安璐和梁艳平（2019）以及张兆阳等（2021）对重大突发事件中用户行为以及媒体影响力进行探究，发现用户的行为对不同的主题会表现出明显的倾向性，媒体的影响力可以通过被关注度因子、用户活跃度因子和博文特征因子三个公因子反映出来。此外，针对突发公共卫生事件，安璐和梁艳平（2019）对用户行为选择的研究中发现网络舆情演化趋势具有明显的倾向性。考虑政务短视频表现出的短平快、易于理解等特征可以帮助政府在突发事件期间高效应对突发舆情，张敏和沈嘉裕（2023）借助政务话语框架和话题提取模型，对政务短视频标题文本进行主题挖掘和事件分析，制定个性化的政务短视频发布策略。根据中国互联网络信息中心的最新数据，截至 2020 年 12 月，我国各级政府开通的政务抖音账号已达 2.6 万个。为了能更好地评估用户的影响力，王利等（2021）关注影响力评价方法模型的改进。

3. 用户群体使用行为

用户群体使用行为包括群体互动关系选择、群体互动的内容选择和群体互动的时间选择。在群体互动关系选择中，大规模用户的在线社交网络有利于观点的传播和信息的扩散，因而引发了学者、广告商及社会活动家的关注。现有的大量研究成果集中于在线社交网络结构的解释，有学者从用户间关系的强弱视角，分析用户间的互动行为规律。关系的强弱可以让人们思考在线社交活动怎样分布在不同类型的连接上，特别是如何分布在不同强度的连接上。戴德宝和顾晓慧（2017）选取移动短视频社交平台上的用户为研究对象，基于顾客忠诚理论研究移动短视频中用户参与行为、感知价值及忠诚度之间的关系。王贞（2018）针对过度沉溺于社交网络不仅浪费了大量的个人时间，还可能表现出脱离现实世界而退缩的这一现象，从大学生视角和群体性迷失视角进行社交网络用户行为的研究，从思想层面与行动层面给出了对策。此外，王楠等（2021）利用网络客观大数据考虑同侪影响对在线社区用户行为的作用进行研究，从广度和深度两个方面考察同侪影响对用户贡献行为的影响，并分析感知收益的中介作用。除了同侪影响外，社交网站中用户的行为也与人的性格有很大的相关性，于是，越来越多的用户在追求使用的智能化和便捷性的同时应用社会媒体，让大数据技术和人工智能算法学习与使用我们的隐私数据。

　　在群体互动的内容选择中，在线社交网络中用户间链接关系的形成既受关系选择机制的影响，也受互动过程中的内容影响。研究群体互动内容选择的理论基础是三元闭包理论与二部图。三元闭包理论所解决的问题是：如果两个个体都有一个相同的朋友，那么这两个个体间建立关系链接的概率有多大。二部图所解决的问题是：具有相似社交关系的个体，对某一内容都感兴趣的概率。该问题的解决需要借助于基于三元闭包理论的社团闭包和会员闭包理论。社团闭包理论针对的问题是作为两个个体共同参与社团数量的函数，它们之间形成链接的概率是多少？而会员闭包则从相反的方向提出了另一个问题，即作为已参与某特定社团朋友个数的函数，一个人参与该社团的概率有多大？总而言之，在线社交网络允许群体用户对某些内容进行跟踪或发表评论，从而能有效地集中相关主题内容，通过对某些内容的关注和跟踪，用户之间建立起相应的社会关系，因而，群体互动内容的选择与在线社交网络中的社会关系建立密不可分。此外，刘鲁川等（2017）采用深度访谈的方式收集数据，基于扎根理论构建社交媒体倦怠、消极使用行为理论模型，研究发现外部环境以及用户因素会导致倦怠情绪从而使用户转向消极使用行为。Lee等（2016）认为社交媒体倦怠产生的一系列消极使用行为是当前改善社交媒体用户体验和网络环境的重要话题。在此基础上，蔡建峰等（2022）基于负面情绪的非线性模型，分析自媒体时代用户使用社交媒体的倦怠行为特征。

　　在群体互动的时间选择中，在线社交网络中人类行为的时间特征研究主要集中于分析行为发生的时间间隔分布，针对大规模在线社交数据集挖掘基于行为发生时间间隔分布的人类行为动力学机制有助于理解众多社会经济学现象，如资源分配、交通控制、流行病预测、经济活动中的交易行为预测、应急管理及个性化推荐等。随着信息和网络技术的发展，社交网络工具层出不穷（QQ、微博、微信、Twitter 和 Facebook 等），针对人类行为的时间间隔分布进行大规模网络数据采集的实证研究和建模成为可能。王晰巍等（2016）基于信息生态视角对微信用户信息共享行为进行实证研究，通过构建用户信息共享行为的影响因素模型发现研究的外生变量均产生正向影响。戴德宝和顾晓慧（2017）选取移动短视频社交平台上的用户为研究对象，基于顾客忠诚理论研究移动短视频中用户参与行为、感知价值及忠诚度之间的关系。移动端社交网络的发展在一定程度上方便了用户扩大社交圈，加强社会联系，及时获取和发布信息，但是过度关注、信息超载也给用户带来了社交压力与焦虑。

　　通过对用户行为分析发展历程的介绍，初步认识了在线社交网络用户行为分析的重要性。然而，由于互联网技术的不断升级和社交网络的持续发展，用户行为也在每个研究阶段呈现出新的特点。因此，需要持续跟进最新的研究成果，以便更好地把握用户行为的动态变化。据李嘉兴学者的研究，未来的研究将会聚焦在社交网络用户画像、社交网络用户隐私安全、社交网络用户倦怠行为、社交网络特殊用户群体使用行为中。这为该领域提供了新的思路和视角，也帮助我们更加全面、系统地认识和理解社交网络。目前，在线社交网络用户行为分析主要分为用户影响力和用户偏好视角的行为分析、用户属性预测与分类两大板块，这也是未来研究的基础。在本章中，我们将通过梳理和总结相关文献的方式，来了解用户行为分析中的关键概念和度量方法的使用。

7.3　在线社交网络用户影响力分析

当下正处于在线社交盛行的时代，网民之间的联系愈发紧密。微博、微信等在线社交软件不仅为用户提供了交流的平台，更通过互相关注方式构建了一个庞大的社会网络。值得一提的是，这种网络不仅使用户之间的交互超越了简单的信息传递，还通过互相关注的方式深刻影响着彼此的兴趣和观点。以小米汽车为例，雷军在产品开发初期就利用一些车评人大 V 的身份预热小米汽车的话题，期望通过他们的网络影响力，来影响粉丝群体对小米汽车的兴趣和看法，这也是小米汽车畅销的重要原因之一。然而，在线社交网络用户影响并不总是积极的。在线社交网络用户的影响力是一把双刃剑，需要我们进行深入的分析和研究。本节将重点介绍用户影响力分析的基本含义。通过明确其定义，我们可以更深入地理解用户影响力的本质和特征。在此基础上，我们还将进一步探讨主要的度量方法，这些算法不仅能够帮助我们量化用户影响力的大小，还能揭示其背后的作用机制和影响因素。

通过本节的介绍，读者将能够了解在线社交网络用户影响力分析的含义、度量方法以及它在现实社会中的重要性和应用价值。同时，我们也希望通过本节的阐述，激发读者对用户影响力分析领域的兴趣和热情，推动该领域的进一步发展。

7.3.1　用户影响力分析的含义

在社交网络中，人或组织之间的沟通、交往等社会活动对社会生活的各个领域以及个人的生存和发展都产生了深远影响。随着移动互联网技术的迅猛发展，社交网络平台经历了颠覆性的变革，从而深刻改变了人们的生产、生活和交流方式。在线社交网络以其注册开放性、发布信息自由性和用户兴趣趋同性等特点，超越了传统媒体，成为信息传播、新闻获取和实时信息接收的主要途径。在这样的背景下，社交网络中用户之间的关系变得复杂多样，相互交织并相互影响，使得用户的行为受到所属的各种群体环境的深刻影响。因此，研究在线社交网络中基于用户行为产生的影响力成了学术界的热点。众多学者从不同角度对用户影响力进行了分析。Lee 和 Watkins（2016）基于超社会互动和社会比较理论，评估了 YouTube 视频博主对消费者在奢侈品牌认知和购买意愿的影响，发现实验组（观看、评论奢侈品的视频博客消费者）在奢侈品牌认知和购买意愿上高于对照组，这说明在线社交网络中特定用户的影响力能够显著影响他人的消费行为。张鹏威等（2016）从微博信息传播的角度探讨了用户影响力，将其定义为用户在信息传播过程中自身与他人的区别，并改变受众态度或行为的能力。邹文武（2020）进一步强调了用户影响力分析在在线社交网络分析中的重要性，并指出用户影响力是通过用户的行为和思想等来区别自己与他人，并改变他人行为的能力。然而，现有研究在分析在线群体环境对用户影响力的影响时存在局限性。孟青等（2021）针对这一问题进行了改进，提出了能够同时考虑多种类型的用户关系的研究方法。他们指出，静态、单一的网络结构无法充分反映现实世界中社交关系的复杂性和动态性。这一研究为更全面地理解用户影响力提供了新的视角。

综合已有的用户影响力分析相关研究，我们可以将其划分为两个主要方面：一是用户个体在整个网络中的影响力，它关注个体在社交网络中的定量影响力大小，通常通过排名技术发现影响力个体；二是用户间相互的影响力，它关注个体之间相互影响的强度，这种强度由社交网络中边的定量大小决定。前者通常基于社交网络拓扑结构的度量方法，虽然简单、计算效率高，但忽略了行为特征信息和交互频度；后者则一般从用户行为和话题等变量来度量用户间的相互影响，考虑了用户交互和特征信息，预测精度更高，但部分用户隐藏个人信息以及数据商业化的情况导致了数据获取方面难度巨大，其度量效果和精度可能受到影响。

7.3.2　用户影响力的主要度量方法

在社交网络中，影响力度量的主要任务是分析和预测用户社交网络影响力大小与演变规律。对于用户影响力的度量方法，国内外学者也从不同角度进行深入研究。通过汇总，目前有三种类型的度量方法：基于网络拓扑结构的影响强度度量法、基于用户行为的影响强度度量法和基于话题的影响强度度量法。

1. 基于网络拓扑结构的影响强度度量法

网络拓扑结构是早期社交网络用于度量用户影响力的方法。对于网络拓扑结构，目前主要有节点度量法和节点间关系的度量法。在节点度量法中，节点的度表示该节点的影响力大小。其中，节点的出度表示该节点对他人的影响程度或者该节点的活跃度，节点的入度表示该节点的受欢迎程度。如图 7-2 所示，节点间还具有方向性，它们的方向表示节点影响力或信息的传播方向。具体的度量方法包括基于特征向量中心性、基于 PageRank 算法、基于紧密中心性、基于卡塔（Kata）中心度、基于介数中心性以及基于节点度的度量方法。值得注意的是，基于 PageRank 算法是最常用的方法，其一般公式如第 3 章中式（3-18）所示，在此我们不作过多赘述。在节点间关系度量法中，节点间的关系表示节点的相互影响程度或强弱程度。主要的度量方法包括基于杰卡德（Jaccard）相似度、重叠（overlap）相似度、余弦（cosine）相似度和转载频度等度量节点间连接关系上的影响力大小。为了与后面的例题相照应，在此处我们仅介绍转载频度的计算公式，如式（7-1）所示：

$$W_{u,v} = \frac{C_{u,v}}{d^{in}(u)} \qquad (7-1)$$

其中，$d^{in}(u)$ 为节点的入度；$C_{u,v}$ 为节点 u 到节点 v 之间的平行边条数；$W_{u,v}$ 为节点 u 到节点 v 之间的转载频度，即节点的影响力大小。

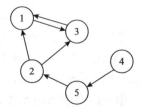

图 7-2　用户链接关系

为了更好地理解基于网络拓扑结构的影响强度度量法，我们将通过例题的形式进行说明。其中，例 7-1 使用 PageRank 算法来进行节点影响力强度的度量；例 7-2 使用转载频度来度量节点间连接关系的影响力大小。需要注意的是，在图 3-12 有向关系的基础上，本节计划将在线社交网络中用户之间的关系纳入其中。但是在网络拓扑结果方面，两者并无太大差异。于是在图 3-12 的有向关系上稍作修改构成图 7-2 所示的用户链接关系。

例 7-1　针对图 7-2 所示的用户链接关系，请使用 PageRank 算法计算图中每个节点影响力强度。

解　对于此链接关系图，我们可以使用笔算或者 Python 进行实现。首先我们需要明确完整的 PageRank 计算公式，如式（3-18）所示，其次开始我们的计算和编程。

第一步：针对图 7-2 中呈现的简单关系，我们将 $\sum_{i=1}^{n}\dfrac{\mathrm{PR}(Y_i)}{C_{\mathrm{out}}(Y_i)}\dfrac{\mathrm{PR}(Y_i)}{n_i}$ 简化为计算矩阵 A 来表示所有用户间的链接关系。

$$A=\begin{bmatrix} 0 & 0 & 1 & 0 & 0 \\ 1 & 0 & 1 & 0 & 0 \\ 1 & 0 & 0 & 0 & 0 \\ 0 & 0 & 0 & 0 & 1 \\ 0 & 1 & 0 & 0 & 0 \end{bmatrix}$$

第二步：按照行进行归一化后的结果为

$$A=\begin{bmatrix} 0 & 0 & 1 & 0 & 0 \\ 1/2 & 0 & 1/2 & 0 & 0 \\ 1 & 0 & 0 & 0 & 0 \\ 0 & 0 & 0 & 0 & 1 \\ 0 & 1 & 0 & 0 & 0 \end{bmatrix}$$

第三步：初始时每个网页的 PR 得分为 1，基于这个邻接矩阵 A，我们可以开始 PageRank 迭代法计算，第一次迭代的计算方法如下所示。

$$\begin{bmatrix} 1 & 1 & 1 & 1 & 1 \end{bmatrix}\begin{bmatrix} 0 & 0 & 1 & 0 & 0 \\ 1/2 & 0 & 1/2 & 0 & 0 \\ 1 & 0 & 0 & 0 & 0 \\ 0 & 0 & 0 & 0 & 1 \\ 0 & 1 & 0 & 0 & 0 \end{bmatrix}=\begin{bmatrix} 3/2 & 1 & 3/2 & 0 & 1 \end{bmatrix}$$

第四步：考虑随机跳转，这里取经验值 $\sigma=0.85$。其中初步计算结果为

$$\begin{bmatrix} 3/2 & 1/5 \\ 1 & 1/5 \\ 3/2 & 1/5 \\ 0 & 1/5 \\ 1 & 1/5 \end{bmatrix}\begin{bmatrix} 0.85 \\ 1-0.85 \end{bmatrix}=\begin{bmatrix} 1.305 \\ 0.88 \\ 1.305 \\ 0.03 \\ 0.88 \end{bmatrix}$$

PageRank 算法需要迭代式计算。为了避免计算后的数值越来越大甚至溢出，我们可以进行归一化处理。经过这个处理之后，我们得到第一轮的 PR 数值。

第五步：接下来，我们只需要再重复之前的步骤，直到每个节点的值趋于稳定就可以得到最终的答案。经计算后，结果为[0.419　0.080　0.419　0.030　0.060]。

其中，算法代码如附录 A 所示。运行代码程序后，我们即可得到求解结果如下：PageRank[1] = 0.4187；PageRank[2] = 0.0772；PageRank[3] = 0.4187；PageRank[4] = 0.0300；PageRank[5] = 0.0555。

在附录 A 的代码中，我们首先定义一个函数来表示用户间的有向关系，其次，为给定的有向图创建一个数据结构，并且计算 PageRank 值。最后，给出最终值。

例 7-2　在分析博客空间的影响力传播问题时，很多学者使用有向多重图来表示节点间的影响力。如图 7-3 所示，一共有五个用户节点分别为 1、2、3、4 和 5，两者之间的弧线数量表示博文转发的次数，弧的方向表示博文转发的方向。请根据弧线的数量来分别计算节点间的影响力强度。

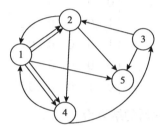

图 7-3　博客空间关系

解　在线社交网络用户的个体影响力以博文信息为载体，沿着博客空间关系进行扩散。其影响力如图 7-4 所示。

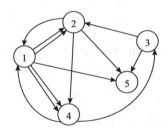

图 7-4　扩散路径

我们利用式（7-1）计算，其中用 $C_{u,v}$ 表示从节点 u 到节点 v 之间转发博文的次数，$d^{in}(u)$ 表示在扩散路径图中节点 u 的入度，$W_{u,v}$ 表示这两个节点间的影响力强度。对图 7-4 进行归纳汇总后，分别计算节点间的影响力强度，如表 7-1 所示。

表 7-1　节点间的影响力强度

节点	平行边条数 $C_{u,v}$	入度 $d^{in}(u)$	影响力强度 $W_{u,v}$
1-2	2	5	2/5
1-4	2	5	2/5

续表

节点	平行边条数 $C_{u,v}$	入度 $d^{in}(u)$	影响力强度 $W_{u,v}$
1-5	1	5	1/5
2-1	1	3	1/3
2-4	1	3	1/3
2-5	1	3	1/3
3-2	1	1	1
4-1	1	2	1/2
4-3	1	2	1/2
5-3	1	1	1

经转换图像后，如图 7-5 所示，得到节点间影响力强度图。

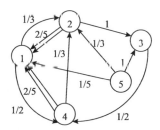

图 7-5　节点间影响力强度

通过例 7-2，我们发现依靠网络拓扑结构度量影响力的方法在模型构建、计算效率和应用性方面都提供了很大的便捷。但这种方法也存在局限性，没有充分考虑用户自身冗余信息和用户间交互的频率等，这些导致度量的用户影响力结果不够准确。

2. 基于用户行为的影响强度度量法

众所周知，在线社交网络会记录人们进行交互活动所产生的信息，其中就包括用户行为数据。我们可以通过分析这些数据，衡量用户影响力大小，同时还弥补了网络拓扑结构中用户之间的行为和交互信息利用较少的缺陷。所以，学者提出了一种基于用户行为的影响强度度量法。该方法从用户行为出发，通过分析在线社交网络中用户行为的轨迹数据（包括发布原创内容、转发、评论、点赞、购买商品等），进而评估用户在社交网络中的影响力。具体的度量方法包括改进的 PageRank 算法、分布式计算用户影响力等级算法、多路径规划与路由算法、潜在变分模型、线性影响力模型（linear influence model，LIM）等。从理解的容易程度方面考虑，LIM 是基于经典信息传播模型中传染病模型进行的改进。因此，我们这里仅举例 LIM 公式供读者学习，如式（7-2）所示：

$$V_s(t+1) = \sum_{x=1}^{N} \sum_{l=0}^{L-1} M_{x,s}(t-l) I_x(l+1) \tag{7-2}$$

其中，N 为节点个数；s 为不同传染在节点之间随时间扩散的数据；$I_x(l+1)$ 为节点 x 采用该信息后在 $(l+1)$ 个时间单位内后续提及次数；$V_s(t+1)$ 为在 $t+1$ 时刻被 s 感染的节点数；$M_{x,s}(t-l)$ 为数据集并且节点 x 在时间 $t-l$ 被 s 感染，则 $M_{x,s}(t)=1$，否则为 0。

　　为了更好理解基于用户行为的影响强度度量法，这里结合 Tang 等（2013）综合使用网络拓扑结构、用户特征和用户行为数据预测当前时刻的用户行为的方法，采用例题讲解的形式来阐述基于用户行为的影响强度的度量。

　　例 7-3　若有五个人他们在微博的昵称分别是："耿琪伟""finzaghi9"（即 fine9）、"Blue 杜斗"（即 Blue）、"魅族科技"（即魅族）和"kdgs119"（即 kdgs），关系圈如图 7-6 所示。

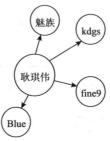

图 7-6　五人关系圈

　　在微博中关于"耿琪伟"发布的 31 条博文中相关转发、评论和提及情况如表 7-2 所示。

表 7-2　转发、评论和提及情况

ID	昵称	坐标	转发/次	评论/条	提及/次
1860096194	耿琪伟	江苏 南京	31	31	31
1720199947	fine9	四川 绵阳	26	17	10
2059956721	Blue	河南 洛阳	28	31	15
2683843043	魅族	福建 福州	25	30	16
2478311013	kdgs	广州 广东	31	15	24

请计算他们关系圈中的影响强度。

　　解

　　第一步：定义网络边权值。例 7-3 以微博为例，在考虑用户转发、评论、提及三种行为的基础上，定义网络边权值，即为用户的影响强度。

　　第二步：设网络拓扑结构为 $G\{V,(E,D)\}$。结构中 V 代表用户节点集合，E 代表边集合，D 代表边权值集合。D 由评论权值集合 C、转发权值集合 T、提及权值集合 M 三部分构成。根据例 7-3 所示，我们构建的网络拓扑结构为：$G\{5,(4,D)\}$。

　　第三步：汇总转发、评论和提及情况。在微博中表示用户 P_j 对用户 P_i 的第 k 条微博的评论情况如式（7-3）所示：

$$c_{ij}(k)=\begin{cases}1, & 获评论\\0, & 未获评论\end{cases}\qquad（7\text{-}3）$$

其中，$C=\{c_{ij}\}$，c_{ij} 为评论权值，表示用户 P_j 对用户 P_i 的评论的贡献大小。评论权值 c_{ij}

如式（7-4）所示：

$$c_{ij} = \sum_{n=1}^{K} c_{ij}(k) \qquad (7\text{-}4)$$

其中，$c_{ij}(k)$ 为用户 P_j 对用户 P_i 的第 k 条微博的评论情况；K 为用户 P_i 所发博文的总条数。

第四步：转发和提及这两种用户行为的发生过程与评论过程十分类似，因此设转发权值为 t_{ij} 和提及权值为 m_{ij}。两者与评论权值 c_{ij} 计算方法相同，同理有 $T = \{t_{ij}\}$ 和 $M = \{m_{ij}\}$。计算结果如下：

$$c_{耿魅} = \sum_{k=1}^{31} c_{耿魅}(k) = 26 \ ; \quad t_{耿魅} = \sum_{k=1}^{31} t_{耿魅}(k) = 17 \ ; \quad m_{耿魅} = \sum_{k=1}^{31} m_{耿魅}(k) = 10$$

$$c_{耿k} = \sum_{k=1}^{31} c_{耿k}(k) = 28 \ ; \quad t_{耿k} = \sum_{k=1}^{31} t_{耿k}(k) = 31 \ ; \quad m_{耿k} = \sum_{k=1}^{31} m_{耿k}(k) = 15$$

$$c_{耿f} = \sum_{k=1}^{31} c_{耿f}(k) = 25 \ ; \quad t_{耿f} = \sum_{k=1}^{31} t_{耿f}(k) = 30 \ ; \quad m_{耿f} = \sum_{k=1}^{31} m_{耿f}(k) = 16$$

$$c_{耿B} = \sum_{k=1}^{31} c_{耿B}(k) = 31 \ ; \quad t_{耿B} = \sum_{k=1}^{31} t_{耿B}(k) = 15 \ ; \quad m_{耿B} = \sum_{k=1}^{31} m_{耿B}(k) = 24$$

第五步：融入用户行为的边权值，如式（7-5）所示。

$$d_{ij} = w_1 c_{ij} + w_2 t_{ij} + w_3 m_{ij} \qquad (7\text{-}5)$$

其中，为了方便计算，我们默认三种用户行为重要性是一样的，即权值 $w_1 = w_2 = w_3 = \dfrac{1}{3}$，最后得到网络的边权值 d_{ij}。计算结果如下：

$$d_{耿魅} = \frac{1}{3}\left(c_{耿魅} + t_{耿魅} + m_{耿魅}\right) = \frac{(26+17+10)}{3} = 17.67$$

$$d_{耿k} = \frac{1}{3}\left(c_{耿k} + t_{耿k} + m_{耿k}\right) = \frac{(28+31+15)}{3} = 24.67$$

$$d_{耿f} = \frac{1}{3}\left(c_{耿f} + t_{耿f} + m_{耿f}\right) = \frac{(25+30+16)}{3} = 23.67$$

$$d_{耿B} = \frac{1}{3}\left(c_{耿B} + t_{耿B} + m_{耿B}\right) = \frac{(31+15+24)}{3} = 23.33$$

通过例 7-3 分析，我们发现该方法考虑了在线社交网络中用户之间的交互频繁，用户间的交互行为同样应该考虑到用户影响力分析中来。为进一步提升度量用户影响力的准确性，例 7-3 对用户行为进行分析和合理量化，最后根据基于用户行为的度量算法计算边权值。这种方法在一定程度上弥补了基于网络拓扑结构度量方法的缺陷，提高了数据的精确度。但是该度量方法在获取数据时，会不可避免地涉及用户的个人隐私。当前，在大数据爆炸时代，人们越来越关注个人隐私问题，大多数人也选择隐藏个人用户信息，这使基于用户行为的影响强度度量法的度量效果和精度受到了一定程度的影响。

3. 基于话题的影响强度度量法

在在线社交网络中，信息通常是依靠话题的形式进行产生和传播的。社会学的多种理论均表明，不同的话题（角度）中用户表现出来的影响力强度也会出现差异。特别是在研究界，大多数研究人员在合作和引用方面都会受到其他人的影响。

例如，在图 7-7 中，左边说明了输入：由七位研究人员组成的合著者网络，以及每个研究人员的主题分布。例如，乔治在"数据挖掘"和"数据库"这两个主题上的概率相同（0.5）。右边显示了社会影响力分析的输出：两个社会影响力图，每个主题一个，其中箭头表示方向和强度。我们看到，艾达是"数据挖掘"的关键人物，而夏娃是"数据库"的关键人物。因此，目标是如何有效且高效地获取真实大型网络的社交影响力图。

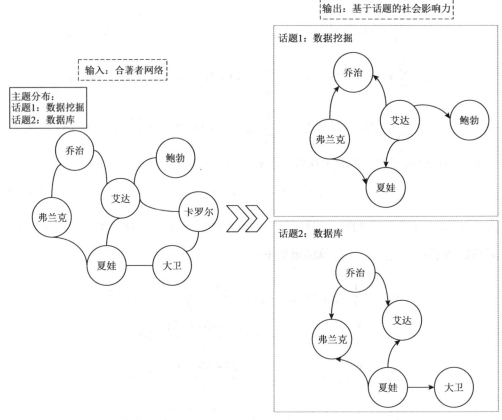

图 7-7　使用合著者网络的社会影响力分析说明

因此，采用基于话题的影响强度度量法可以从多个角度对用户影响力进行度量，弥补网络拓扑结构度量方法的缺陷。此外，在建立模型时，我们从话题内容和用户对话的参与度构建用户与话题之间的联系，无须建立社交网络拓扑结构作为模型输入，解决孤立用户节点的影响力计算问题。常见的模型有话题因子图模型、概率产生式模型等。

具体的话题因子图模型示意图如图 7-8 所示。其中，$g(\cdot)$、$f(\cdot)$ 和 $h(\cdot)$ 分别定义为在用户、用户之间的连接以及全体用户之上的特征函数，表示转发频度等因素，y_i 是指在

用户 v_i 上的隐变量，表示其他用户和用户 v_i 在话题级别上的影响强度。

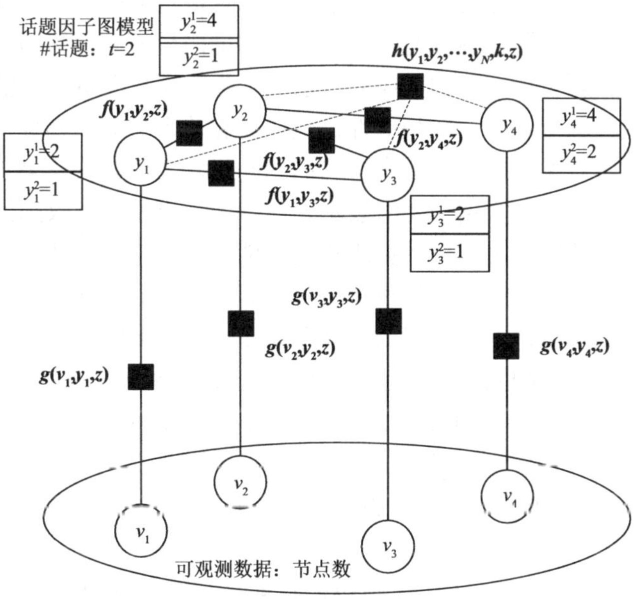

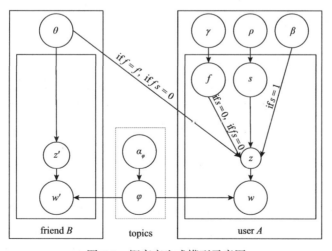

图 7-8 话题因子图模型示意图

具体的概率产生式模型如图 7-9 所示。其中，φ 表示每个主题词的分布，满足 α_φ 函数；w 与 w' 表示来自 φ 中的单词；z 和 z' 表示每个单词的主题分配，这些主题来自用户 θ、γ、ρ、β；s 由参数为 λ 的伯努利分布生成，表示是否受到他人影响的标签，若 $s=1$ 表示自源性，即主题的产生来自自己的兴趣，若 $s=0$ 表示他源性，即主题的产生来自受到他人的影响。

图 7-9 概率产生式模型示意图

为了更好地理解基于话题的影响强度度量法，可以参考毋建军等（2022）发表的专利文章。其中，对于话题构建的关键步骤如下所示。

第一步：建立基于特定话题消息的内容库和话题标签标题库。

第二步：话题关系构建需要先对每个节点的消息进行解析，形成以节点为单位的集合，即消息文本集合和话题标签标题集合。然后用词向量模型训练词向量，对每个消息分词并去除停用词，再对剩余词的对应向量求和，生成消息向量。在消息文本集合上，用相似度距离公式计算节点的话题相似性，生成具有关系的节点集合，同样，在话题标签标题集合，生成具有关系的节点集合，它们的并集即为话题关系集合。

第三步：话题关系的参数用二元组表示，前者为一个用户接收到另一个用户在话题下的心理影响量；心理影响量通过计算用户间在消息文本影响和话题标签的影响之和，并进行归一化处理。后者为用户之间最短的时间间隔，选取在此话题下用户间消息对中最短的时间间隔，消息对选取时序组成的消息间相似度最大的消息对。

综上所述，为了更好地模拟真实社交网络的状况，在采用何种用户影响力度量的方法时，我们可以考虑两阶段选择策略，即先使用基于网络拓扑结构的影响强度度量法选择出符合条件的影响力个体集合，在此基础上再使用基于用户行为的影响强度度量法或基于话题的影响强度度量法，这样才更有利于我们选择出真正具有影响力的社交网络个体。

7.4　在线社交网络用户偏好分析

从 7.3 节中，我们不难发现在线社交网络用户影响力分析侧重于重要节点的识别，而在线社交网络用户行为分析主要是通过计算在线社交网络中用户的偏好以及用户和用户之间的相似性，将最近邻用户的偏好作为目标用户的行为预测结果。目前用户偏好分析在电子商务、个性化产品推荐、舆情分析和预测等领域中得到了广泛的应用，帮助平台提供更好的个性化服务和内容，同时也为企业提供了更精准的市场洞察和营销机会。本节将主要介绍用户偏好分析的含义以及主要度量的方法，并采取例题分析的形式来帮助读者理解掌握本节内容。

7.4.1　用户偏好分析的含义

随着社交平台的普及和大数据技术的发展，越来越多的学者开始深入研究用户在社交网络上的行为和偏好，旨在揭示用户兴趣、偏好和行为模式等方面的深层信息。这种研究在电子商务、个性化产品推荐、舆情分析和预测等领域得到了广泛的应用，具体表现为不仅有助于社交平台更好地理解用户需求，提升用户体验，还为企业提供了精准营销、个性化服务的重要依据。在提升用户体验方面，Liao 等（2014）基于改进的狄利克雷模型研究了不同年龄段的用户与话题偏好之间的关系，发现了很多有意思的不同年龄阶段特定的话题，并据此预测社交网络用户的年龄。Wu 等（2020）基于个性化长短期偏好学习方法，通过真实数据集发现该方法能够在根据用户的历史签到数据，在特定时间为用户推荐合适的兴趣点方面表现较强的优越性。在满足企业精准营销、个性化服务方面，Cheng 等（2024）基于决策理论和偏好理论探讨不同性别对旅行 Vlog 的偏好、态度与认知，结果表明两性在旅行 Vlog 的某些认知和特定偏好上存在差异。在明确了在线社交网络中用户偏好分析的研究现状后，我们需要对其进行概念化，但不同研究人员对其却有不同的理解。综合已有的用户偏好分析相关研究后，本节将在线社交网络中用户偏好分析表述为通过分析用户在在线社交网络平台上的行为和偏好，从而获取关于用户兴趣、偏好和行为模式等方面的信息。这种分析可以帮助在线社交网络平台和企业了解用户的需求与喜好，从而更好地提供个性化的服务和内容。从描述中我们不难发现用户个体的兴趣爱好应当是千差万别的，所以用户偏好分析可以从计算用户与用户之间、用户与物品之间的相似性来考虑，并将最近邻用户的偏好作为目标用户的行为预测结果。

　　现有研究主要围绕用户偏好的度量方法展开，旨在构建精确、有效的用户偏好模型。其中，基于个性推荐系统和信息过滤的方法是最为常见的两种。个性推荐系统通过分析用户在在线社交网络上的行为数据，如点赞、评论、分享等，结合用户的个人信息，为用户推荐符合其兴趣的内容。而信息过滤则侧重于从大量信息中筛选出符合用户偏好的信息，过滤掉不感兴趣的内容。这些度量方法不仅关注用户个体的静态偏好，还考虑到用户偏好的动态变化，如时间、情境等因素的影响。通过对这些方法的深入研究，可以进一步提升用户偏好分析的精度和范围，为后续的详细介绍做好铺垫。

7.4.2　用户偏好的主要度量方法

　　在线社交网络的用户偏好度量阶段中，方法层出不穷。通过分析用户的行为数据，如点击、点赞、评论、分享、收藏等，可以了解用户对不同内容的兴趣和偏好；利用自然语言处理技术，对用户在在线社交网络中发布的文本进行分析，提取出关键词、主题、情感倾向等信息，进而推测用户对特定话题的喜好和态度；通过分析用户与其他用户的相似度和交互模式，可以向用户推荐与其兴趣相似的内容和用户；通过设计问卷或直接与用户进行交流，了解他们的兴趣和偏好，这种方式可以直接获取用户的主观意见和需求，辅助其他度量方法的分析。

　　常见的偏好主要度量方法是通过计算相似性来进行考虑的，具体的方法有皮尔逊（Pearson）相关系数、余弦（cosine）相似度、杰卡德系数和斯皮尔曼（Spearman）排序相关系数等。以上方法需要根据具体情况选择合适的方法来进行用户偏好分析。在实际应用中，还可以使用机器学习和数据挖掘等技术对用户行为数据进行建模与预测，进一步提升用户偏好分析的准确性和效果。考虑到受众群体的不同和章节的连贯性，本节我们仅介绍余弦相似度的概念和公式供大家学习。余弦相似度又称余弦相似性，它是指通过向量空间中两个向量夹角的余弦值作为衡量两个个体之间差异大小的方法。当余弦值越接近 1，表明两个向量的夹角越接近 0 度，则两个向量越相似；当余弦值越接近 0，表明两个向量的夹角越接近 180 度，则两个向量越不相似。

　　在线性空间 R 的有限维空间中，任意两个非零向量 $\alpha, \beta \in R$。向量 $\alpha = (x_1, y_1, z_1, \cdots)$，向量 $\beta = (x_2, y_2, z_2, \cdots)$，由几何定义计算内积 $\alpha \cdot \beta = |\alpha||\beta|\cos\theta$，可知

$$\cos\theta = \frac{(\alpha \cdot \beta)}{|\alpha||\beta|} = \frac{\sum_{i=1}^{n}(\alpha_i \times \beta_i)}{\left[\sqrt{\sum_{i=1}^{n}(\alpha_i)^2} \times \sqrt{\sum_{i=1}^{n}(\beta_i)^2}\right]} \tag{7-6}$$

为了帮助我们更好地理解上述方法，我们通过例题分析的形式展示学习。

例 7-4 表 7-3 展示了三个用户对不同物品的偏好记录，其中"1"表示对物品感兴趣，"0"表示对物品不感兴趣，"？"表示对物品的偏好未知。

表 7-3 甲乙丙三个用户对不同物品的偏好记录表

用户	物品 A	物品 B	物品 C	物品 D	物品 E	物品 F
甲	1	0	1	0	1	?
乙	0	1	1	1	1	0
丙	1	0	1	0	0	1

请计算三个用户间的相似度。

解 对于此链接关系可以使用笔算或者 Python 进行实现。首先需要明确完整的余弦相似度计算公式，其次开始我们的计算和编程。

根据式（7-6）来计算用户之间的余弦相似度。其中，计算用户甲、乙之间的余弦相似度为

$$\cos\theta_{\text{甲乙}} = \frac{(\alpha \cdot \beta)}{|\alpha||\beta|} = \frac{\sum_{i=1}^{n}(\alpha_i \times \beta_i)}{\left[\sqrt{\sum_{i=1}^{n}(\alpha_i)^2} \times \sqrt{\sum_{i=1}^{n}(\beta_i)^2}\right]}$$

$$= \frac{1 \times 0 + 0 \times 1 + 1 \times 1 + 0 \times 1 + 1 \times 1}{\sqrt{1^2 + 0^2 + 1^2 + 0^2 + 1^2} \times \sqrt{0^2 + 1^2 + 1^2 + 1^2 + 1^2 + 0^2}} \approx 0.577$$

用户甲、丙之间的余弦相似度为

$$\cos\theta_{\text{甲丙}} = \frac{(\alpha \cdot \beta)}{|\alpha||\beta|} = \frac{\sum_{i=1}^{n}(\alpha_i \times \beta_i)}{\left[\sqrt{\sum_{i=1}^{n}(\alpha_i)^2} \times \sqrt{\sum_{i=1}^{n}(\beta_i)^2}\right]}$$

$$= \frac{1 \times 1 + 0 \times 0 + 1 \times 1 + 0 \times 0 + 1 \times 0}{\sqrt{1^2 + 0^2 + 1^2 + 0^2 + 1^2} \times \sqrt{1^2 + 0^2 + 1^2 + 0^2 + 0^2}} \approx 0.816$$

用户乙、丙之间的余弦相似度为

$$\cos\theta_{\text{乙丙}} = \frac{(\alpha \cdot \beta)}{|\alpha||\beta|} = \frac{\sum_{i=1}^{n}(\alpha_i \times \beta_i)}{\left[\sqrt{\sum_{i=1}^{n}(\alpha_i)^2} \times \sqrt{\sum_{i=1}^{n}(\beta_i)^2}\right]}$$

$$= \frac{0 \times 1 + 1 \times 0 + 1 \times 1 + 1 \times 0 + 1 \times 0}{\sqrt{0^2 + 1^2 + 1^2 + 1^2 + 1^2 + 0^2} \times \sqrt{1^2 + 0^2 + 1^2 + 0^2 + 0^2 + 1^2}} \approx 0.289$$

由上述计算结果可知：用户甲和丙之间余弦值最大，即两者之间的相似度高，则可以把用户丙感兴趣的物品 F 推荐给用户甲。

其中，算法代码如附录 B 所示。运行代码程序后，我们即可得到求解结果如下。

甲和乙之间的余弦相似度：0.577。

甲和丙之间的余弦相似度：0.816。

乙和丙之间的余弦相似度：0.289。

因此，从上述结果中我们可以得出，用户甲与丙之间余弦值最大，即两者之间的相似度高。因此从以上的结果中可以得出，用户丙感兴趣的物品 F 会推荐给用户甲。

7.5　在线社交网络用户属性预测与分类

通过 7.3 节和 7.4 节的内容，得知在分析收集用户的行为数据后，用户的影响力分析可以帮助识别出在线社交网络中的重要节点，为控制舆论导向、信息传播速度等提供理论基础。而用户的偏好分析则通过用户自身或同伴的行为数据分析用户的兴趣与偏好，为个性化服务和精准营销提供便利。但是，在真实的在线社交网络中，有相当数量的用户只提供部分属性信息，或者故意隐藏自己的部分属性，这就可能让我们通过数据分析得出的结论与现实产生相反的结果。为了解决此类现象，本节我们将了解到对用户的属性进行预测和分类，提高我们分析数据的准确性。

7.5.1　用户属性预测

在线社交网络用户属性预测指的是通过分析和挖掘用户在社交网络中的行为、内容与关系等数据，来推测用户的个人属性和特征。这些属性包括但不限于年龄、性别、职业、兴趣爱好、地理位置等。此外，用户的属性信息还能够为网络演化、用户群组划分、信息传播、内容分享及推荐系统等提供基础。然而，在许多真实的社交网络中，很多用户只提供了部分属性信息，甚至故意隐藏部分属性。为了在线社交网络现实应用的需求，经常需要推测用户一些未知的信息。对此，可以通过获取用户已知属性、好友关系、群组关系和行为轨迹等数据的直接或间接方式来推测用户的未知信息，也称为隐私数据。通常在在线社交网络现实应用中，属性预测可以分为隐式方法和显式方法。隐式方法属性预测是指根据用户可能具有某种属性而提供精确的个性化服务，而显式方法属性预测则是指通过某种方法直接预测用户可能具有的属性。

1. 隐式方法属性预测

在线社交网络用户的隐式方法属性预测是指通过分析用户在社交媒体平台上的行为和特征，来推断其隐藏的个人属性或特点。主要步骤是通过对用户生成的内容、行为和互动进行分析，可以从中提取特征，并与已知的数据进行比较和分类，从而进行属性预测。例如，在学术社交网络中，建模的图结构为 $G(V, E)$，其中 V 表示用户节点的集合，E 表示节点之间连接关系（边）的集合，黄泳航等（2017）对其进行了形式化描述，再利用拓扑结构信息和标签传播技术进行社区划分。根据他们的研究，具有相同标签的用户被认为属于同一个社区，而这些标签是指用户所具有的属性信息，因此社区内的用户拥有相似的兴趣。基于这一观点，他们提供了相关的推荐服务，并取得了良好的推荐效果。尽管这项研究表面上与用户属性预测似乎不相关，但实际上推荐的动机是基于社区内用户具有相似属性或兴趣的假设。通过以上方法，社区内的用户可以获得相关的推荐服务，从而更好地满足他们的兴趣和需求。这一研究成果在推荐系统领域具有重要意义，为我们理解和运用社交网络中的隐式方法属性预测指明了方向。不过，这种方法也存在相应的局限，它依赖于大量的样本数据和相关算法模型，如果数据不够很可能出现属性预测的偏差。

2. 显式方法属性预测

本节所陈述的显式方法属性预测指通过分析用户在社交媒体平台上公开展示的信息和个人资料，来推断其明确表达的个人属性或特征。这些属性通常是用户自己在个人资料中提供的，或者通过他们的互动行为得出的相关算法。例如，为了证明交友关系和可见的群组关系包含了大量的用户潜在信息，Zheleva 和 Getoor（2009）利用交友关系与可见的群关系等结构化数据来推测用户的属性，并指出了群组信息能够更高精度地发现用户的隐私属性。但是，在很多社交网络中，除了结构化数据，每个用户还具有或多或少的属性数据，单纯利用网络拓扑结构信息往往不能满足社交网络用户的精确分析需求。于是，Mislove 等（2010）将用户的属性信息和网络拓扑结构信息进行结合，指出具有相同属性的用户更有可能成为朋友或者形成一个密集的社区团体，提出了一种基于用户已知属性的社区发现方法挖掘在线社交网络用户的潜在属性信息。此外，Heatherly 等（2013）利用朴素贝叶斯分类器推测在线社交网络用户属性，利用用户的节点信息和节点间的链接信息（好友关系）推测在线社交网络中用户的政治倾向，并指出同时利用用户属性信息和用户间的关系信息拥有更好的预见性。Miller 等（2009）首次利用链接预测方法发现了用户的相关属性信息，表明链接预测方法也能够推断用户的一些未知的属性。

值得注意的是，在线社交网络通常包含少量用户公开的可用信息，大量的用户信息被隐藏。为了有效利用社交网络少量的标注样本，半监督学习算法被广泛应用于社交网络属性预测算法中。在半监督学习算法中，一般采用欧氏距离或余弦相似度计算两个节点 x 和 y 之间的相似程度，其中欧氏距离如式（7-7）所示，坐标平面示意图如图 7-10 所示：

$$d(x,y) = \sqrt{\left(a_1^x - a_1^y\right)^2 + \left(a_2^x - a_2^y\right)^2 + \cdots + \left(a_n^x - a_n^y\right)^2} = \sqrt{\sum_{i=1}^{n}\left(a_i^x - a_i^y\right)^2} \qquad (7\text{-}7)$$

图 7-10 中用户 A 和用户 B 分别对项目 x、y 进行了评分。用户 A 对项目 x 的评分为 2，对项目 y 的评分为 4，在坐标系中表示为坐标点 $A(2,4)$；同样用户 B 对项目 x、y 的评分表示为坐标点 $B(4,2)$，因此它们之间的欧氏距离（直线距离）为：$\sqrt{\left(B.x - A.x\right)^2 + \left(A.y - B.y\right)^2} = 2\sqrt{2}$，计算出来的欧氏距离是一个大于 0 的数，为了使其更能体现用户之间的相似度，可以把它规约到 $(0,1]$ 之间，具体做法为：$\mathrm{sim}(A,B) = \dfrac{1}{1 + d(A,B)}$，其中 $\mathrm{sim}(A,B)$ 表示用户 A 和用户 B 的相似度，$d(A,B)$ 表示用户 A 和用户 B 之间的欧氏距离（直线距离），距离越小，相似度越大。

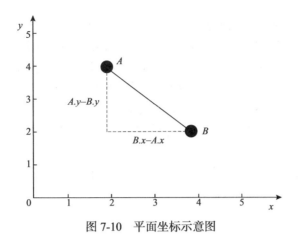

图 7-10　平面坐标示意图

通过以上两种属性预测方法，我们可以使用直接或间接的手段推测出用户的一些未知属性。不过它们都依赖于用户在社交网络平台上主动提供的信息，并以此来进行推断分析。其实，由于用户隐私保护问题以及商业上的限制，很难获取在线社交网络用户非常丰富的属性特征，这为用户属性预测算法的研究带来了一定的影响和限制。

7.5.2　用户分类

在线社交网络用户的属性预测问题实际上可以理解为一个用户分类问题。其实，可以发现，在第 4 章中介绍的社区发现算法可以根据偏好相似或者社交关系相近进行聚类，从而实现用户的分类。但经研究发现，社区发现算法在需要更高精度和可靠性的分类任务中还存在一定的局限。于是，转过头来可以充分利用先验知识（如已知高忠诚度和低忠诚度用户，根据属性把用户归到不同的类别中），更加准确地识别出不同类别的数据。虽然它需要事先对训练数据进行标注，但在许多情况下，这种标注工作是值得的，因为它在图像识别、语音识别、自然语言处理领域可以显著提高分类的精度和可靠性；此外，在医疗领域中通过对病例数据进行标注，可以识别出高风险患者，从而优先分配医疗资源，提高治疗效果；甚至在人工智能飞速发展下，通过自动识别和分类数据，可以实现对复杂任务的自动化处理，提高工作效率和准确性。其实，这也就是本节所要阐述的另一种用户分类，即一个有监督的机器学习用户分类。在这个过程中，需要首先确定用户的类别范围，其次通过训练分类模型，进而预测用户的类别。在在线社交网络中，用户常常通过维护个人画像、社会化标签以及发布个人动态来积累文本内容数据，此外添加好友等操作也可以扩大自己的关系网络。其文本内容数据和关系网络信息都蕴含着用户的个性化特征，这也是进行用户分类的主要信息来源。

1. 基于文本内容数据分类

目前，基于文本内容数据的在线社交网络用户分类是一种常见的方法。一些文章采用成熟的文本分类模型进行用户分类。例如，Zubiaga 等（2011）通过采集用户的社会化标签数据，并应用支持向量机（support vector machines，SVM）分类模型进行分类；基于用户的画像数据，Rao 等（2010）利用改进的栈式支持向量机模型，有效地对 Twitter 上的用户进行分类属性预测；Pennacchiotti 和 Popescu（2011）则是利用隐含狄利克雷分布（latent Dirichlet allocation，LDA）模型对 Twitter 用户的个人动态文本进行建模，并基于文本分类结果预测了用户的分类属性；曹晨等（2022）利用文本挖掘技术和 LDA 主题模型，通过大数据分析方法研究了职场辱虐管理对第三方情绪和行为的影响。

为了方便理解该部分内容，我们通过最常用的词云图方法展开介绍，以 2022 年的央视网新闻为例，代码在附录 C 中，具体步骤如下。

第一步：先定义一个随机颜色的函数，能随机返回颜色。

第二步：词语图设置。

第三步：画多子图。

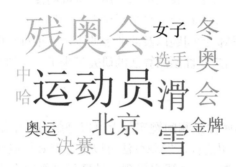

图 7-11　词云图

可以从图 7-11 看到每一类话题的重要性词汇都画出来了，词语越大说明这个词越重要。第 4 类话题出现了很多冬奥会、运动员、滑雪、选手、决赛等词汇，说明第 4 类话题就是描述冬奥会比赛情况的新闻。

2. 基于文本内容数据和关系网络信息分类

为了丰富和改进基于文本内容数据分类，一些学者提出了基于文本内容数据和关系网络信息分类的方法。这种分类方法更多采用标签传播的思想进行用户类别标签预测。其基本原理：首先标注一定比例的用户类别标签，其次基于"在线社交网络上两个互相连接的用户之间存在类别相似性"这种源于社会学的同质性原理进行类别标签传播，而这可以采用迭代推导算法框架实现。其中，迭代推导涉及两个重要问题：①类别标签初始化；②迭代收敛条件。其中，类别标签初始化可以采用手工标注或者利用传统的文本分类模型确定，迭代推导可以在所有节点的类别标签分布都趋于稳定时收敛。

由于在线社交网络用户具有兴趣多样性特征，对其分类属于多标签分类问题，需要比传统的单一标签分类模型具有更复杂的性能评价准则，我们选取 Kong 等（2011）提出的四种较为常用的多标签分类性能评价准则供读者学习。假设 D_{osn} 表示包含 n 个多标签节点 (v_i, y_i) 的在线社交网络数据集，$C(v_i)$ 表示使用某种分类方法对节点 v_i 生成的预测标签集，各评价准则的定义如下。

（1）Hamming Loss（汉明损失）：一种较频繁使用的分类评价准则，通过计算分类结果标签中没有被正确预测的数量来评价分类性能，计算公式如式（7-8）所示。

$$\text{HammingLoss}(C, D_{\text{osn}}) = \frac{1}{n} \sum_{i=1}^{n} \frac{1}{q} \| C(v_i) \oplus y_i \|_1 \qquad (7-8)$$

其中，$\oplus$ 为两个集合的对称差分；$\| \cdot \|_1$ 为 l_1 范式，结果越小表示分类效果越好。

（2）Subset 0/1 Loss：用于严格评价分类结果的预测标签集是否完全正确，计算公式如式（7-9）所示。

$$\text{SubsetLoss}(C, D_{\text{osn}}) = \frac{1}{n} \sum_{i=1}^{n} I\left(C(v_i) \neq y_i \right) \qquad (7-9)$$

其中，$I(\cdot)$ 为指示函数，当且仅当 π 成立时，$I(\pi) = 1$，否则 $I(\pi) = 0$，结果越小表示分类效果越好。

（3）Micro-F1（微观 F1 值）：通过综合考虑预测标签集预测精度和召全率的微平均来评估分类方法的性能，计算公式如式（7-10）所示。

$$\text{Micro-F1}(C, D_{\text{osn}}) = \frac{2 \sum_{i=1}^{n} \| C(v_i \cap y_i) \|_1}{\sum_{i=1}^{n} \| C(v_i) \|_1 + \sum_{i=1}^{n} \| y_i \|_1} \qquad (7-10)$$

其中，式（7-10）中指标与上述两个评价准则中指标重复，不再赘述，计算结果越大则表示分类效果越好。

（4）Macro-F1（宏观 F1 值）：通过考虑在预测标签结果集上的 F1 测度的平均值来评价分类器的性能，计算公式如式（7-11）所示。

$$\text{Macro-F1}(C, D_{\text{osn}}) = \frac{1}{q} \sum_{k=1}^{q} \frac{2 \sum_{i=1}^{n} C^k(v_i) y_i^k}{\sum_{i=1}^{n} C^k(v_i) + \sum_{i=1}^{n} y_i^k} \qquad (7-11)$$

其中，y_i^k 为 y_i 的第 k 个元素；$C^k(v_i)$ 为 $C(v_i)$ 的第 k 个元素，计算结果越大则表示分类效果越好。

总的来说，通过上述两种方法对用户进行分类，可以发现后者的优势更加明显：①它只标记部分节点的类别标签就可以通过"同质性"原理预测其余节点的标签，这提高了用户分类的效率；②融合在线社交网络用户文本内容以及关系网络信息进行分类的方法具有更好的分类精度；③一些没有的文本内容可以从一些已知的本地文本中获得。社交网络平台分类为加快个性化的推荐和服务提供便利，可以针对不同用户类别进行定向营销和广告投放。

7.6　本章小结

随着以人为中心的在线社交网络的快速发展，学术界对在线社交网络用户行为具有极大的兴趣，并产生了大量的研究成果。为了让读者更好地了解在线社交网络用户行为分析这一模块，本章内容分为在线社交网络介绍、在线社交网络用户行为特征、在线社交网络用户影响力分析、在线社交网络用户偏好分析和在线社交网络用户属性预测与分类五大部分，叙述方式采用由浅入深，层层递进的方式来介绍相关概念和度量方法，在度量方法部分进行了例题展示，供读者进行入门级的学习。对于在线社交网络用户行为分析这部分归纳为如下三点。

（1）用户行为分析呈现新特点。随着互联网技术的提升和社交网络的不断发展，每一个研究阶段的用户行为都呈现出新的特点。本章通过对在线社交网络用户行为的文献进行汇总分析后，得出目前用户行为的研究方向侧重于用户行为分析，而对于未来的发展，李嘉兴等（2020）谈到用户行为的研究方向将从用户画像、用户隐私安全、用户倦怠行为、用户信息行为、用户行为特征及其影响因素方面的角度开展。

（2）用户影响力、偏好分析的度量方法拘泥于静态社交网络用户分析的研究。本章中使用的算法都是基于静态社交网络的分析研究，而真实的社交网络结构是在动态变化的，目前有少部分研究已经涉足该部分，但存在计算复杂度较高、运行时间较长等问题。如何在动态变化的在线社交网络中进行用户行为的分析和挖掘，并实时给出计算结果是当前和未来需要解决的问题。

（3）并行算法的推行。在本章中所展示的例题可以通过电脑基础的运算完成，未来学者在面对在线社交网络的大数据和动态网络的进一步研究时，单机系统的性能受到极大的考验，亟须推进一种新的算法来解决当前性能问题。随着多核技术的发展，算法并行化已成为解决该问题的有效手段之一，因为通过对在线社交网络用户进行分析和挖掘，并行算法能有效提高其运行效率。

参 考 文 献

安璐, 梁艳平. 2019. 突发公共卫生事件微博话题与用户行为选择研究. 数据分析与知识发现, 3: 33-41.

蔡建峰, 任胜楠, 高蕾. 2022. 自媒体时代用户使用社交媒体的倦怠行为特征: 基于负面情绪的非线性模型分析. 河南师范大学学报（哲学社会科学版）, 49: 83-88.

曹晨, 张卫国, 黄俊. 2022. 职场辱虐管理如何影响第三方情绪和行为? ——基于文本挖掘以及 LDA 主题模型的大数据分析. 海南大学学报（人文社会科学版）, 40: 137-147.

戴德宝, 顾晓慧. 2017. 用户参与行为、感知价值与忠诚度: 基于移动短视频社交应用的分析. 消费经济, 33: 58-65.

方滨兴, 等. 2014. 在线社交网络分析. 北京: 电子工业出版社.

黄炜, 沈欣芸, 李伟卿. 2022. 视频博客 Vlog 用户的持续使用行为影响因素研究: 以 Bilibili 为例. 现代情报, 42: 69-79.

黄泳航, 李春英, 汤庸. 2017. 基于社区划分的多线程潜在好友推荐算法. 计算机应用研究, 34:

1080-1083.

李嘉兴, 王晰巍, 常颖, 等. 2020. 社交网络用户行为国内外研究动态及发展趋势. 现代情报, 40: 167-177.

李康宏, 谢宗晓, 甄杰, 等. 2019. 信息安全合法化采纳动机与模式研究: 新制度理论与创新扩散理论的整合视角. 预测, 38: 61-68.

李欣, 李琪, 殷猛. 2019. 团购 APP 的持续使用意愿研究: 基于 ECM 的整合途径分析与实证. 大连理工大学学报 (社会科学版), 40: 56-65.

刘鲁川, 李旭, 张冰倩. 2017. 基于扎根理论的社交媒体用户倦怠与消极使用研究. 情报理论与实践, 40: 100-106, 51.

毛佳昕, 刘奕群, 张敏, 等. 2014. 基于用户行为的微博用户社会影响力分析. 计算机学报, 37: 791-800.

孟青, 刘波, 张恒远, 等. 2021. 在线社交网络中群体影响力的建模与分析. 计算机学报, 44: 1064-1079.

王利, 于磊, 吴渝. 2021. 基于 Swarm 模型的微博用户影响力评价方法. 计算机工程与应用, 57: 267-272.

王楠, 王莉雅, 李瑶, 等. 2021. 同侪影响对用户贡献行为的作用研究: 基于网络客观大数据的分析. 科学学研究, 39: 2294-2304.

王清华, 朱岩, 闻中. 2013. 新浪微博用户满意度对使用行为的影响研究. 中国软科学, (7): 184-192.

王晰巍, 曹茹烨, 杨梦晴, 等. 2016. 微信用户信息共享行为影响因素模型及实证研究: 基于信息生态视角的分析. 图书情报工作, 60: 6-13, 5.

王晓光. 2010. 微博客用户行为特征与关系特征实证分析: 以 "新浪微博" 为例. 图书情报工作, 54: 66-70.

王贞. 2018. 社交网络群体性迷失的心理机制及应对策略. 河南: 郑州大学.

毋建军, 沙瀛, 姜波. 2022-09-30. 基于话题-行为的社交网络用户影响力度量方法: 中国, CN202210343107.0.

杨根福. 2015. 移动阅读用户满意度与持续使用意愿影响因素研究: 以内容聚合类 APP 为例. 现代情报, 35: 57-63.

查先进, 张晋朝, 严亚兰. 2015. 微博环境下用户学术信息搜寻行为影响因素研究: 信息质量和信源可信度双路径视角. 中国图书馆学报, 41: 71-86.

翟运开, 罗波, 王宇, 等. 2023. 患者医疗数据共享意愿影响因素: 结合改进计划行为理论 (TPB) 与技术接受模型 (TAM) 的分析. 科技管理研究, 43: 235-244.

张敏, 沈嘉裕. 2023. 突发公共卫生事件中政务短视频主题与用户行为的关联演化研究. 情报杂志, 42: 181-189.

张鹏威, 刘红丽, 俞丽娟, 等. 2016. 微博信息传播中的用户影响力研究综述. 情报科学, 34: 160-164.

张兆阳, 吕妍, 罗思琪, 等. 2021. 突发公共卫生事件背景下微博影响力评价: 以 20 家主流媒体微博为例. 信息资源管理学报, 11: 16-27, 51.

赵玲, 张静. 2013. 微博用户行为研究的多维解析. 情报资料工作, (5): 65-70.

周锦, 曹鲁娜. 2024. 社交网络赋能文化旅游深度融合: 发展特征、作用机制与推进路径. 南京社会科学, 3: 151-162.

邹文武. 2020. 社交网络用户影响力的发展动态及知识图谱研究. 情报科学, 38: 107-115.

Ajzen I. 1985. From intentions to actions: a theory of planned behavior//Kuhl J, Beckmann J. SSSP Springer Series in Social Psychology. New York: Springer: 11-39.

Benevenuto F, Rodrigues T, Cha M, et al. 2009. Characterizing user behavior in online social networks. Proceedings of the 9th ACM SIGCOMM Conference on Internet Measurement. New York: 49-62.

Bhattacherjee A. 2001. Understanding information systems continuance: an expectation-confirmation model. MIS Quarterly, 25: 351-370.

Cheng W Y, Tian R W, Chiu D K W. 2024. Travel vlogs influencing tourist decisions: information preferences and gender differences. Aslib Journal of Information Management, 76: 86-103.

Csikszentmihalyi M. 2000. Beyond Boredom and Anxiety. New York: Jossey-Bass: 1-272.

Davis F D. 1989. Perceived usefulness, perceived ease of use, and user acceptance of information technology. MIS Quarterly, 13: 319-340.

Hargittai E. 2020. Potential biases in big data: omitted voices on social media. Social Science Computer Review, 38: 10-24.

Heatherly R, Kantarcioglu M, Thuraisingham B. 2013. Preventing private information inference attacks on social networks. IEEE Transactions on Knowledge and Data Engineering, 25(8): 1849-1862.

Hoadley C M, Xu H, Lee J J, et al. 2010. Privacy as information access and illusory control: the case of the Facebook news feed privacy outcry. Electronic Commerce Research and Applications, 9: 50-60.

Kong X N, Shi X X, Yu P S. 2011. Multi-label collective classification. Proceedings of the 2011 SIAM International Conference on Data Mining. Society for Industrial and Applied Mathematics. Vancouver: 618-629.

Lasén A, Gómez-Cruz E. 2009. Digital photography and picture sharing: redefining the public/private divide. Knowledge, Technology & Policy, 22: 205-215.

Lee J, Kim M, Jeon C, et al. 2016. A study on gamepad/gaze based input processing for mobile platform virtual reality contents. Journal of the Korea Computer Graphics Society, 22: 31-41.

Lee J E, Watkins B. 2016. YouTube vloggers' influence on consumer luxury brand perceptions and intentions. Journal of Business Research, 69: 5753-5760.

Liao L Z, Jiang J, Ding Y, et al. 2014. Lifetime lexical variation in social media. Proceedings of the Twenty-Eighth AAAI Conference on Artificial Intelligence, Canada, 28: 1643-1649.

Lin W S, Zhao H V, Liu K J R. 2009. Incentive cooperation strategies for peer-to-peer live multimedia streaming social networks. IEEE Transactions on Multimedia, 11: 396-412.

Liu Y, Du Y, Zhang Y, et al. 2022. A blockchain-based personal health record system for emergency situation. Security and Communication Networks, 2022: 1-13.

Miller K T, Griffiths T L, Jordan M I. 2009. Nonparametric latent feature models for link prediction. Proceedings of the 23rd International Conference on Neural Information Processing Systems. Vancouver, British Columbia, Canada: 1276-1284.

Mislove A, Viswanath B, Gummadi K P, et al. 2010. You are who you know: inferring user profiles in online social networks. Proceedings of the Third ACM International Conference on Web Search and Data Mining. New York, America: 251-260.

Panchendrarajan R, Saxena A. 2023. Topic-based influential user detection: a survey. Applied Intelligence, 53: 5998-6024.

Pennacchiotti M, Popescu A M. 2011. A machine learning approach to Twitter user classification. Proceedings of the 5th International AAAI Conference on Weblogs and Social Media. Barcelona, Catalonia, Spain, California: AAAI Press: 281-288.

Qin X M, Liu Z X, Liu Y W, et al. 2022. User OCEAN personality model construction method using a BP neural network. Electronics, 11: 3022.

Rao D, Yarowsky D, Shreevats A, et al. 2010. Classifying latent user attributes in Twitter. Proceedings of the 2nd International Workshop on Search and Mining User-Generated Contents. Toronto, Canada, New York, United States: 37-44.

Ravindran T, Kuan A C Y, Lian D G H. 2014. Antecedents and effects of social network fatigue. Journal of the Association for Information Science and Technology, 65: 2306-2320.

Rui H X, Whinston A. 2012. Information or attention? An empirical study of user contribution on Twitter. Information Systems and e-Business Management, 10: 309-324.

Tang J, Wu S, Sun J. 2013. Confluence. Proceedings of the 19th ACM SIGKDD International Conference on Knowledge Discovery and Data Mining. New York: 347-355.

Wu Y X, Li K, Zhao G S, et al. 2020. Personalized long-and short-term preference learning for next POI recommendation. IEEE Transactions on Knowledge and Data Engineering, 34: 1944-1957.

Zhao H V, Liu K J R. 2010. Impact of social network structure on multimedia fingerprinting misbehavior detection and identification. IEEE Journal of Selected Topics in Signal Processing, 4: 687-703.

Zheleva E, Getoor L. 2009. To join or not to join: the illusion of privacy in social networks with mixed public and private user profiles. Proceedings of the 18th International Conference on World Wide Web. Madrid, Spain, New York: 531-540.

Zubiaga A, Körner C, Strohmaier M. 2011. Tags vs shelves: from social tagging to social classification. Proceedings of the 22nd ACM Conference on Hypertext and Hypermedia. Eindhoven, Netherlands, New York, United States: 93-102.

本 章 附 录

　　本部分为附录，主要展示三个正文中所提及的代码操作的具体步骤。其中附录 A 是例 7-1 的算法代码，用来解决 PageRank 算法以及其中的迭代过程。附录 B 是例 7-4 的算法代码，用来计算用户间的余弦相似度，解决计算复杂的问题。附录 C 是 7.5.2 节中基于文本内容数据分类得到词云图的过程，可以从众多新闻中快速发现关键字或词，提高决策判断力。

附录 A

```
#首先，让我们定义一个函数来计算 PageRank 值：
def calculate_pagerank(graph, damping_factor=0.85, max_iterations=100, epsilon=1e-8):
    num_vertices = len(graph)
    pagerank = {v: 1 / num_vertices for v in graph}
    out_degree = {v: len(graph[v]) for v in graph}

    for _ in range(max_iterations):
        new_pagerank = {}
        for v in graph:
            new_pagerank[v] = (1 - damping_factor) / num_vertices
            for u in graph:
                if v in graph[u]:
                    new_pagerank[v]    +=    damping_factor    *    pagerank[u]    /
out_degree[u]
        delta = sum(abs(new_pagerank[v] - pagerank[v]) for v in graph)
        if delta < epsilon:
            return new_pagerank
```

```
        pagerank = new_pagerank

    return pagerank
```

#下一步，我们为给定的有向图创建一个数据结构，并且计算 PageRank 值：

```
# 创建有向图
graph = {
    1: [3],
    2: [1, 3],
    3: [1],
    4: [5],
    5: [2]
}
# 使用 PageRank 算法计算 PageRank 值
pagerank = calculate_pagerank(graph)
# 打印计算得到的 PageRank 值
for v, rank in sorted(pagerank.items()):
    print(f"PageRank[{v}] = {rank}")
```

附录 B

```
#encoding=utf-8
# 余弦相似度计算
#              物品 A      物品 B      物品 C      物品 D      物品 E      物品 F
# 用户甲        1          0          1          0          1          ?
# 用户乙        0          1          1          1          1          0
# 用户丙        1          0          1          0          0          1
import math

def CosSimilarity(list1,list2):
    if len(list1)!=len(list2):
        return -1
    else:
        length=len(list1)
    s = sum(list1[i] * list2[i] for i in range(length))
    den1 = math.sqrt(sum([pow(list1[j], 2) for j in range(length)]))
    den2 = math.sqrt(sum([pow(list2[k], 2) for k in range(length)]))
    return s / (den1 * den2)
```

```python
if __name__ == '__main__':
    vector 甲 = [1,0,1,0,1]
    vector 乙 = [0,1,1,1,1,0]
    vector 丙 = [1,0,1,0,0,1]
    #其实把这三个向量列表写在一个列表中比较好，那样更像一个矩阵

    Cos 甲_乙 = CosSimilarity(vector 甲,vector 乙)
    Cos 甲_丙 = CosSimilarity(vector 甲,vector 丙)
    Cos 乙_丙 = CosSimilarity(vector 乙,vector 丙)

    print("甲和乙之间的余弦相似度:",cos 甲_乙)
    print("甲和丙之间的余弦相似度:",cos 甲_丙)
    print("乙和丙之间的余弦相似度:",cos 乙_丙)
```

附录 C

```python
import random      #定义随机生成颜色函数
def randomcolor():
    colorArr = ['1','2','3','4','5','6','7','8','9','A','B','C','D','E','F']
    color ="#"+.join([random.choice(colorArr) for i in range(6)])
    return color
[randomcolor() for i in range(3)]
from collections import Counter
from wordcloud import WordCloud
from matplotlib import colors
#from imageio import imread      #形状设置
#mask = imread('爱心.png')

def generate_wordcloud(tup):
    color_list=[randomcolor() for i in range(10)]    #随机生成 10 个颜色
    wordcloud = WordCloud(background_color='white',font_path='simhei.ttf',#mask = mask, #形状设置
                          max_words=20, max_font_size=50,random_state=42,
                          colormap=colors.ListedColormap(color_list)        #颜色
                          ).generate(str(tup))
return wordcloud
dis_cols = 4                        #一行几个
dis_rows = 3
```

```python
dis_wordnum=20
plt.figure(figsize=(5 * dis_cols, 5 * dis_rows),dpi=128)
kind=len(df['topic'].unique())

for i in range(kind):
    ax=plt.subplot(dis_rows,dis_cols,i+1)
    most10 = [ (k,float(v)) for k,v in word_pro[i].items()][:dis_wordnum]    #高频词
    ax.imshow(generate_wordcloud(most10), interpolation="bilinear")
    ax.axis('off')
    ax.set_title("第{}类话题  前{}词汇".format(i,dis_wordnum), fontsize=30)
plt.tight_layout()
    plt.show()
```

第8章 在线社交网络情感分析

章 首 语

随着互联网技术的发展和众多社交平台的涌现，社交媒体用户数量日益增长，网络社交平台成为越来越多的人进行社交互动、获取信息、发表观点意见的主要渠道。第7章介绍了在线社交网络中的用户行为，从用户个体使用行为和用户群体互动行为两个方面进行了详细的阐述。本章我们将基于用户行为介绍在线社交网络里的文本情感分析方法。根据文本内容，我们将文本分成两类：客观描述类文本和主观表达类文本。客观描述类文本用于描述客观信息，主要针对人物、事件、产品等进行客观性的事实阐述。主观表达类文本用于表达用户对人物、事件、产品等评价类的态度信息，包含了用户的情感倾向，如"喜欢""讨厌""支持""反对"等情感色彩。情感分析就是对主观表达类文本进行分析、处理、归纳其中情感信息的过程。

随着在线社交网络的兴起与发展，情感分析涉及多个研究领域。例如，在舆情分析方面，我们可以对热点事件进行情感分析，识别网民们的情感态度，帮助政府了解民意，预防危害事件的发展；在商品购买方面，我们通过对在线评论进行情感分析，提取已购买用户对产品的评价信息，帮助消费者进行产品评估与选择。由此我们可以看出，情感分析逐渐从自然语言处理领域延伸至管理学、社会学等学科，在各个领域均发挥着重要的作用。

本章将系统地介绍在线社交网络中的情感分析技术。首先介绍了情感分析的概念、粒度分类及其在舆情分析、产品评价、信息预测等领域的主要应用。其次介绍关于报道等长文本的情感分析技术，包括基于情感词典的情感分析方法、基于语义规则的情感分析方法以及基于监督学习的情感分析方法。相较于传统的长文本，在线社交网络中的文本特征呈现出语法规则性弱、语言表达形式丰富、噪声较大等特征。最后结合用户信息、用户社交关系详细介绍了针对在线社交网络文本的情感分析技术。

通过本章的学习，读者可以大致了解情感分析的概念特征及其应用，充分认识并掌握多种情感分析方法，学会在线社交网络文本处理方法，并结合在线社交网络和待分析文本的特征选择合适的情感分析方法对文本进行情感分析。

目前，情感分析技术还处在发展时期，针对在线社交网络中多模态数据类型的情感分析技术仍在进一步探索的阶段。传统的三元情感分类在表征在线社交用户的情感倾向方面存在不足，构建更细粒度的情感分类模型来准确描述用户情感是未来研究的重点之一。

8.1　情感分析介绍

情感分析又称意见挖掘，是文本分类问题中的一个特殊问题，主要研究重点是以文本信息中的情感倾向为分类依据，对带有主观情感信息的文本进行分类。情感分析作为自然语言处理领域、管理学、社会学等学科的研究热点，在舆情分析、产品评价、热点预测中有很大的研究价值。

8.1.1　情感分析概念

情感分析使用情感倾向和情感强度两个指标来衡量文本中的情感信息。情感倾向也被称为情感极性，是指评价主体对评价客体的评价表达中呈现出来的情感态度，通常采用情感倾向三分类法，即将情感划分成积极、中性、消极三个情感倾向类别。一般来说，文本中的情感倾向通过褒贬词语呈现出来，如"完美""有效""不错"等褒义词所表达的就是积极情感，"没用""无效""恶心"等词表达的就是消极情感。此外，还有一些基于情绪的喜怒哀乐的更细的情感倾向。情感强度是指评价主体对评价客体的评价表达中呈现出来的情感的强弱程度，一般来说，情感强度是通过使用不同强度、不同数量的情感词语以及程度词语来表达的。例如，"超级喜欢"比"比较喜欢"所表达的情感程度更为强烈。

根据处理文本的粒度不同，将情感分析分成篇章级、语句级、词语级等多个研究层次。篇章级情感分析是识别一篇文档的整体情感倾向，如淘宝商品评论、豆瓣电影评价。由于文档的文本较长，包含足够多的上下文信息，情感分析效果较好。然而，一篇文档可能包含多个目标对象，多个对象的情感可能相互冲突，粗粒度的文档情感会模糊掉这些细节。语句级的情感分析是识别一个句子的情感倾向，也适用于逐句对一篇文档进行情感分析，有效弥补上述不足。词语级的情感分析是应用粒度最细的情感分析，其主要用途在于构造情感词典。

8.1.2　情感分析应用

情感分析在舆情分析、产品评价、信息预测等领域发挥着重要的作用。网络舆情分析是情感分析的一个重要应用领域。随着社交网络越来越开放、发散、渗透，网民们更倾向于通过网络社交平台表达观点，使其成为舆情话题产生和传播的主要场所。张瑜等（2015）以"北京市单双号限行常态化"这一微博话题为例进行实证研究，通过各个时段"北京市单双号限行常态化"这一微博话题群体情感倾向变化的分析，为舆情的监测提供对象和时点选择的参考建议。王晰巍等（2018）基于朴素贝叶斯模型，以训练词向量、文本预处理、训练朴素贝叶斯、性能测评为处理过程，从词频、地域和时间三个可视化维度构建基于移动环境下网络舆情用户评论情感分析模型，以微博"里约奥运会中国女排夺冠"话题为例进行可视化分析情感演化过程研究。李宁澳（2023）选取哔哩哔哩平台官方媒体中某个相关话题视频弹幕评论，基于情感倾向点互信息算法优化构建适用性情感词典，通过比对检索，对文本信息进行感情词提取及多维极性判别，最终获得相关数据并开展可视化分析。

产品评价是目前情感分析应用最频繁的领域。随着在线社交平台的涌现,人们在购买产品前,往往倾向于在网络上查看该产品的相关评价,综合对比其他产品作出购买决策。随着电商平台的发展,消费者的评论系统越发成熟。销售商也鼓励消费者在评论系统中发表自己对所购商品的使用感受和具体评价,以刺激其他消费者的购买欲望,提高销量。在产品数量和服务不断增长的今天,消费者没有足够的时间、精力浏览所有评论信息,难以依据海量的在线评论进行决策。因此,挖掘产品在线评论中的情感偏好信息,有利于消费者作出最终购买决策。例如,Carpenter 等(2014)通过对新能源汽车车主分享的在线评论进行情感倾向分析,建立了一个在线评论挖掘系统来帮助消费者查找各款车型的整体评价。Asensio 等(2020)利用机器学习方法对新能源汽车充电设施的评论数据进行情感分类,以此来评估当前充电基础设施是否满足消费者需求。Li 等(2021)融合主题提取和长短时记忆(long short term memory,LSTM)网络模型方法,构建了情感分析模型,计算新能源汽车在品牌关注度、企业发展和用户口碑三个评价指标下的指数,为消费者和企业提供决策参考。陶玲玲和尤天慧(2021)研究将不同类型消费者群体给出的在线评价信息转换成考虑在线评价信息可信度的区间中智数,依据区间中智数加权幂平均算子和多准则妥协排序方法得到针对目标群体的酒店排序结果。

信息预测也是情感分析的重要应用领域。于孝建等(2024)采用 SVM 情感分类方法对股吧各股评论进行分析,构建反映投资者情绪的市场情绪指标,对上证 50 指数进行短期预测。安璐和惠秋悦(2022)结合逻辑回归、决策树、随机森林、XGBoost 等情感分析方法构建热点事件情景下微博舆论的反转预测模型。张思扬和匡芳君(2023)针对金融恐慌舆情隐蔽性强、爆发速度快、网络用语不规范等特点,提出基于 LDA-双向长短期记忆(LDA-bi-directional long short-term memory,LDA-BiLSTM)网络模型的金融恐慌分析方法,以分析网民的情感倾向,甄别舆情预警信息内容。

8.2 文本情感分析方法

在线社交网络情感分析方法,很大一部分是基于文本情感分析方法改进的方法。本章提到的文本与社交网络中的短文本不同,通常是指"长文本",如网络新闻报道、博客、论坛帖子等。对文本情感分析方法进行分类,可以分为基于情感词典的情感分析方法、基于语义规则的情感分析方法、基于监督学习的情感分析方法。本节将详细介绍这几类方法。

8.2.1 基于情感词典的情感分析方法

基于情感词典的情感分析方法,是根据不同情感词典所提供的情感词语的情感倾向,来实现不同粒度下情感倾向的划分,是一种无须训练的情感分类方法。使用者需要事先按照不同的情感类别建立一个包含了多组情感词语的情感词典,每本情感词典都应该可以表达不同的情感倾向,然后通过情感词语的匹配和一定的情感计算规则来计算待分析文本的情感倾向。

　　人工构建情感词典需要花费很大的代价，需要阅读大量的相关资料和现有的词典，通过总结概括含有情感倾向的词语，并对这些词语的情感倾向和情感强度进行标注。对于情感词典的构建，最早的是 SentiWordNet 情感词典，它根据 WordNet 将含义相同的次元合并，并赋予词语积极或者消极的倾向分值，这些情感分值可以如实反映用户的情感态度。中文情感词典主要有台湾大学中文情感极性词典（NTUSD）、波森情感词典（BosonNLP）、知网情感词典（HowNet）。

　　NTUSD 情感词典，是由台湾大学构建的中文情感词典，有繁简两个版本，其中包含正面积极词语 2810 个，负面消极词语 8276 个，对正面积极词语赋权值为 1，对负面消极词语赋权值为−1，主要应用于情感二元性分类。

　　BosonNLP 情感词典，该情感词典是由波森自然语言处理公司推出的一款已经做好标注的情感词典。词典是情感词加其情感分值的形式，便于进行情感分值的计算。部分BosonNLP 情感词典如图 8-1 所示。

图 8-1　BosonNLP 情感词典

其中正、负数分别表示正负面情感，用大小反映其情感程度，分值区间为得分越高，倾向越强。例如"扰民 −6.497 564 458 67"，其情感分值为负数，说明该词的情感倾向是负面情感，分值"−6.497 564 458 67"反映了"扰民"这个词语的负面情感程度。

HowNet 情感词典是知网官方发布的基础情感词典，也是国内应用广泛、较为权威的情感词典。该词典涵盖了中英文正面情感词语、评价词语、程度词语以及主张词等 12 个文本，共有大概 17 877 个词语（表 8-1）。

表 8-1　HowNet 情感词典

词典名称	情感词举例	频数
正面评价词语（中文）.txt	醇美、脆、低价、芬芳、甘甜、好	3730
正面情感词语（中文）.txt	爱、赞赏、快乐、感同身受、好奇、喝彩、魂牵梦萦、嘉许	836
负面评价词语（中文）.txt	丑、苦、超标、华而不实、荒凉、混浊、畸轻畸重、价高、空洞无物	3116
负面情感词语（中文）.txt	衰伤、半信半疑、鄙视、不满意、不是滋味儿、后悔、大失所望	1254
程度级别词语（中文）.txt	非常、极其、恨、有点儿、稍微、些许	219
主张词语（中文）.txt	察觉、发现、觉得、认定、看待、相信、主张	38
正面评价词语（英文）.txt	abbreviated、active、good-looking、high-quality、effective、tranquility	3594
正面情感词语（英文）.txt	happy、admire、admiration、consent、welcome、look forward to	769
负面评价词语（英文）.txt	grotesqueness、inferior、expensive、expensively、brutal、false、gawky、low	3563
负面情感词语（英文）.txt	defy、disappointed、fear、criticize、regret、pull a long face	1011
程度级别词语（英文）.txt	extreme、most、over、very、ish	170
主张词语（英文）.txt	feel、believe、think、sense	35

本节以 HowNet 中文情感词典为例，介绍基于情感词典的情感分析方法。

首先，构建基础情感词典。将"正面情感词语"与"正面评价词语"进行合并形成基础积极词典，而"负面情感词语"也与"负面评价词语"合并形成基础消极词典。赋值规则就是遇到正面词语赋值 1，遇到负面词语赋值−1。

程度副词在口语化文本中也十分常见，一般出现在形容词和副词前起修饰作用，用来表达自身的情感，程度副词会使得整个句子的正负情感的情感强度（倾向程度）发生变化。根据程度级别词语，将不同程度等级的程度副词赋予不相同的权值，如表 8-2 所示。

表 8-2　程度副词赋权

词典名称	程度副词举例	频数
most.txt	百分之百、倍加、充分、极为、绝对、十分、万分、十足、最为	2
over.txt	超出、过头、过分、过于、何止	1.5
very.txt	不少、分外、非常、何等、很、特别、尤其	1.25
more.txt	更加、较为、愈发、越、进一步	1.2

词典名称	程度副词举例	频数
ish.txt	略微、多多少少、未免、一点、稍许、有些、不太	0.8
insufficiently.txt	半点、丝毫、轻度、微、相对	0.5

否定词在句子中出现可能会改变语句的情感倾向，在上述 HowNet 中文情感词典少有体现。汉语中存在多重否定的情况，当出现奇数个否定词时，整体呈否定意思。而当出现偶数个否定词时则调转了语句的倾向，转为肯定意思。因此在情感分析过程中，还需要构建一个否定词词典。其权值计算规则为当遇到否定词时，若否定词的个数为奇数则乘以−1，若否定词的个数为偶数则抵消。常用的否定词部分数据如表 8-3 所示。

表 8-3 否定词赋权

否定词	权值
不、没、无、非、莫、弗、毋、未、否、别、无、不够、不是、不曾、未必、没有、不要、难以	−1

文本中往往存在着冗余、无意义的词语，如"了""的""就"等。这类词语在文本评论数据中出现的频率较高，但本身不带情感色彩和评价意义，对研究的价值不大。如果此类词语不予以剔除，很有可能作为特征被提取出来，影响数据挖掘效果和准确度。因此采用停用词词典，将分词后的独立词语单元与停用词典中的停用词一一进行对照匹配，将与停用词匹配成功的词语从分词结果中剔除。目前针对这些冗余、无意义，但出现频率较高的停用词，许多学者研究整理并总结了许多完整的停用词词典，应用较为广泛的是哈尔滨工业大学停用词典，见表 8-4。

表 8-4 停用词典部分停用词展示

停用词
第二、一番、一直、一个、一些、许多、有的是、也就是说、按照、吧、罢了、本着
比方、别说、并且、不成、除了、从而、但是、根据、关于、果然、或是、或者

其次，基于基础的情感词典设计相应的算法规则和计算公式。

1. 规则原理

第一步：读取文本评论数据，对文本评论进行文本分句切割，去除停用词。

第二步：合并结巴词典和构建的情感词典，得到新的分词词典。

第三步：查找分句中的情感词，记录情感词的极性、词性及位置。遇到正面积极情感词则情感分值+1，遇到负面消极情感词则分值−1，从而分别对正负面情感得分进行计算。

第四步：在情感词位置前查找程度副词，找到程度副词就停止查找。为程度副词设置权值，与情感值相乘。

第五步：在程度副词位置前查找否定词，搜寻全部否定词就停止查找。若否定词数量为奇数，情感值乘以−1，若否定词数量为偶数，情感值乘以 1。

第六步：统计该评论的所有子句加减计算后的最终情感分值，通过对比正负情感分值获得本评论的情感倾向，当情感值大于 0 时将评论类型设置为 Pos，小于 0 时设置为 Neg。

2. 公式设计

定义情感计算分值函数 DictClassifier，设 $w(v)$ 为某情感词分值，$S(v)$ 为每分句的情感值，$d(v)$ 为程度副词的分值累加值，n 为否定词的个数，则该分句的情感分值计算公式为

$$S(v) = (−1)^n w(v) d(v) \qquad (8\text{-}1)$$

评论由多个句子组成时，计算该评论的情感分值则需要将各分句的情感分值进行累加，若将整条评论的情感分值记为 $S(w)$，则 m 个句子的情感分值 $S(w)$ 的计算公式为

$$S(w) = \sum^{m} S(v) \qquad (8\text{-}2)$$

为了更详细地描述该文本切割的过程，我们给出一个例句来具体说明文本切割的结果。例如，有一条关于新能源汽车的产品评论为"外观漂亮，性价比很高，但内饰不是很好"。该条评论结果如表 8-5 所示。

表 8-5 例句展示

外观	漂亮	，	性价比	很	高	，	但	内饰	不是	很	好	。
1	2	3	4	5	6	7	8	9	10	11	12	13

切割结果：【[1，'外观'，'n']，[2，'漂亮'，'a']，…，[5，'很'，'d']，[12，'好'，'a']，[13，'。'，'X']】。

否定词：【[10，−1]】。

程度词：【[5，1.25]，[11，1.25]】。

情感词：【[2，1]，[6，1]，[12，1]】。

该条评论的情感分值为 $S(v) = 1 + 1.25 \times 1 + (−1) \times 1.25 \times 1 = 1$。

8.2.2 基于语义规则的情感分析方法

8.2.1 节中介绍的基于情感词典的方法能够初步判断文本的情感倾向，但任何一个情感词典都无法包含所有的评价、情感词语，并且该方法忽略了部分情感词语在上下文情景下具有不同的情感倾向。基于语义规则的情感分析方法在情感词典的基础上，通过语义规则计算文本中的情感词与情感词典中种子词的距离，从而准确判断文本的情感倾向。

基于语义规则的情感分析方法本质上属于无监督学习，其代表性算法为情感倾向点互信息（semantic orientation pointwise mutual information，SO-PMI）算法。

点互信息（pointwise mutual information，PMI）是一种用于计算词语间的语义相似度的算法。其基本思想是计算两个词语在文本中同时出现的概率，如果概率越大，其相关性就越紧密，关联度越高。

$$\mathrm{PMI}(\mathrm{word}_1, \mathrm{word}_2) = \log_2 \frac{P(\mathrm{word}_1 \,\&\, \mathrm{word}_2)}{P(\mathrm{word}_1)P(\mathrm{word}_2)} \qquad （8\text{-}3）$$

其中，$P(\mathrm{word}_1 \,\&\, \mathrm{word}_2)$ 为 word_1 和 word_2 同时出现的概率；$P(\mathrm{word}_i)$ 为词 word_i 单独出现的概率。

$\mathrm{PMI} > 0$：word_1 与 word_2 是相关的，PMI 值越大，相关性越强。$\mathrm{PMI} = 0$：word_1 与 word_2 是独立的。$\mathrm{PMI} < 0$：word_1 与 word_2 是不相关的。

SO-PMI 算法引入 PMI 方法用于计算词语的语义相似度从而判断其情感倾向，达到捕获情感词的目的。首先分别选用一组褒义词（Pwords）和一组贬义词（Nwords）作为基准词，其次将待分类的词语分别与褒义词词组和贬义词词组中的每一个词计算 PMI 值并求和，最后用褒义词词组计算得到的求和值减去与贬义词词组计算得到的求和值得到一个差值，该差值即该词语的 SO-PMI 值。

$$\mathrm{SO\text{-}PMI}(\mathrm{word}_1) = \sum_{\mathrm{Pword} \in \mathrm{Pwords}} \mathrm{PMI}(\mathrm{word}_1, \mathrm{Pword}) - \sum_{\mathrm{Nword} \in \mathrm{Nwords}} \mathrm{PMI}(\mathrm{word}_1, \mathrm{Nword}) \qquad （8\text{-}4）$$

若 SO-PMI > 0，则判断该情感倾向为积极；若 SO-PMI < 0，则判断该情感倾向为消极；若 SO-PMI $= 0$，则判断该情感倾向为中性。

下面通过例 8-1 说明 SO-PMI 算法的主要步骤。

例 8-1　采取 SO-PMI 算法对以下文本进行情感分析。

A：这款车外形美观大方，性能好，我很喜欢。

B：我认为这款车虽然质量很好，但是价格高，性价比低。

解　第一步：抽取待分析文本中的情感词集合 W，选择形容词和副词作为情感词，如表 8-6 所示。

表 8-6　抽取情感词

语句	评价词
A	美观、大方、性能好
B	质量很好、价格高、性价比低

第二步：对于每个情感词 $w_i \in W$，选择"good"和"poor"作为基准词，根据式（8-3）计算每个评价词与基准词的 PMI。假设在语料库中，评价词与基准词的出现次数如表 8-7 所示。

表 8-7 基准词和评价词出现次数

评价词	基准词		单独出现的次数
	good	poor	
美观	86	3	69
大方	63	1	97
性能好	77	4	85
质量很好	45	5	78
价格高	3	27	64
性价比低	1	46	59
单独出现的次数	116	108	

从表 8-7 中我们可以看出,"美观"和"good"在 1000 篇评论文本中同时出现了 86 次,"美观"和"poor"同时出现了 3 次,"美观"单独出现了 69 次,"good"单独出现了 116 次,"poor"单独出现了 108 次。

$$\text{PMI}(\text{"美观"}, \text{"good"}) = \log_2 \frac{P(\text{美观, good})}{P(\text{美观})P(\text{good})} = \log_2 \frac{0.086}{0.069 \times 0.116} \approx 3.426$$

$$\text{PMI}(\text{"美观"}, \text{"poor"}) = \log_2 \frac{P(\text{美观, poor})}{P(\text{美观})P(\text{poor})} = \log_2 \frac{0.003}{0.069 \times 0.108} \approx -1.313$$

$$\text{SO-PMI}(\text{美观}) = \text{PMI}(\text{美观, good}) - \text{PMI}(\text{美观, poor}) = 4.739$$

计算每个评价词的 SO-PMI 值,如表 8-8 所示。

表 8-8 PMI 计算结果

评价词	PMI("w", "good")	PMI("w", "poor")	SO-PMI(w)
美观	3.426	−1.313	4.739
大方	2.485	−3.389	5.874
性能好	2.965	−1.198	4.163
质量很好	2.314	−0.753	3.067
价格高	−1.307	1.966	−3.273
性价比低	−2.775	2.852	−5.627

第三步:通过公式 $\text{SO-PMI}(W) = \frac{1}{|W|} \sum_{w_i \in W} \text{SO-PMI}(w_i)$ 计算句子的平均语义倾向性。

语句 A 的情感倾向为 $\text{SO-PMI}(W_A) = \frac{1}{|W|} \sum_{w_i \in W_A} \text{SO-PMI}(w_i) = 4.925 > 0$。

语句 B 的情感倾向为 $\text{SO-PMI}(W_B) = \frac{1}{|W|} \sum_{w_i \in W_B} \text{SO-PMI}(w_i) = -1.944 < 0$。

从而，我们得到语句 A 为积极、正面的评价，语句 B 为消极、负面的评价。

8.2.3　基于监督学习的情感分析方法

8.2.1 节和 8.2.2 节介绍的两种情感分析方法都属于无监督学习，虽不需要人工标注训练集，简单有效，但非常依赖情感词典的构建。人工构建情感词典需要花费很大的代价，并且由于网络的快速发展和信息更新速度的加快，现有的情感词典需要不断地扩充才能满足要求。监督学习不依赖词典构建，而是使用标记数据进行训练，学习建立输入和输出之间的关系后进行分类。本节我们将介绍两种基于监督学习的情感分析方法。

1. SVM

SVM 模型以统计学习相关的理论和监督学习算法为基础，是一种二分类模型，它的基本模型是定义在特征空间上的间隔最大的线性分类器。该模型由 Cortes 和 Vapnik（1995）提出，基本思想是将多维平面进行降维处理，通过分离间距最大化来确定最优的分离平面，这个平面满足：一是尽可能地分割两类数据；二是该平面到两侧数据点的间隔最大。符合以上条件的平面被称为分离超平面。给定特征空间，如果能找到分离超平面，能将特征空间的实例分到不同类别，则称为线性可分。分离超平面具有如下形式：$w \cdot x + b = 0$，其中 w 表示法向量，b 表示截距。如图 8-2 所示，该平面为一个二维平面，图 8-2 中三条线可以用线性函数 $f(x) = w^{\mathrm{T}} x + b$ 表示，其中 w 可理解为一个权重向量。$w \cdot x + b = 0$ 即为分离超平面，对于线性可分的数据集来说，这样的超平面有无穷多个（即感知机），但是几何间隔最大的分离超平面却是唯一的，我们将其称为决策边界。两类数据中所有的点都与决策边界线保持了一定的距离，这个距离起到了缓冲区的作用，当"缓冲区"足够大时，分类的可信度就越高。我们把这个"缓冲区"称为间隔，间隔的距离可以明显反映两类数据差异的大小程度。越大的间隔意味着两类数据的差异越大，但对它们进行分类就越容易。因此，寻找最佳决策边界问题就可以转化成求解出两类数据的最大间隔问题。间隔的正中位置就是决策边界所在位置。我们根据点关于决策边界线的相关位置来进行数据分类。

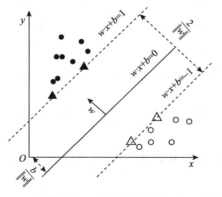

图 8-2　线性可分空间

假设给定一个特征空间上的训练数据集 $T = \left\{ (x_1, y_1), (x_2, y_2), \cdots, (x_n, y_n) \right\}$。其中，$x_i \in R^n$，$y_i \in \{+1, -1\}$，$i = 1, 2, \cdots, n$。$x_i$ 为第 i 个特征向量，y_i 为类标记，当它等于+1 时为正例；为-1 时为负例。假设训练数据集是线性可分的。

对于给定的数据集 T 和分离超平面 $w \cdot x + b = 0$，定义分离超平面关于样本点 (x_i, y_i) 的几何间隔为

$$\gamma_i = y_i \left(\frac{w}{\|w\|} \cdot x_i + \frac{b}{\|w\|} \right)$$

分离超平面关于所有样本点的几何间隔的最小值为 $\gamma = \min\limits_{i=1,2,\cdots,n} \gamma_i$。因此 SVM 模型的求解最大分割分离超平面问题即可转化成如下最优化问题：$\min\limits_{w,b} \frac{1}{2} \|w\|^2$，使得所有训练集合满足 $y_i(w \cdot x_i) + b - 1 \geqslant 0$，$i = 1, 2, \cdots, n$。

采用 SVM 进行情感分析的算法步骤如下。

输入：已标注情感类别的文档集合 $T = \{x_i, y_i\}$，表示文档 x_i 的情感倾向为 y_i，$y_i \in \{+1, -1\}$。

输出：最大间隔分离超平面和分类决策函数。

第一步：构造并求解约束最优化问题。

$$\min\limits_{w,b} \frac{1}{2} \|w\|^2 \tag{8-5}$$
$$\text{s.t.} \, y_i(w \cdot x_i) + b - 1 \geqslant 0, \, i = 1, 2, \cdots, n$$

求得最优解 w^*, b^*。

第二步：构造分离超平面[式（8-6）]及分类决策函数[式（8-7）]。

$$w^* \cdot x + b^* = 0 \tag{8-6}$$

$$f(t) = \text{sign}(w^* \cdot x + b^*) \tag{8-7}$$

对于任何输入文档 t，根据分类决策函数 $f(t)$ 可判断 t 的情感倾向。如果 $f(t) = 1$，则表示情感倾向为积极，如果 $f(t) = -1$，则表示情感倾向为消极。

2. 逻辑回归

逻辑回归模型是利用回归原理对数据进行预测和分类的线性分类器，构建一个二项结果和多个解释变量，通过逻辑估计概率，从而进行逻辑分布。

逻辑回归通常采用名叫 Sigmoid 的阶跃函数，公式如下：

$$g(z) = \frac{1}{1 + e^{-z}} \tag{8-8}$$

Sigmoid 函数图像如图 8-3 所示，它是一个"S"形曲线，$g(z) \in (0,1)$，当自变量 $z \to +\infty$ 时，$g(z)$ 就趋近于 1；当自变量 $z \to -\infty$ 时，$g(z)$ 就趋近于 0。在逻辑回归过程中，一般采用 Sigmoid 函数来计算事件发生的概率。

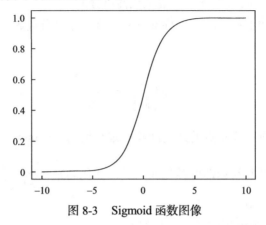

图 8-3　Sigmoid 函数图像

逻辑回归本质是从线性回归变化而来的，其假设函数表示为

$$z = \theta_0 + \theta_1 x_1 + \theta_2 x_2 + \cdots + \theta_n x_n \qquad (8\text{-}9)$$

即 $z = g(\theta^{\mathrm{T}} x)$。

将回归方程和 Sigmoid 函数结合，可以得到逻辑回归模型的一般表达式为

$$y(x) = g(z) = \frac{1}{1 + \mathrm{e}^{-\overline{\theta}^{\mathrm{T}} \overline{x}}} \qquad (8\text{-}10)$$

于是有

$$\ln \frac{y(x)}{1 - y(x)} = \overline{\theta}^{\mathrm{T}} \overline{x} \qquad (8\text{-}11)$$

其中，$y(x)$ 为某样本的标记被预测为正例的概率；$1 - y(x)$ 为样本的标记被预测为负例的概率，其表达形式为

$$\begin{aligned} P(y = 1 \mid x) &= y(x) \\ P(y = 0 \mid x) &= 1 - y(x) \end{aligned} \qquad (8\text{-}12)$$

通过对 $y(x)$ 取对数的变换可以得到线性函数，查找得到最优的参数 θ^{T}，就可以得到分类效果最优的逻辑回归模型。

在统计学中，常使用极大似然估计法来求解。似然函数为

$$L(w) = \prod [p(x_i)]^{y_i} [1 - p(x_i)]^{1 - y_i} \qquad (8\text{-}13)$$

在机器学习中通过判断损失函数指标来判断参数为 $\overline{\theta}$ 的模型在训练集拟合时产生的信息损失的大小，以此来衡量参数 $\overline{\theta}$ 的优劣。损失函数越小时，模型在训练集上的拟合

效果越好，预测的准确率也越高，因此我们追求的是损失函数最小化的参数 $\bar{\theta}$。损失函数的表达式如下：

$$J(\theta) = -\sum_{t=1}^{m}(y_t\log(y_\theta(x_t)) + (1-y_t\log(1-y_\theta(x_t))))\qquad(8\text{-}14)$$

在损失函数中，目标是使得损失函数最小化，求取 $J(\theta)$ 最小值时 $\bar{\theta}$ 的取值即可。

8.3　在线社交网络情感分析方法

在线社交网络的新特点给传统的文本分析方法带来了新的研究问题，进而也催生了一些基于在线社交网络的情感分析方法。例如，面向短文本的情感分析方法、利用用户信息和社交关系的情感分析方法等。本节选取其中一些典型研究工作进行介绍。

8.3.1　面向在线社交短文本的情感分析方法

随着 Twitter、Facebook、微博等社交媒体的迅速发展，社交平台用户数量日益增长，注册用户可以随时随地在网络平台上发表自己的观点、意见。与传统的新闻报道、访谈记录等长文本不同，用户在社交网络中发布的信息文本短小，语法规则性弱，语言表达形式丰富，包含表情符号，充斥着大量的噪声。针对传统长文本的情感分析方法不适用于在线社交网络中的文本情感分析，因此针对这些非传统的文本情感分析方法具有十分重要的意义。

Go 等（2009）首先对面向社交网络短文本的情感分析进行了研究，测试了多项式贝叶斯分类、最大熵模型、SVM 模型等监督学习算法在 Twitter 短文本上的情感分析效果。不同于传统长文本中依靠人工标注获得训练集，通过标记 Twitter 中的表情符号辨识积极评论和消极评论，省去了大量的人工标注成本，提高了训练集制作效率，扩大了训练集的规模。将含有"：）"的推文标记为正面积极评论，含有"：（"的推文标记为负面消极评论，选择一元模型、二元模型和二者混合模型作为测试模型，最终的情感分析正确率在 80%左右，表现出来良好的分类性能。

Davidov 等（2010）从 Twitter 收集了 590 万条推文，从亚马逊收集了 66 000 条产品评论，提出一种分类方法用以发现 Twitter 和亚马逊评论中的讽刺句子，并加入标点符号作为特征，使用 KNN（K-Nearest Neighbors，K 近邻）算法进行分类。Mohammad 等（2013）提出了一种 SVM 分类器，结合情感选择、不同的情感词典特征和传统情感特征对推文和 SMS（short messaging service，短信业务）等消息进行情感分析。

现有许多针对社交网络的数据集，除了包含丰富的情感信息外，也包含了文本内容、文本 ID（identity，标识）等信息。为获取更丰富的社交网络信息，还可以通过 API（application programming interface，应用程序编程接口）或者网络爬虫的方式获取数据资源。下面介绍一些常用的社交网络数据集和通过 API 获取的数据集，如表 8-9 所示。

表 8-9　数据集展示

数据集	内容
OMD（Obama-McCain debate）数据集	该数据集包含了 2008 年 9 月 26 日 Obama（奥巴马）和 McCain（麦凯恩）总统辩论期间发布的 3 269 条推文，每条推文的情感标签都已经标注完毕，包括积极、消极、混合和其他情感
HCR（health care reform，医保改革）数据集	该数据集由 Speriosu 收集，包含了 2010 年 3 月发生在美国医疗改革事件中的推文内容，涉及九个主题，每条推文对应其中的一个主题。该数据集的情感倾向分为积极、消极、中性、不相关和不确定五种
STS（Stanford Twitter sentiment，斯坦福推特情绪）数据集	学者 Go 等（2009）通过 Twitter API 获取了相关数据，创建了 40 126 条包含情感倾向的推文合集，该数据集的情感倾向分为积极和消极

在此，我们以微博为例介绍利用 API 获取训练数据集。微博提供了丰富的表情符号供用户使用（微博 API：https://open.weibo.com），并提供了专门的表情符号 API（https://open.weibo.com/wiki/2/emotions），将用户发博文时使用的表情符号转化成对应文本，采用正则表达式进行标识。例如，积极的情感符号有[鼓掌]、[欢乐]、[阳光]等，消极的情感符号有[抓狂]、[委屈]、[崩溃]等。Zhao 等（2012）根据表情符号的正则表达式设计开发了一个基于表情符号的中文微博情绪分析系统，利用表情符号将微博文本的情绪标注成愤怒、厌恶、高兴和悲伤四类情感。桂斌等（2014）从微博平台中抽取了 20 万条带表情符号的微博文本，统计了 1500 个左右的表情符号的出现频次，选择了具有代表性的、带明显情感倾向的表情符号编撰成情感词典。

此外，微博中广泛使用的网络词汇也是一个不容忽视的词语集合，由于较多的情感词典并未考虑到这些网络词汇，在分词过程中难以被分割。表 8-10 展示了网络词汇的几种形式。

表 8-10　网络词汇产生形式介绍

产生形式	示例
引用发音和文字相似的字母或数字来代替	不错—>8 错 拜拜啦—>886 厉害—>666 哈哈哈—>2333
故意使用错别字来表达深层次的含义	喜欢—>稀饭 难受—>蓝瘦 想哭—>香菇 泪流满面—>内牛满面

部分学者通过对这些网络词汇中的情感倾向和情感强度进行标注，整理出带有情感的网络词词表用以对微博文本进行正负向分类。

8.3.2　基于用户信息的情感分析方法

在社交网络中，用户并不是独立存在的。首先，用户在注册社交媒体账号时必须填写相关的个人信息，如性别、年龄、邮箱、手机号码和 IP（internet protocol，因特网协议）地址等，部分隐私信息不公开，其他信息（IP 地址等）通常属于公开状态，能够被其他用户查看。其次，用户通过社交账号进行关注、点赞、评论等互动行为连接起来。通过某种方式连接的用户很可能对某一特定话题持有相似的态度或表达相似的情感。因此，在进行情感分析之前，可以先确定用户之间的相似度，进而依据用户相似度定义用户所发布的微博博文之间的情感关系进行情感分析。

Ziegler 和 Lausen（2004）利用用户相似性，尤其是用户的兴趣概貌，来预测个人在社交网络用户的转发行为。Tang 等（2015）将用户相似性分为基本信息相似性、网络相似性和话题相似性三个部分。Akcora 等（2011）将用户相似性与信任相结合，从网络相似性和语义相似性两个角度度量用户相似性。其中，网络相似性度量了两个用户之间的直接和间接联系；而语义相似性则主要是基于用户个人基本信息。

在线社交网络中，用户之间的"互相关注"关系代表了用户之间的好友关系。"鸟群理论"认为：两个用户之间共享的朋友越多，他们的情感就越可能一致。在微博社交网络中，用户的关注行为和被关注行为分别刻画为出度与入度。Mi 等（2022）采用用户之间的共同好友占所有好友的比例衡量网络结构相似性，用 $\text{out}(u_i)$ 表示用户 u_i 关注的好友数量，$\text{out}(u_j)$ 表示用户 u_j 关注的好友数量，用户网络结构相似性公式为

$$\text{Sim}_{\text{net}}(u_i, u_j) = \frac{\left|\text{out}(u_i) \bigcap \text{out}(u_j)\right|}{\sqrt{\left|\text{out}(u_i)\right| \times \left|\text{out}(u_j)\right|}} \tag{8-15}$$

由于在线社交网络平台允许用户建立包含用户基本信息的个人档案，因此可以使用用户的性别和地址来衡量用户相似性。Mi 等（2022）利用公式对用户出生日期属性进行离散化处理，构建年龄（age）属性为

$$F(\text{age}) = \begin{cases} \text{Child}, & 0 < \text{age} \leqslant 6 \\ \text{Teenage}, & 7 \leqslant \text{age} \leqslant 17 \\ \text{Youth}, & 18 \leqslant \text{age} \leqslant 40 \\ \text{Middle-aged}, & 41 \leqslant \text{age} \leqslant 65 \\ \text{Old}, & \text{age} \geqslant 66 \end{cases} \tag{8-16}$$

为了得到更精确的用户相似度，除了年龄外，选取性别（gender）、教育（education）、所在地进一步衡量用户基本信息的相似性。

$$U\_\text{gender} = \{F, M\}$$

$$U\_\text{age} = \{\text{Child}, \text{Teenage}, \text{Youth}, \text{Middle-aged}, \text{Old}\}$$

$$U\_\text{education} = \{\text{Primary}, \text{Junior}\_\text{high}, \text{Secondary}\_\text{technical}, \text{Senior}\_\text{high}, \text{College}\}$$

由于位置值具有多级层次结构的特点，为了降低计算的复杂度，选择了两级层次结构的值形式，即省-市层面的（如江苏南京）。

因此，用户 u_i 和用户 u_j 之间的性别相似性、年龄相似性、教育相似性和位置相似性定义如下：

$$\mathrm{Sim}_g(u_i,u_j)=\begin{cases}1, & u_{i\mathrm{gender}}=u_{j\mathrm{gender}}\text{并且}u_{i\mathrm{gender}}=u_{j\mathrm{gender}}\neq\mathrm{null}\\0, & u_{i\mathrm{gender}}\neq u_{j\mathrm{gender}}\text{或者}u_{i\mathrm{gender}}=u_{j\mathrm{gender}}=\mathrm{null}\end{cases} \quad (8\text{-}17)$$

$$\mathrm{Sim}_a(u_i,u_j)=\begin{cases}1, & u_{i\mathrm{age}}=u_{j\mathrm{age}}\text{并且}u_{i\mathrm{age}}=u_{j\mathrm{age}}\neq\mathrm{null}\\0, & u_{i\mathrm{age}}\neq u_{j\mathrm{age}}\text{或者}u_{i\mathrm{age}}=u_{j\mathrm{age}}=\mathrm{null}\end{cases} \quad (8\text{-}18)$$

$$\mathrm{Sim}_e(u_i,u_j)=\begin{cases}1, & u_{i\mathrm{education}}=u_{j\mathrm{education}}\text{并且}u_{i\mathrm{education}}=u_{j\mathrm{education}}\neq\mathrm{null}\\0, & u_{i\mathrm{education}}\neq u_{j\mathrm{education}}\text{或者}u_{i\mathrm{education}}=u_{j\mathrm{education}}=\mathrm{null}\end{cases} \quad (8\text{-}19)$$

$$\mathrm{Sim}_l(u_i,u_j)=\begin{cases}1, & u_{i\mathrm{loc}\text{-}p}=u_{j\mathrm{loc}\text{-}p}\neq\mathrm{null}\text{并且}u_{i\mathrm{loc}\text{-}m}=u_{j\mathrm{loc}\text{-}m}\neq\mathrm{null}\\0.5, & u_{i\mathrm{loc}\text{-}p}=u_{j\mathrm{loc}\text{-}p}\neq\mathrm{null}\text{但是}u_{i\mathrm{loc}\text{-}m}\neq u_{j\mathrm{loc}\text{-}m}\\0, & u_{i\mathrm{loc}\text{-}p}\neq u_{j\mathrm{loc}\text{-}p}\text{或者}u_{i\mathrm{loc}\text{-}m}\neq u_{j\mathrm{loc}\text{-}m}\end{cases} \quad (8\text{-}20)$$

其中，$u_{i\mathrm{gender}}$ 为用户 i 的性别；$u_{j\mathrm{gender}}$ 为用户 j 的性别；$u_{i\mathrm{age}}$ 为用户 i 的年龄；$u_{j\mathrm{age}}$ 为用户 j 的年龄；$u_{i\mathrm{education}}$ 为用户 i 的教育水平；$u_{j\mathrm{education}}$ 为用户 j 的教育水平；$u_{i\mathrm{loc}\text{-}p}$ 为用户 i 所在省份；$u_{j\mathrm{loc}\text{-}p}$ 为用户 j 所在省份；$u_{i\mathrm{loc}\text{-}m}$ 为用户 i 所在城市；$u_{j\mathrm{loc}\text{-}m}$ 为用户 j 所在城市；null 为缺失值。

用户 u_i 和用户 u_j 之间基本信息相似度公式：

$$\mathrm{Sim}_{\mathrm{basic}}(u_i,u_j)=\frac{(\mathrm{Sim}_g(u_i,u_j)+\mathrm{Sim}_a(u_i,u_j)+\mathrm{Sim}_e(u_i,u_j)+\mathrm{Sim}_l(u_i,u_j))}{\text{特征总数}} \quad (8\text{-}21)$$

每个用户在社交网络中的兴趣话题或领域可以从用户的标签信息中收集。用向量 $T_{u_j}=(t_{u_j}(w_1),t_{u_j}(w_2),\cdots,t_{u_j}(w_n))$ 表示用户 u_j 的标签数据，其中 n 表示用户标签的总维度，$t_{u_j}(w_i)$ 表示用户 u_j 对标签 i 的偏好支持强度，用词频-逆文档频率（term frequency-inverse document frequency，TF-IDF）方法计算如下：

$$\mathrm{TF}_{u_j}(w_i)=\frac{u_j\text{关于}i\text{ 所使用的标签数}}{u_j\text{使用的标签总数}} \quad (8\text{-}22)$$

$$\mathrm{IDF}_{u_j}(w_i)=\log\left(\frac{\text{用户数量}}{\text{使用标签}i\text{ 的用户总数}+1}\right) \quad (8\text{-}23)$$

$$t_{u_j}(w_i)=\mathrm{TF}_{u_j}(w_i)\times\mathrm{IDF}_{u_j}(w_i)。 \quad (8\text{-}24)$$

因此用户兴趣相似度公式如下：

$$\mathrm{Sim}_{\mathrm{interest}}(u_i, u_j) = \cos(T_{u_i}, T_{u_j}) = \frac{T_{u_i} \cdot T_{u_j}}{\left\| T_{u_i} \right\| \left\| T_{u_j} \right\|} \quad (8\text{-}25)$$

在计算每个用户与所有其他用户的相似度后，得到用户网络结构相似性矩阵 S_{net}、用户基本信息相似性矩阵 S_{basic}、用户兴趣相似性矩阵 S_{interest}，进而得到总的用户相似性矩阵：$S = \alpha_1 S_{\mathrm{net}} + \alpha_2 S_{\mathrm{basic}} + \alpha_3 S_{\mathrm{interest}}$，其中权值 $\alpha_1, \alpha_2, \alpha_3 \in [0,1]$，并且 $\alpha_1 + \alpha_2 + \alpha_3 = 1$。$S(u_i, u_j)$ 越大，说明用户 i 与用户 j 的相似性越高。

Mi 等（2022）基于用户相似性信息构建微博数据之间的情感关系来训练情感极性分类分类器。通过使用两个微博数据集验证了该方法的可行性和优越性。实验结果表明，与基于内容的 SVM 方法相比，该方法具有更好的情感分类准确率。

8.3.3　基于用户社交关系的情感分析方法

根据社会学理论，用户之间存在着某种社会关系，这种社会关系影响着人们的情绪表达和行为选择。如 8.3.2 节所讲，相似性高的用户倾向于聚集到一起，对特定事件趋向于发表相同的情感态度和观点。除了通过用户信息寻找相似的朋友外，当用户对博文内容进行点赞、评论、转发等互动行为时，通过这些行为进一步加强了用户之间的社会关系强度。

Hu 等（2013）认为社交媒体平台往往会提供除文本之外的额外信息，他们描述了微博中有价值的两种数据。图 8-4 以消息-特征矩阵的形式展示了消息的内容。

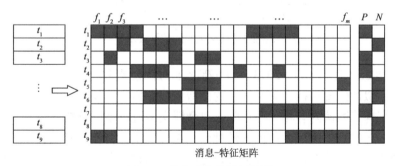

图 8-4　信息内容的数据展示

传统方法单纯基于内容信息来衡量文本文档之间的相似度。而微博消息有一个显著特点：它们通过用户连接达成网络化，这可能包含了纯文本方法所不具备的有用的语义线索。因此，除了内容信息，消息之间的关系可以通过用户-消息矩阵和用户-用户交互矩阵来表示，如图 8-5 所示。

Hu 等（2013）基于社会学中的情感一致性和情绪感染理论，通过利用社交关系信息来处理消息的嘈杂性质，提出了社会学方法处理噪声和短文本模型，为微博情感分析提供一种有监督的方法。情感一致性意味着同一个用户发表的两条信息中蕴含的情感比随机选择的两条信息中的情感更可能一致。情绪感染理论表明有互动关系的两个用户发表的情感观点与随机选择的两条信息更可能相似。给定用户-消息矩阵 U 和用户-用户交互矩阵 F，信息-信息情感一致性的关系矩阵为 $A_{sc} = U^T \times U$，当 $a_{scij} = 1$ 时，即表示两条信息 t_i、t_j 是由相同的用户发表的，两条信息的情感倾向相似。信息-信息情感传播的情感关系矩阵为 $A_{ec} = U^T \times F \times U$，当 $a_{ecij} = 1$ 时，即表示信息 t_i 的发布者与信息 t_j 的发布者具有互动关系，两条信息的情感倾向更相似。情感关系矩阵 $A = A_{sc} + A_{ec}$。

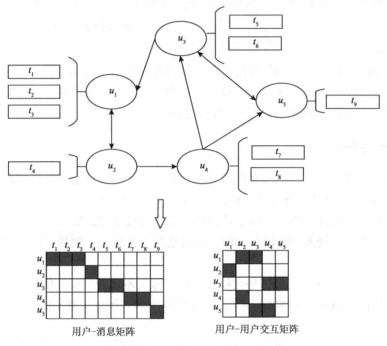

图 8-5　社交关系的数据展示

　　Mi 等（2022）在 Hu 等（2013）的基础之上对社会关系进行了进一步的量化，提出了融合用户相似性信息和社会关系信息的微博情感分析方法模型，基于用户相似性和用户的交互频率构建微博内容相关性矩阵，对微博文本进行情感分析，得到了较好的情感分类结果。Lu（2015）通过微博内容的社会联系构建半监督器，利用社会关系和文本相似性刻画微博文本的关系，利用社会关系将已标记的数据和未标记的数据连接起来，省去了大量的人工标注成本，扩大了训练集的规模。针对现有研究大多假设微博情感之间相互独立且对训练集有较强依赖性的问题，Liu 和 Zhang（2019）提出一种基于微博社交关系的半监督情感分类方法。该方法利用用户的主题情感一致性和用户间的点赞、转发关系来构建社会关系，降低了对训练集的依赖，取得了较高的分类准确率。

　　由于训练集获取代价的昂贵性，无监督的情感分析方法近年来备受青睐，如话题情感混合（joint sentiment topic，JST）模型、情感-LDA（sentiment-LDA）等，此类方法有效地避免了传统无监督情感分析方法依赖情感词典的缺点，能够获得较好的情感分类结果。黄发良等（2017）提出了基于 LDA 和微博用户关系的社会关系主题情感模型（social relation topic sentiment model，SRTSM），在 LDA 基础模型中加入情感层和微博用户关系参数，利用用户社交关系进行情感分析，见图 8-6 和表 8-11。

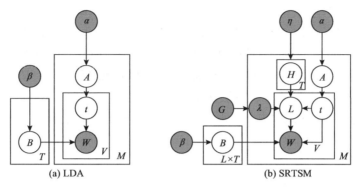

(a) LDA　　　　　　　　(b) SRTSM

图 8-6　图模型 LDA 与 SRTSM

表 8-11　相关符号

符号	说明	符号	说明
α	微博-主题分布的狄利克雷分布 Dir 参数	η	（微博，主题）-情感分布的狄利克雷分布 Dir 参数
β	（主题，情感）-词语分布的狄利克雷分布 Dir 参数	λ	用户关系参数
A	微博-主题分布	B	（主题，情感）-词语分布
H	（微博，主题）-情感分布	G	用户关系分布
t	主题	w	词语
l	情感标签	M	微博数
W	微博中词语 η 数	L	情感数
T	主题数	V	微博词库的词语数

该 SRTSM 模型是建立在如下假设之上的：文档是由不同主题组成的，而一个主题是单词集合的概率分布。在此假设下，文档单词的产生步骤可以分为两个阶段：首先，从文档-主题分布中选择一个主题；其次，根据随机选择的主题从主题-单词分布中选择一个单词。LDA 主题模型在文本主题挖掘研究中应用广泛，但情感层的缺失使得 LDA 主题模型无法完成文档情感的分析。基于此，通过在 LDA 中嵌入情感层，并在情感层中添加用户关系分布 G 和用户关系参数 λ。在 SRTSM 中，情感标签不仅与文档、主题相关联，而且还与微博用户社交关系分布相关联。

对于微博集 $C = \{d_1, d_2, \cdots, d_M\}$，其中，$M$ 为微博集的微博数，与微博集 C 对应的词典大小为 V，微博 d_m 由 W_m 个单词组成，即 $d_m = \{w_1, w_2, \cdots, w_{W_m}\}$。SRTSM 产生微博集 C 的过程可简单归结为如下两个步骤。

第一步：初始化 SRTSM 模型的分布 $\Theta = \{A, B, H\}$。其中，A、B、H 分别服从狄利克雷分布 $\mathrm{Dir}(\alpha)$、$\mathrm{Dir}(\beta)$、$\mathrm{Dir}(\eta)$。β 指单词在微博集 C 中出现的先验次数，η 指情感标签 l 在微博 d_m 中出现的先验次数，α 是指主题 t 在微博 d_m 中出现的先验次数。

第二步：生成微博集 C 中的单词。首先，从微博-主题分布 A 中选出一个主题 t，t 服从 Mul(A) 分布；根据产生的主题 t，从（微博，主题）-情感分布 H 中选出一个情感标签 l，l 服从 Mul(H) 分布，并且受到 λ 的影响；λ 受用户关系分布 G 的影响，G 为已知的微博用户关系矩阵。假设当前微博博文作者为用户 X，若 X 与 Y 互相关注，则 $G_{X,Y}=1$，否则 $G_{X,Y}=0$。当 $G_{X,Y}=1$ 时，计算用户 Y 的情感值，通过所有与用户 X 互相关注的用户的情感值确定用户关系参数 λ；最后，根据选出的主题 t 和情感标签 l，从（主题，情感）-词语分布 B 中选择一个词语 w，w 服从 Mul(B) 分布。

SRTSM 模型的推导采用吉布斯采样（Gibbs sampling）的方法，吉布斯采样是一种快速高效的马尔可夫链蒙特卡罗（Markov chain Monte Carlo，MCMC）采样方法，它是通过迭代的采样方式对复杂的概率分布进行推导。

通过计算吉布斯采样的联合概率：

$$P(t_i=t, l_i=l \mid t_{-i}, l_{-i}, w) = \frac{P(w \mid t,l)P(l \mid t)P(t)}{P(w)P(w_{-i} \mid t_{-i}, l_{-i})P(l_{-i} \mid t_{-i})P(t_{-i})}$$

$$\propto \frac{\{n_{t,l}^w\}_{-i} + \beta}{\{n_{t,l}\}_{-i} + W\beta} \times \frac{\{n_{m,t}^l\}_{-i} + \eta + \lambda}{\{n_{m,t}\}_{-i} + L\eta} \times \frac{\{n_m^t\}_{-i} + \alpha}{\{n_m\}_{-i} + T\alpha} \tag{8-26}$$

其中，$\{n_{t,l}^w\}_{-i}$ 为除了当前词语，所有微博中词语 w 同时属于主题 t 和情感标签 l 的频数；$\{n_{t,l}\}_{-i}$ 为除了当前词语，所有微博中属于主题 t 和情感标签 l 的词语总频数；$\{n_{m,t}^l\}_{-i}$ 为微博 d_m 中，除了当前词语，情感标签 l 属于主题 t 的频数；$\{n_{m,t}\}_{-i}$ 为微博 d_m 中，除了当前词语，属于主题 t 的情感标签总频数；$\{n_m^t\}_{-i}$ 为除了当前词语，微博 d_m 中主题 t 的频数；$\{n_m\}_{-i}$ 为除了当前词语，微博 d_m 的词语总数。

进一步利用最大似然估计法对参数 $\Pi = \{A, B, H\}$ 进行估计：

$$B_{t,l}^w = \frac{n_{t,l}^w + \beta}{n_{t,l} + W\beta}$$

$$A_m^t = \frac{n_m^t + \alpha}{n_m + T\alpha} \tag{8-27}$$

$$H_{m,t}^l = \frac{n_{m,t}^l + \eta + \lambda_l}{n_{m,t} + L\eta}$$

其中，$B_{t,l}^w$ 为所有微博中词语 w 同时属于主题 t 和情感标签 l 的概率；A_m^t 为所有微博 d_m 中，主题 t 出现的概率；$H_{m,t}^l$ 为所有微博 d_m 中情感标签 l 属于主题 t 的概率。

构建好模型和推导出需要的公式后，就可以通过 SRTSM 模型来判断文档的情感倾向，构造临时参数向量 $\text{TmpVec} = (n_{m,t,l}, n_{m,t}, n_m, n_{t,l,w}, n_{t,l})$，对于微博集 $C = \{d_1, d_2, \cdots, d_{|C|}\}$，步骤如下：

第一步：对每条微博 $d = \{w_1, w_2, \cdots w_n\}$ 中的每个词语 w 随机分配情感标签 l 与主题 t，并且更新向量 TmpVec，直到微博集 C 中每个微博 d 的所有词语都已被分配情感标签 l 与

主题 t 。

第二步：循环执行如下过程 MAX 次（MAX 是指定的循环控制参数）：对每篇微博 d 中的每个词语 w ，计算 $p(z_i = z, l_i = l | z_{-i}, l_{-i}, w)$ ，并且更新向量 TmpVec ，若当前迭代次数大于某一个指定值 X ，则每 Y 次更新分布 A, B, H 。

第三步：根据 $H_{m,t}^l$ 计算微博的情感倾向，若微博属于积极情感的概率大于该微博属于消极情感的概率（即 $H_{m,t}^0 > H_{m,t}^1$ ，其中，0 为积极的情感倾向，1 为消极的情感倾向），则判定该微博的情感倾向为积极；反之，则判定该微博的情感倾向为消极。

通过构造八组实验数据，已有学者将 SRTSM 模型与无监督学习模型 JST、Sentiment-LDA、依赖短语-LDA（dependency phrases-LDA，DPLDA）进行对比，发现 SRTSM 模型情感分类正确率远高于其他几种模型，表现出了较好的性能。

8.4　本　章　小　结

随着互联网技术的发展，众多社交平台涌现，在线社交网络成为用户们进行社交互动、获取信息、发表观点意见的主要渠道。在线社交网络的情感分析引起了社会广泛关注，也成了文本情感分析的重要研究课题。本章向读者介绍了情感分析的概念、在各领域的应用以及各种情感分析方法，针对在线社交网络，介绍了社会网络数据集、基于用户信息和用户互动关系的情感分析模型。在线社交网络情感分析具有非常重要的研究价值，在舆情、金融、决策等多个领域都有应用前景。

相较于传统文本，在线社交网络中的文本内容灵活多变，语句规则性弱，对情感分析造成了一定的阻碍。然而在线社交网络中包含着丰富的网络关系，如何利用在线社交网络中用户关系进行情感分析，预测用户情感趋势是未来研究的重点之一。首先，收集包含在线社交网络中用户个人信息及交互行为的数据集是利用在线社交网络进行情感分析的关键问题。其次，现有大多数研究通常采用 0 和 1 来刻画用户之间的交互关系，如何准确地描述用户之间交互关系的具体值，精准度量用户间的社交关系也是需要进一步研究的问题。最后，随着在线社交网络的发展，社交内容从文本发展到图像、视频等，内容、形式越发丰富。单一的文本情感分析略显不足，如何合理、高效地进行多模态的情感分析也是亟待解决的问题。

参　考　文　献

安璐, 惠秋悦. 2022. 热点事件情境下微博舆情反转预测. 信息资源管理学报, 12: 21-34.

桂斌, 杨小平, 张中夏, 等. 2014. 基于微博表情符号的情感词典构建研究. 北京理工大学学报, 34: 537-541.

黄发良, 于戈, 张继连, 等. 2017. 基于社交关系的微博主题情感挖掘. 软件学报, 28(3): 694-707.

李宁澳. 2023. 官媒突发事件评论情感分析及舆情治理研究. 情报探索, (6): 55-63.

陶玲玲, 尤天慧. 2021. 基于在线评价且考虑消费者类型的酒店排序方法. 运筹与管理, 30: 122-128.

王晰巍, 张柳, 文晴, 等. 2018. 基于贝叶斯模型的移动环境下网络舆情用户情感演化研究: 以新浪微博 "里约奥运会中国女排夺冠" 话题为例. 情报学报, 37: 1241-1248.

于孝建, 刘国鹏, 刘建林, 等. 2024. 基于 LSTM 网络和文本情感分析的股票指数预测. 中国管理科学, 32(8): 25-35.

张思扬, 匡芳君. 2023. 基于 LDA-BiLSTM 的金融恐慌舆情分析与预测. 软件导刊, 22: 79-83.

张瑜, 李兵, 刘晨玥. 2015. 面向主题的微博热门话题舆情监测研究: 以 "北京单双号限行常态化" 舆情分析为例. 中文信息学报, 29(5): 143-151, 159.

Akcora C G, Carminati B, Ferrari E. 2011. Network and profile based measures for user similarities on social networks. 2011 IEEE International Conference on Information Reuse & Integration. Las Vegas, NV, USA: 292-298.

Asensio O I, Alvarez K, Dror A, et al. 2020. Real-time data from mobile platforms to evaluate sustainable transportation infrastructure. Nature Sustainability, 3(6): 463-471.

Carpenter T, Golab L, Syed S J. 2014. Is the grass greener?: Mining electric vehicle opinions. Proceedings of the 5th International Conference on Future Energy Systems. Cambridge, United Kingdom, New York, United States: 241-252.

Cortes C, Vapnik V. 1995. Support-vector networks. Machine Learning, 20: 273-297.

Davidov D, Tsur O, Rappoport A. 2010. Semi-supervised recognition of sarcastic sentences in Twitter and Amazon. Proceedings of the Fourteenth Conference on Computational Natural Language Learning. Stroudsburg, PA, United States, Uppsala Sweden: 107-116.

Go A, Bhayani R, Huang L. 2009. Twitter sentiment classification using distant supervision. CS224N Project Report, Stanford, 1: 2009.

Hu X, Tang L, Tang J L, et al. 2013. Exploiting social relations for sentiment analysis in microblogging. Proceedings of the Sixth ACM International Conference on Web Search and Data Mining. Uppsala, Sweden: 537-546.

Li D M, Li M G, Han G, et al. 2021. A combined deep learning method for internet car evaluation. Neural Computing and Applications, 33: 4623-4637.

Liu W, Zhang M X. 2019. Semi-supervised sentiment classification method based on weibo social relationship. Web Information Systems and Applications: 16th International Conference, WISA 2019, Qingdao, China: 480-491.

Lu T J. 2015. Semi-supervised microblog sentiment analysis using social relation and text similarity. 2015 International Conference on Big Data and Smart Computing (BigComp). Jeju, Korea (South): 194-201.

Mi C M, Ruan X Y, Xiao L. 2022. Microblog sentiment analysis using user similarity and interaction-based social relations. International Journal of Web Services Research, 17(3): 39-55.

Mohammad S, Kiritchenko S, Zhu X D. 2013. NRC-Canada: building the state-of-the-art in sentiment analysis of tweets. Second Joint Conference on Lexical and Computational Semantics（*SEM）, Volume 2: Proceedings of the Seventh International Workshop on Semantic Evaluation（SemEval 2013）, Atlanta: 321-327.

Tang X, Miao Q G, Quan Y N, et al. 2015. Predicting individual retweet behavior by user similarity: a multi-task learning approach. Knowledge-Based Systems, 89: 681-688.

Zhao J C, Dong L, Wu J J, et al. 2012. Moodlens: an emoticon-based sentiment analysis system for Chinese tweets. Proceedings of the 18th ACM SIGKDD International Conference on Knowledge Discovery and Data Mining. Beijing, Association for Computing Machinery, New York, United States: 1528-1531.

Ziegler C N, Lausen G. 2004. Analyzing correlation between trust and user similarity in online communities// Jensen C, Poslad S, Dimitrakos T. International Conference on Trust Management. Berlin, Heidelberg: Springer: 251-265.